개혁교회의 토대

신앙고백 | 예전 | 교회질서

개혁교회의 토대
신앙고백 | 예전 | 교회질서

초판 1쇄 발행	2022년 12월 7일
번역	손정원
펴낸이	김진우
펴낸곳	생명나무
전화	02) 977-2780
등록일	2016. 10. 20.
등록번호	318-93-00280
주소	서울특별시 노원구 수락산로(상계동) 258, 502호
홈페이지	www.rcw.kr
총판	(주)비전북출판유통
	경기도 고양시 일산서구 덕이동 1347-7
	전화: 031) 907-3927
	팩스: 031) 905-3297
디자인	토라디자인(010-9492-3951)
ISBN	979-1-19593-067-8 03230
가격	15,000원

생명나무 출판사는

위대한 종교개혁의 정신을 계승하고, 개혁신앙의 유산을 이 시대에 적용하고 확산시키며 후손들에게 상속하기 위해 설립되었습니다. 이러한 거룩한 도전과 모험을 통해서 주께서 영광을 받으시고 주의 백성들이 새롭게 되며, 교회가 참된 권능을 회복하도록 최선을 다하겠습니다.

개혁교회의 토대

신앙고백

예전

교회질서

DOCTRINAL STANDARDS
ORDERS OF WORSHIP
THE Church Order

발간사

교회사는 믿음과 신실한 삶의 풍성한 보고(寶庫)입니다. 개혁교회가 믿고 고백하며 살아낸 신경들(사도신경, 니케아신경, 아타나시우스신경)과 세 일치 신조(벨직신앙고백서, 하이델베르크, 도르트신조)는 신앙의 토대를 견고하게 해줍니다. 그리고 계혁교회의 예전 예식문과 기도, 교회질서는 예배와 교회의 화평을 위한 토대입니다.

G. K. 체스터턴은 전통은 "죽은 자의 살아 있는 믿음"이라고 했습니다. 우리는 새로운 것이 옛것을 대체하고, 새로운 것이 진리로 여겨지는 시대에 살고 있습니다. 그러나 교회는 성경이 가르치는 세계관을 통해서 역사 전체를 동시에 보면서 현재를 신실하고 적실성 있게 살아내야 합니다.

하나님의 말씀과 성령님의 역사하심 속에서 교회가 고백하고 살아낸 교회의 전통과 무형의 자산은 시대의 도전을 이겨내면서, 이 시대에 주어진 교회의 사명을 감당하게 할 것입니다. 우리는 이 위대한 자산을 통해 교회를 굳건하게 세우고, 복음과 교회를 후대에 상속해 주어야 합니다. 이 책이 우리와 자녀들에게 성경적 세계관을 정립하게 해 주고, 교회를 강하게 하며, 복음을 상속하는 데 도움이 되길 소망합니다.

이 책은 캐나다 개혁교회(Canadian & American Reformed Churches)의 신앙고백과 예전 예식문, 질서를 번역했습니다. 번역을 위해 수고해 주신 손정원 목사님, 교정으로 섬겨주신 김우곤 선생님께 심심한 감사를 전합니다.

2022. 12. 7
노천상 목사

발간서 4

I 신앙고백서   9

일치를 위한 세 고백서   10

    벨직 신앙고백   10

    하이델베르크 교리문답   58

    도르트 신경   122

보편 신경   187

    사도신경   188

    니케아 신경   190

    아타나시우스 신경   193

II 예전   199

1. 예전 예식서   200

    예배순서   201

    유아세례 예식서   206

    성인세례 예식서   213

    공적신앙고백 예식서   221

    주의 만찬기념 예식서   224

    주의 만찬기념 요약 예식서   239

    비수찬 회원 출교 예식서   248

    수찬 회원 출교 예식서   254

    그리스도의 교회로 재영입 예식서   262

    말씀 사역자 임직(취임) 예식서   269

    선교사 임직(취임) 예식서   277

    장로와 집사 임직 예식서   285

    혼인 서약 예식서   295

2. 기도 모범서   305
1. 일반적인 죄의 고백과 설교 전과 금식과   306
   기도의 날에 드리는 기도
2. 기독교의 모든 필요를 위한 기도   308
3. 공적인 죄의 고백과 설교 전 기도   313
4. 설교 후 기도   315
5. 교리문답의 설교 전 기도   317
6. 교리문답의 설교 후 기도   318
7. 식사 전에 드리는 기도   319
8. 식사 후에 드리는 감사기도   320
9. 환자와 영적으로 지친 자들을 위한 기도   321
10. 환자와 영적으로 지친 자들을 위한 기도   323
11. 아침 기도   325
12. 저녁 기도   326
13. 교회 회의들을 위한 개회기도   328
14. 교회 회의들을 위한 폐회기도   329
15. 집사회를 위한 개회기도   330

Ⅲ 교회질서   333

1. 서론   336
2. 직분과 교리의 감독   336
3. 회의들   349
4. 예배, 성례, 기념일   357
5. 교회의 권징   360

Ⅰ 신앙고백

일치를 위한 세 고백서
벨직 신앙고백   하이델베르크 교리문답   도르트 신경

보편 신경
사도신경   니케아 신경   아타나시우스 신경

벨직 신앙고백

THE BELGIC CONFESSION

개혁교회의 첫 번째 교리표준은 신앙의 고백서입니다. 이 신앙고백은 남부 네덜란드화란, 즉 현재 벨기에Belgium로 알려진 지역에서 작성되었기 때문에 대개 '벨직 신앙고백'이라고 부릅니다. 이 신앙고백의 주 저자chief author는 귀도 드 브레Guido de Brès이고, 그는 화란 개혁교회의 설교자이고, 1567년에 신앙의 순교자로 죽었습니다. 화란에 있는 교회들은 16세기 동안 로마 카톨릭 정부에게 가장 무서운 박해를 받았습니다. 귀도 드 브레는 이 로마 카톨릭의 잔인한 압제에 저항하며, 박해자들이 책임을 전가하는 것처럼 개혁신앙의 지지자들이 반역자들이 아니고, 성경에 따른 참된 기독교 교리를 고백하는 법을 지키는 사람들이라고 박해자들에게 증명하기 위해서 1561년에 이 고백서를 준비했습니다. 다음 해에 이 고백서의 사본 하나가 "이 신앙고백에 나타난 진리를 부인하느니 차라리 등에 채찍을 맞고 칼로 혀를 잘리고 입에 재갈을 물리고 온 몸이 불타는 것이 낫다."라고 하는 청원자들이 기록한 선언문과 함께 왕 빌립 2세에게 보내졌습니다.

 비록 박해로부터 확고한 자유를 얻으려는 목적이 즉각적으로 이루어지지 않았고, 드 브레 자신도 생명으로 신앙을 증명했던 수많은 사람 중의 한 사람으로 죽었을지라도, 그의 작품은 보전되었고, 모든 시대를 위하여 보전될 것입니다. 이 신앙고백의 구성에 있어서 저자는 스스로 2년 전에, 주로 존 칼빈에 의해서 기록되고 출판된 프랑스 개혁교회 신앙고백의 도움을 얻었습니다. 그러나 드 브레의 작품은 칼빈의 작품의 개정판이 아니라 독립적인 구성이었습니다. 화란 교회들은 드 브레가 작성한 신앙고백을 즉시 기꺼이 받아들였고, 16세기의 마지막 30년 동안 개최된 국제적인 공의회도 이 신앙고백서를 채택했습니다. 위대한 해인 1618-19년에 개최된 도르트 총회는 순서가 아니라 본문에 대한 주의 깊은 정정을 한 후에 이 신앙고백을 개혁교회들의 교리 표준서들 중의 하나로서 채택했고, 각 교회의 모든 직분자들이 이 사실에 동의했습니다. 개혁교회의 교리에 대한 최상의 상징적 진술들 중의 하나로서 이 신앙고백서의 우수성은 일반적으로 인정됩니다.

하나님에 대한 교리와 사람의 영원한 구원에 대한 교리의 요약을 담고 있는 참된 기독교 신앙고백

1조. 오직 한 분 하나님만이 계십니다

우리 모두는 오직 한 분 하나님만이 계신다는 것을[1] 마음으로 믿고 입으로 고백합니다.[2] 그분은 단일하시고 단순하시고 영적인 존재이십니다.[3] 그분은 영원하시고[4] 이해될 수 없으시고,[5] 보이지 않으시며,[6] 변하지 않으시며,[7] 한정이 없으시며,[8] 전능하시고,[9] 완전히 지혜로우시며,[10] 공의로우시고,[11] 선하시고,[12] 모든 선이 흘러나오는 근원이십니다.[13]

[1]신 6:4; 고전 8:4,6; 딤전 2:5. [2]롬 10:10. [3]요 4:24. [4]시 90:2. [5]롬 11:33. [6]골 1:15; 딤전 6:16. [7]약 1:17. [8]왕상 8:27; 렘 23:24. [9]창 17:1; 마 19:26; 계 1:8. [10]롬 16:27. [11]롬 3:25,26; 롬 9:14; 계 16:5,7. [12]마 19:17. [13]약 1:17.

2조. 하나님께서 당신님 자신을 우리에게 알게 하시는 방편

우리는 두 가지 방편으로 하나님을 압니다. 첫째는 천지만물의 창조와 보존과 다스리심으로인데, 이는 가장 아름다운 책으로서 우리 눈앞에 펼쳐져 있으며,[1] 그 안에 있는 크고 작은 모든 피조물들은 아주 수많은 글자로서 사도 바울이 로마서 1장 20절에서 말한 대로 하나님의 보이지 않는 것들, 곧 그분의 영원하신 능력과 신성을 분명히 깨닫도록 우리를 인도합니다. 이 모든 것들은 사람들에게 유죄 선고하고 핑계할 여지가 없도록 하기에 충분합니다. 둘째로 하나님께서는 당신님의 영광과 우리의 구원에 대하여 이 세상에서 우리에게 필요한 만큼 당신님의 거룩하시고 신성한 말씀을 통해서 더욱 분명하고 충분하게 당신님 자신을 우리에게 알려 주십니다.[2]

[1] 시 19:1-4 [2] 시 19:7,8; 고전 1:18-21.

3조. 하나님의 말씀

우리는 이 하나님의 말씀이 사도 베드로가 말한 대로 벧후1:21 사람의 뜻에 따라 말한 것이 아니라, 성령의 감동하심을 받은 사람들이 하나님으로부터 받아 말한 것이라고 고백합니다. 그에 따라 하나님께서는 우리와 우리 구원에 대한 특별하신 돌보심으로써 당신님의 종들, 곧 선지자들과 사도들을 명하셔서 당신님의 계시된 말씀을 기록하도록 명하셨으며,[1] 또 하나님께서는 친히 당신님의 손가락으로 두 돌판에 율법을 기록하셨습니다.[2] 그러므로 우리는 이러한 글들을 거룩하고 신성한 책이라고 부릅니다.[3]

[1] 출 34:27; 시 102:18; 계 1:11,19. [2] 출 31:18. [3] 딤후 3:16.

4조. 정경

우리는 성경이 구약과 신약 두 부분으로 구성되어 있으며, 이 책들이 정경이고, 또 이 사실에 대해 어떤 이의도 제기할 수 없음을 믿습니다. 이 책들은 하나님의 교회에서 다음과 같이 이름을 지어 붙였습니다.

구약의 책들은 모세오경, 즉 창세기 · 출애굽기 · 레위기 · 민수기 · 신명기와 여호수아 · 사사기 · 룻기 · 사무엘상 · 사무엘하 · 열왕기상 · 열왕기하 · 역대상 · 역대하 · 에스라 · 느헤미야 · 에스더와 욥기 · 시편 · 잠언 · 전도서 · 아가와 이사야 · 예레미야 · 예레미야애가 · 에스겔 · 다니엘 · 호세아 · 요엘 · 아모스 · 오바댜 · 요나 · 미가 · 나훔 · 하박국 · 스바냐 · 학개 · 스가랴 · 말라기입니다.

신약의 책들은 사복음서인 마태 · 마가 · 누가와 요한과 사도행전과 사도 바울의 열 세 서신, 즉 로마서 · 고린도전서 · 고린도후서 · 갈라디아서 · 에베소서 · 빌립보서 · 골로새서 · 데살로니가전서 · 데살로니가후서 · 디모데전서 · 디모데후서 · 디도서 · 빌레몬서와 히브리서와 다른 일곱 서신, 즉 야고보서 · 베드로전서 · 베드로후서 · 요한1서 · 요한2서 · 요한3서 · 유다서와 요한계시록입니다.

5조. 성경의 권위

우리는 이 모든 책들을, 그리고 오직 이 모든 책들만 우리의 믿음을 규정하고 기초하고 확증하는 거룩하고 정경으로 인정된 책으로서[1] 받아들입니다.[2] 우리는 이 책들 안에 포함된 모든 것을 조금도 의심하지 않고 믿습니다. 그렇게 믿는 이유는 교회가 이 책들을 정경으로 받아들이고 승인했기 때문이 아니라, 무엇보다도 성령께서 우리의 마음속에서 그 책들이 하나님께로부터 왔음을 증거해 주시기 때문이며,[3] 또한 그 책들이 그 자체로 그것에 대한 증거를 포함하고 있기 때문입니다. 이는 심지어 소경이라 할지라도 그 책들 안에 예언

된 모든 말씀이 성취되고 있음을 알 수 있기 때문입니다.[4]

[1]살전 2:13. [2]딤후 3:16,17. [3]고전 12:3; 요일 4:6, 요일 5:7. [4]신 18:21,22; 왕상 22:28; 렘 28:9; 겔 33:33.

6조. 정경과 외경의 차이점

우리는 이 거룩한 책들과 외경들, 즉 에스드라 3서와 에스드라 4서 · 토비트 · 유딧서 · 지혜서 · 집회서 · 바룩서 · 에스더서의 부록 · 아사랴의 기도 · 불구덩이 속의 세 소년 찬미서 · 수산나 · 벨과 용 · 므낫세의 기도 · 마카베오상 · 마카베오하를 구별합니다.

교회는 이 외경들이 정경들과 일치하는 한에서만 읽을 수 있고 교훈을 얻을 수 있습니다. 그러나 이 외경들은 우리가 믿음이나 기독교에 대한 어떤 면을 그 증거로부터 확증할 수 있는 그런 능력이나 권위를 갖지 못할 뿐 아니라, 더더욱 거룩한 책들의 권위를 실추시킬 수 없습니다.

7조. 성경의 충족성

우리는 성경이 하나님의 뜻을 온전히 포함하고 있으며, 또 인간이 구원받기 위해서 믿어야만 하는 모든 것을 성경에서 충분히 가르치고 있다는 것을 믿습니다.[1] 하나님이 우리에게 요구하시는 모든 예배 방식이 성경에 충분히 기록되어 있습니다. 그러므로 우리가 지금 성경에서 가르침을 받고 있는 것 외에 다른 것을 가르치는 것은 누구든지, 심지어 사도들이라 할지라도 불법입니다.[2] 그렇습니다. 사도 바울이 말한 것처럼, 심지어 하늘에서 온 천사라고 할지라도 불법입니다.갈 1:8 왜냐하면 하나님의 말씀에 무엇인가를 더하거나 빼는 것이 금지되어 있으므로,신 12:32³ 성경의 교리는 모든 면에서 가장 완전하고 완벽한 것임이 분명하게 드러나기 때문입니다.⁴

우리는 제아무리 거룩한 인간이 기록한 것일지라도 인간이 쓴 모든 저작물들을 신성한 성경과 동일한 가치를 가진 것으로 생각하지 않아야 합니다. 또한 우리는 관습이나 많은 사람의 의견이나 오래된 것이나 시대와 사람의 계승이나 공의회나 법령이나 규칙을 하나님의 진리보다 우월한 가치를 가진 것으로 생각하지 않아야 합니다. 왜냐하면 진리는 무엇보다도 우월하기 때문입니다.⁵ 모든 사람들은 본성상 거짓되고, 입김보다 가볍기 때문입니다.시 62:9 그러므로 사도 요한이 오직 영들이 하나님께 속하였나 시험하라요일 4:1고 하고, 또한 누구든지 이 교훈을 가지지 않고 너희에게 나아가거든 그를 집에 들이지도 말고 인사도 말라요이 1:10고 우리에게 가르쳐 주고 있는 것처럼, 우리는 온 마음을 다하여 이 무오한 규범과 일치하지 않는 것은 무엇이든지 거절해야 합니다.⁶

¹딤후 3:16,17; 벧전 1:10-12. ²고전 15:2; 딤전 1:3. ³신 4:2; 잠 30:6; 행 26:22; 고전 4:6; 계 22:18,19. ⁴시 19:7; 요 15:15; 행 18:28; 행 20:27; 롬 15:4. ⁵막 7:7-9; 행 4:19; 골 2:8; 요일 2:19. ⁶신 4:5,6; 사 8:20; 고전 3:11; 엡 4:4-6; 살후 2:2; 딤후 3:14,15.

8조. 하나님은 본질상 하나이시지만 세 위격으로 구별되십니다

우리는 이 진리와 이 하나님 말씀에 따라 본질상 오직 하나이신 하나님을 믿으며,[1] 그분은 단 하나의 본질이시고, 그 본질 안에 세 위격이 있는데, 비공유적 속성에 따라 실체적으로, 진실로, 영원히 구별되신 성부, 성자, 성령이십니다.[2] 성부는 보이는 모든 것과 보이지 않는 모든 것의 원인과 근원과 시작이십니다.[3] 성자는 말씀과 지혜와 하나님의 형상이십니다.[4] 성령은 성부와 성자로부터 나오신 영원한 능력과 권능이십니다.[5] 그럼에도 불구하고 하나님께서는 이 구별에 의해서 셋으로 나누어지지 않습니다. 왜냐하면 성경이 우리에게 성부, 성자, 성령이 각각 위격적 존재이며, 각각의 속성에 의해서 구별되지만 이 세 위격이 오직 한 하나님이시라고 하는 그런 방식으로 가르치기 때문입니다.

그러므로 성부는 성자가 아니시고, 성자는 성부가 아니시고, 이와 같이 성령은 성부와 성자가 아니심이 명백합니다. 그럼에도 불구하고 이렇게 구별된 위격은 나누어지거나 혼합되지 않습니다. 왜냐하면 성부께서는 우리의 살과 피를 취하지 않으셨고, 성령께서도 그러하시고, 다만 성자께서만 우리의 살과 피를 취하셨기 때문입니다. 성부께서는 성자 없이 계신 적이 없으시고,[6] 성령 없이도 계신 적이 없으십니다. 이는 하나이시고 동일하신 본질 안에서 이 세 위격이 영원히 동일하시기 때문입니다. 먼저 되시거나 나중 되신 분이 없으십니다. 왜냐하면 이 세 위격 모두 진리와 능력과 선하심과 긍휼하심에 있어서 하나이시기 때문입니다.

[1] 고전 8:4-6. [2] 마 3:16,17; 마 28:19. [3] 엡 3:14,15. [4] 잠 8:22-31; 요 1:14; 요 5:17-26; 고전 1:24; 골 1:15-20; 히 1:3; 계 19:13. [5] 요 15:26. [6] 미 5:2; 요 1:1,2.

9조. 이 교리의 성경적 증거

우리는 성경의 증거로부터[1] 그리고 삼위의 각각의 사역으로부터, 특별히 우리가 우리 자신 안에서 깨닫게 되는 삼위의 사역으로부터 이 모든 진리를 압니다. 우리가 이 성삼위일체를 믿도록 인도해 주는 성경의 증거들은 구약의 많은 곳에 기록되어 있습니다. 이 모든 성경 증거 구절들을 일일이 열거할 필요는 없고 다만 몇몇 성경 증거 구절만 신중하게 선택하여 언급하는 것으로 충분할 것입니다.

창세기에서 하나님께서는 이렇게 말씀하셨습니다. 우리가 우리의 형상을 따라 우리의 모양대로 사람을 만들자… 하나님이 자기 형상대로 사람을 창조하시되, 하나님은 남자와 여자를 창조하셨다.창 1:26,27 보라, 이 사람이 우리 중 하나와 같이 되었다.창 3:22 "우리의 형상대로 사람을 만들자"고 하신 하나님의 말씀에서, 한 위격 이상의 신적 위격이 있다는 것이 나타납니다. 그리고 "하나님께서 창조하셨다"고 말씀하셨을 때, 하나님은 한 하나님이시라는 것을 의미합니다. 하나님께서 여기에서 얼마나 많은 위격들이 존재하는지에 대해 말씀하시지 않은 것은 사실입니다. 그러나 구약에서 다소 불분명하게 보이는 것이 신약에서 아주 분명해졌습니다. 우리 주님께서 요단강에서 세례받으실 때에, 이는 내 사랑하는 아들이요마 3:17라고 하는 성부의 음성이 들렸고, 성자께서는 물 가운데 계셨고, 성령께서는 비둘기 형체로 성자 위에 내려오셨습니다.[2] 그리스도께서는 모든 신자들의 세례에 대해 "아버지와 아들과 성령의 이름으로" 모든 족속에게 세례를 주라마 28:19고 하는 형식을 제정하셨습니다. 누가복음에서 천사 가브리엘은 우리 주님의 어머니 마리아에게 선언했습니다. 성령이 네게 임하시고 지극히 높으신 이의 능력이 너를 덮으시리니 이러므로 나실 바 거룩한 자는 하나님의 아들이라 일컬으리라.눅 1:35 또한 주 예수 그리스도의 은혜와 하나님의 사랑과 성령의 교통하심이 너희 무리와 함께 있을지어다고후 13:13라고 합니다. 우리는 이 모든 성경 구절에서 오직 하나의 신적 본질 안에 세 위격이 계신다는 것을 충분히 배울 수 있습니다.

비록 이 교리가 모든 인간의 이해를 훨씬 넘어선다고 할지라도, 그럼에도 불구하고 우리는 장차 하늘에서 이것을 충만하게 알고 누리게 될 것을 기다리면서, 이 세상에서 하나님의 말씀에 근거하여 이 교리를 믿습니다. 그리고 우리는 장차 하늘에서 이 교리의 완전한 지식과 열매를 즐기게 될 것을 고대합니다.

또한 우리는 우리를 향한 이 삼위의 독특한 직분과 사역에 주의해야 합니다. 성부께서는 그의 능력으로 인해 우리의 창조주로 불리시고, 성자께서는 그의 피로 인해 우리의 구원자와 구속주로 불리시고, 성령께서는 우리 마음속에 거하심으로 인하여 우리의 성화주로 불리십니다. 이 거룩한 성삼위일체 교리는 사도 시대부터 오늘날까지 참 교회에서 늘 유지되어 왔으며, 유대인들, 무슬림들, 그리고 경건한 교부들에 의해 정당하게 정죄된 마르시온, 마니, 프락세아스, 사벨리우스, 사모사타의 바울, 아리우스 등과 같은 거짓 그리스도인들과 이단들을 논박하여 왔습니다. 그러므로 이 교리 안에서 우리는 세 가지 보편 신경ecumenical creeds, 곧 사도신경, 니케아 신경, 그리고 아타나시우스 신경뿐만 아니라, 고대 교부들이 이 신경들과 일치하여 결정한 것들을 기꺼이 받아들입니다.

[1] 요 14:16; 요 15:26; 행 2:32,33; 롬 8:9; 갈 4:6; 딛 3:4-6; 벧전 1:2; 요일 4:13,14; 요일 5:1-12; 유 20,21; 계 1:4,5. [2] 마 3:16.

10조. 예수 그리스도는 참되고 영원하신 하나님이십니다

우리는 예수 그리스도께서 당신님의 신성에 따라 하나님의 독생자이시고,[1] 영원으로부터 나셨으며, 만들어지거나 창조되지 아니하셨고 왜냐하면 그럴 경우 그는 피조물이 되시기 때문입니다, 성부와 동일한 본질이시고, 동등하게 영원하시고, 하나님의 영광의 광채이시고, 그 본체의 형상이신 분히1:3이시고, 모든 것에 있어서 성부와 동등하신 분이심을 믿습니다.[2] 그분은 우리의 본성을 취하실 때부터가 아니라 영원으로부터[3] 하나님의 아들이셨습니다. 이는 우리가 다음 각 성경의 증거들을 연결해 볼 때 그 성경의 증거들이 우리에게 가르쳐주는 바입니다. 모세는 하나님께서 세상을 창조하셨다고 말합니다.[4] 사도 요한은 하나님이라고 부르는 그 말씀에 의해서 만물이 만들어졌다고 말합니다.[5] 히브리서는 하나님께서 당신님의 아들을 통하여 세상을 만드셨다고 말합니다.[6] 또한 사도 바울도 하나님께서 예수 그리스도를 통하여 만물을 창조하셨다고 말합니다.[7] 그러므로 하나님, 말씀, 아들, 예수 그리스도라고 불리시는 그분은 만물이 그분으로 말미암아 창조되었을 그때에 계셨다는 사실이 반드시 따라와야 합니다. 따라서 그분은 이렇게 말씀하셨습니다. 진실로 진실로 너희에게 이르노니 아브라함이 나기 전부터 내가 있느니라 요 8:58. 그리고 그분은 이렇게 기도하셨습니다. 아버지여 창세 전에 내가 아버지와 함께 가졌던 영화로써 지금도 아버지와 함께 나를 영화롭게 하옵소서 요 17:5. 그래서 그분은 참되고 영원하신 하나님, 전능하신 분, 우리가 기도하고 예배하고 섬기는 분이십니다.

[1] 마 17:5; 요 1:14,18; 요 3:16; 요 14:1-14; 요 20:17,31; 롬 1:4; 갈 4:4; 히 1:2; 요일 5:5,9-12.
[2] 요 5:18,23; 요 10:30; 요14:9; 요 20:28; 롬 9:5; 빌 2:6; 골 1:15; 딛 2:13; 히 1:3; 계 5:13
[3] 요 8:58; 요 17:5; 히 13:8. [4] 창 1:1. [5] 요 1:1-3. [6] 히 1:2. [7] 고전 8:6; 골 1:16.

11조. 성령님은 참되고 영원하신 하나님이십니다

우리는 또한 성령께서 영원부터 성부와 성자로부터 나오신다는 것을 믿고 고백합니다. 성령께서는 만들어지지도 창조되지도, 나신 것도 아니라 다만 성부와 성자로부터 나오십니다.[1] 순서에 있어서 성령께서는 성삼위일체의 세 번째 위격이시고, 성부와 성자와 함께 본질과 위엄과 영광에 있어서 하나이시고 동일하시고, 참되고 영원하신 하나님이십니다. 이는 성경이 우리에게 가르치고 있는 바입니다.[2]

[1] 요 14:15-26; 요 15:26; 롬 8:9. [2] 창 1:2; 마 28:19; 행 5:3,4; 고전 2:10; 고전 3:16; 고전 6:11; 요일 5:7.

12조. 천지만물, 특별히 천사들의 창조

우리는 성부께서 보시기에 좋으신 때에, 말씀 곧 당신님의 아들을 통하여 천지만물을 무에서 창조하셨고,[1] 당신님께서 모든 피조물들의 존재와 모양과 형태를 부여하시고, 창조주를 섬기도록 하기 위해서 각각의 피조물에게 특별한 사역과 기능을 부여하셨다는 것을 믿습니다. 또한 우리는 하나님께서 지금도 그의 영원한 섭리와 무한한 능력을 따라 모든 피조물을 계속 붙드시고 다스리심으로, 만물은 사람을 섬기도록 하시고 사람은 하나님을 섬기도록 하시는 것을 믿습니다.

하나님께서는 또한 천사들을 선하게 창조하셔서 당신님의 사자들이 되게 하시고, 당신님의 택함 받은 자들을 섬기게 하셨습니다.[2] 이 천사들 중 일부는 하나님께서 창조하신 높은 위치에서 타락하여 영원한 파멸로 떨어졌습니다.[3] 그러나 이 천사들 중 다른 일부는 하나님의 은혜로 계속해서 처음 지위에 확고하게 머물러 처음 지위를 계속 유지하고 있습니다. 귀신들과 악한 영들은 이렇게 타락하여 하나님과 선한 모든 것들의 원수들이 되었습니다.[4] 그들은 온갖 힘을 다해 교회와 모든 교회의 성도들을 황폐화시키고, 그들의 악한 궤계로 모든 것을 파멸시키기 위해서 마치 강도들처럼 잠복하여 기다리고 있습니다.[5] 그러므로 그들은 그들 자신의 악함으로 영원한 형벌을 선고받고 날마다 그들의 무서운 고통을 기다리며 지냅니다.[6]

따라서 우리는 어떤 영들이나 천사들이 있다는 것을 부정하는 사두개인들의 잘못이나,[7] 귀신들은 창조되지 않았고 독자적인 기원을 가지고 있으며 타락하지 않았고 본질상 악하다고 말하는 마니교의 잘못을 혐오하고 거부합니다.

[1]창 1:1; 창 2:3; 사 40:26; 렘 32:17; 골 1:15,16; 딤전 4:3; 히 11:3; 계 4:11. [2]시 103:20,21; 마 4:11; 히 1:14. [3]요 8:44; 벧후 2:4; 유 6. [4]창 3:1-5; 벧전 5:8. [5]엡 6:12; 계 12:4,13-17; 계 20:7-9. [6]마 8:29; 마 25:41; 계 20:10. [7]행 23:8.

13조. 하나님의 섭리

우리는 이 선하신 하나님께서 만물을 창조하신 후에도 만물을 버리거나 포기하시거나 운명이나 우연에 맡겨두지 않으시고[1] 당신님의 거룩하신 뜻에 따라서 다스리시고 통치하심으로 이 세상 가운데서 하나님의 지시 없이는 아무 일도 일어날 수 없음을 믿습니다.[2] 그러나 하나님께서는 죄의 조성자도 아니시고, 책임을 져야 할 분도 아니십니다.[3] 왜냐하면 하나님의 능력과 선하심이 너무나 크고 우리의 이해를 초월하므로, 심지어 귀신들과 악한 자들이 불공정하게 행할 때도, 하나님께서는 가장 뛰어나고 공정한 방식으로 당신님의 사역을 정하시고 실행하시기 때문입니다.[4] 인간의 이해를 초월하는 하나님의 행위에 대하여, 우리는 호기심으로 우리의 능력이 허용하는 이상의 것을 물어서는 안 되고, 최대의 겸손과 경외로 우리에게 감추어진 하나님의 공정한 판단을 찬양하면서,[5] 하나님께서 당신님의 말씀에서 가르치신 모든 것을 배우고, 이 말씀의 한계를 넘어서지 않는 그리스도의 제자라는 사실로 만족해야 합니다.[6]

이 교리는 우리에게 이루 말할 수 없는 위로를 줍니다. 왜냐하면 우리는 이 교리를 통해서 우리에게 우연히 일어나는 일은 아무것도 없고 오직 은혜로우신 우리 하늘 아버지의 지시하심에 따라 일어난다는 것을 배우기 때문입니다. 우리 하늘 아버지께서 아버지같은 돌보심으로 우리를 돌보아주시고, 모든 피조물들을 지켜주심으로, 당신님의 능력하에서 당신님의 뜻 없이는 우리의 머리카락 하나도, 그 모든 숫자를 다 헤아리고 계시기 때문이다 참새 한 마리도 땅에 떨어질 수 없습니다 마 10:29,30. 우리는 이 교리를 확신합니다. 왜냐하면 우리는 하나님 아버지께서 마귀와 모든 원수들을 저지하심으로, 그들이 하나님의 허용과 뜻 없이는 우리를 해칠 수 없다는 것을 알기 때문입니다.[7] 그러므로 우리는 하나님께서 만물에 관심을 갖지 않으시고 우연에 맡겨두셨다고 말하는 에피쿠로스 학파 Epicureans의 가증스런 잘못을 배격합니다.

[1] 요 5:17; 히 1:3. [2] 시 115:3; 잠 16:1,9,33; 잠 21:1; 엡 1:11,12; 약 4:13-15. [3] 약 1:13; 요일 2:16. [4] 욥 1:21; 사 10:5; 사 45:7; 암 3:6; 행 2:23; 행 4:27,28. [5] 왕상 22:19-23; 롬 1:28; 살후 2:11. [6] 신 29:29; 고전 4:6. [7] 창 45:8; 창 50:20; 삼하 16:10; 롬 8:28,38,39.

14조. 사람의 창조와 타락, 그리고 사람이 참으로 선한 일을 행할 수 없음

우리는 하나님께서 인간을 창조하시되 흙으로 지으셨고[1] 모든 면에서 하나님의 뜻을 따라 행할 수 있도록 하나님의 모양과 형상으로, 즉 그의 선하심과 의로우심, 또한 거룩한 형상으로 만드셨음을 믿습니다.² 그러나 사람이 이런 높은 위치에 있을 때, 그런 위치를 바르게 인식하지도 않았고, 자신의 탁월함을 가치 있게 여기지도 않았습니다. 사람은 마귀의 말에 귀를 기울임으로써, 고의적으로 죄를 범하였고, 그 결과로 사망과 저주에 이르게 되었습니다.³ 왜냐하면 사람이 자신이 받은 생명의 계명을 위반했기 때문입니다. 사람은 자기 죄로 인해 자신의 참된 생명이신 하나님에게서 이탈하여, 자신의 본성 전체를 부패시켰습니다. 이 모든 것으로 인해 사람은 육체적이고 영적인 죽음에 대해 스스로 책임을 져야 합니다.⁴

또 사람은 모든 면에 있어서 악하고 뒤틀리고 부패해져서, 자신이 이전에 하나님께 받은 모든 뛰어난 선물들을 상실하고,⁵ 다만 몇 가지 흔적을 가지고 있을 뿐인데, 그 흔적들은 사람이 변명할 여지가 없도록 하기에 충분합니다.⁶ 왜냐하면 성경이 가르치고 있는 바와 같이 우리 안에 있는 빛이 어떤 빛이든지 어두움으로 변했기 때문입니다.⁷ 빛이 어두움에 비취되 어두움이 깨닫지 못하더라. 요 1:5 이 구절에서 사도 요한은 인간을 어두움이라고 부릅니다.

그러므로 우리는 사람의 자유의지에 관하여 이 가르침과 반대되는 모든 가르침을 거부합니다. 왜냐하면 사람은 죄의 종일 뿐이고, 요 8:34 하늘에서 주신 바 아니면 사람이 아무것도 받을 수 없기 때문입니다. 요 3:27 그리스도께서 나를 보내신 아버지께서 이끌지 아니하면 아무라도 내게 올 수 없다고 말씀하실 때 요 6:44 누가 감히 자기 자신이 어떤 선을 행할 수 있다고 자랑하겠습니까? 육신의 생각이 하나님과 원수가 된다롬 8:7는 사실을 이해할 때, 누가 감히 자기 자신의 뜻을 자랑하겠습니까? 육에 속한 사람은 하나님의 성령의 일을 받지 아니한다고전 2:14고 했는데, 누가 자기 지식을 말할 수 있겠습니까? 요컨대 우리가 무슨 일이든지 우리에게서 난 것같이 생각하여 스스로 만족할 것이 아니니 우리의 만족은 오직 하나님께로서 났느니라고후 3:5는 말씀을 이해할 때, 누가 감히 무엇인가를 주장하겠습니까? 그러므로 사도가 너희 안에서 행하시는 이는 하나님이시니 자기의 기쁘신 뜻을 위하여 너희로 소원을 두고 행하게 하시나니 빌 2:13라고 하신 말씀은 당연히 분명하고도 확실하게 지켜져야 합니다. 왜냐하면 예수께서 나를 떠나서는 너희가 아무것도 할 수 없음이라요 15:5고 우리에게 가르치신 것처럼, 그리스도께서 주심 없이는 하나님의 뜻과 지식을 깨닫지도 못하고 순종할 수도 없기 때문입니다.

[1] 창 2:7; 창 3:19; 전 12:7. [2] 창 1:26,27; 엡 4:24; 골 3:10. [3] 창 3:16-19; 롬 5:12. [4] 창 2:17; 엡 2:1; 엡 4:18. [5] 시 94:11; 롬 3:10; 롬 8:6. [6] 롬 1:20,21. [7] 엡 5:8.

15조. 원죄

우리는 아담의 불순종으로 원죄가 온 인류에게 완전히 퍼졌다는 사실을 믿습니다.[1] 원죄는 인간 본성의 전적인 타락과[2] 심지어 모태에 있는 유아에게까지 미치는 부모를 통하여 물려받은 악입니다.[3] 근원으로서 원죄는 인간 안에 있는 모든 종류의 죄를 만들어냅니다. 그러므로 원죄는 하나님이 보시기에 너무나 악하고 혐오스러워서 하나님이 인류를 정죄하시기에 충분하게 합니다.[4] 원죄는 심지어 세례로도 도말하거나 근절할 수 없습니다. 왜냐하면 죄가 물이 솟구쳐 나오는 것처럼 이 무서운 근원으로부터 계속해서 흘러나오기 때문입니다.[5] 그러나 이 모든 사실에도 불구하고 원죄는 하나님의 자녀들에게 전가되어 정죄에 이르도록 하지 않고, 하나님의 은혜와 긍휼로 사해졌습니다.[6] 이 사실은 신자들이 죄 가운데서 평온하게 지내도 된다는 뜻이 아니라 이 죽을 몸에서부터 구원받기를 간절히 기다리는 동안 이 타락에 대한 깨달음이 종종 그들을 탄식하게 만든다는 뜻입니다.

이런 점에서 우리는 이 죄가 단지 모방의 문제일 뿐이라고 말하는 펠라기우스주의자들의 잘못을 배격합니다.

[1] 롬 5:12-14,19. [2] 롬 3:10. [3] 욥 14:4; 시 51:5; 요 3:6. [4] 엡 2:3. [5] 롬 7:18,19. [6] 엡 2:4,5.

16조. 하나님의 선택

우리는 아담의 모든 후손들이 첫 사람의 범죄로 말미암아 영원한 죽음과 파멸로 던져졌을 때[1] 하나님께서는 당신님 자신을 본래 모습 그대로 자비로우시고 공의로우신 분으로 나타내셨음을 믿습니다. 자비로우심은 하나님께서 영원하시고 변치 아니하시는 경영 가운데서[2] 인간의 어떤 노력과도 관계없이,[3] 당신님의 선한 즐거움으로 인하여 예수 그리스도 우리 주 안에서[4] 선택하신[5] 자들을 이 영원한 죽음으로부터 구출하시고 구원하심에 있습니다. 공의로우심은 그 밖의 다른 사람들을 스스로 빠져든 타락과 영원한 죽음에 버려두심에

있습니다.[6]

[1] 롬 3:12. [2] 요 6:37,44; 요 10:29; 요 17:2,9,12; 요 18:9. [3] 말 1:2,3; 롬 9:11-13; 딤후 1:9; 딛 3:4,5. [4] 요 15:16,19; 롬 8:29; 엡 1:4,5. [5] 삼상 12:22; 시 65:4; 행 13:48; 롬 9:16; 롬 11:5; 딛 1:1. [6] 롬 9:19-22; 벧전 2:8.

17조. 타락한 사람의 구원

우리는 은혜로우신 하나님께서 사람이 이렇게 스스로 육체적이고 영적인 죽음에 빠져서, 전적으로 비참하게 된 것을 보셨을 때, 당신님의 놀라운 지혜와 선하심으로 사람이 당신님께로부터 두려워 떨면서 도망칠 때 그 사람을 찾으신다는 것을 믿습니다.[1] 하나님께서는 사람에게 내가 너에게 나의 아들을 주어 여자에게서 태어나, 갈 4:4 뱀의 머리를 바수고, 창 3:15 복된 사람이 되게 할 것이다 라고 하는 약속으로 위로하셨습니다.[2]

[1] 창 3:9. [2] 창 22:18; 사 7:14; 요 1:14; 요 5:46; 요 7:42; 행 13:32,33; 롬 1:2,3; 갈 3:16; 딤후 2:8; 히 7:14.

18조. 하나님의 아들의 성육신

그러므로 우리는 하나님께서 당신님의 거룩한 선지자들의 입을 통하여 조상들에게 하신 그 약속을 성취하시기 위해서[1] 당신님께서 정하신 때에[2] 당신님의 독생자이시고 영원하신 아들을 세상에 보내셨는데, 그 아들은 종의 형체를 취하시고 사람의 모양으로 태어나셨다 빌 2:7 고 고백합니다. 그분은 진실로 모든 연약함을 가진 참된 인간의 본성을 취하셨는데,[3] 죄는 없으십니다.[4] 왜냐하면 그분은 사람의 행동으로가 아니라 성령의 능력으로 복된 동정녀 마리아의 모태에 잉태되셨기 때문입니다.[5] 그분은 참된 인간이 되시기 위해서 인간의 몸에 관해서만 인성을 취하신 것이 아니라 참된 인간의 영혼에 관해서도 인성을 취하셨습니다. 왜냐하면 인간이 영혼을 잃었을 뿐 아니라 몸도 잃어버렸기 때문에, 그분께서는 몸과 영혼 둘 다를 구원하시기 위해서 둘 다를 취하셔야 했습니다.

그러므로 그리스도께서 당신님의 어머니로부터 인간의 육체를 취하셨다는 것을 부인하는 재세례파 이단에 반대하여, 우리는 그리스도께서 자녀들의 혈육에 함께 속하였음을 고백합니다. 히 2:14 그리스도께서는 다윗의 아들이시고, 행 2:30 육신을 따라서는 다윗의 자손으로 나셨고, 롬 1:3 동정녀 마리아의 아들이시고, 눅 1:42 여인에게서 나셨고, 갈 4:4 다윗의 가지이시고, 렘 33:15 이새의 그루터기에서 나신 가지이시고, 사 11:1 유다 지파에서 나셨고, 히 7:14 육신에 따르면 유대인의 자손이시고, 롬 9:5 성자께서는 아브라함의 후손들과 연관되므로 아브라함의 씨입니다.[6] 그러므로 그분은 모든 면에서 형제들과 같이 되셨으나 죄는 없으십니다. 히 2:16,17; 히 4:15 이런 방식으로 그분은 진실로 임마누엘, 곧 '하나님이 우리와 함께 하심'이십니다. 마 1:23

[1] 창 26:4; 삼하 7:12-16; 시 132:11; 눅 1:55; 행 13:23. [2] 갈 4:4. [3] 딤전 2:5; 딤전 3:16; 히 2:14. [4] 고후 5:21; 히 7:26; 벧전 2:22. [5] 마 1:18; 눅 1:35. [6] 갈 3:16.

19조. 그리스도의 한 인격 안에 있는 두 본성

우리는 하나님의 아들의 인격이 잉태로 말미암아 인성과 서로 나눌 수 없이 연합되고 연관되어서,[1] 두 하나님의 아들이 있는 것도 아니고, 두 인격이 있는 것도 아니고, 한 인격 안에 연합된 두 본성이 있음을 믿습니다. 각각의 본성은 그 자체의 독특한 속성을 가지고 있습니다. 즉 그분의 신성은 시작한 날도 없고, 끝도 없이 항상 창조되지 않은 상태로 남아 있고, 히 7:3 하늘과 땅에 충만합니다.[2] 그분의 인성도 그 자체의 속성을 상실하지 않았습니다. 그분의 인성은 시작된 날이 있고 창조되었습니다. 그분의 인성은 유한하고 참된 몸의 모든 속성들을 다 가지고 있습니다.[3] 비록 그분이 부활로 말미암아 당신님의 인성에 영속성을 부여하셨을지라도, 그분은 인성의 실체를 바꾸지 않으셨습니다.[4] 왜냐하면 우리의 구원과 부활이 또한 그분의 몸의 실체에 달려있기 때문입니다.[5]

그러나 이 두 본성은 한 인격 안에 밀접하게 연합되어 있으므로 그분의 죽으심으로 말미암아 분리되지 않았습니다. 그러므로 그분께서 죽으실 때 당신님의 아버지의 손에 부탁하신 것은 그분의 몸으로부터 분리된 참된 인간의 영입니다.[6] 한편 심지어 그분이 무덤 속에 있는 동안도 그분의 신성은 언제나 그분의 인성과 연합되어 있었습니다.[7] 그리고 심지어 신성 그 자체가 잠시동안 나타나지 않았을지라도, 신성은 그분이 어린아이일 때에도 그분 안에 있었던 것처럼 언제나 그분 안에 남아있습니다.

이런 이유로 우리는 그분을 참 하나님이시요 참 사람이시라고, 곧 당신님의 능력으로 사망을 정복하신 참 하나님이시요, 당신님의 육신의 연약함에 따라 우리를 위하여 죽으신 참 사람이시라고 고백합니다.

[1]요 1:14; 요 10:30; 롬 9:5; 빌 2:6,7. [2]마 28:20. [3]딤전 2:5. [4]마 26:11; 눅 24:39; 요 20:25; 행 1:3,11; 행 3:21; 히 2:9. [5]고전 15:21; 빌 3:21. [6]마 27:50. [7]롬 1:4.

20조. 그리스도 안에서 하나님의 공의와 자비

완전히 자비로우시고 온전히 공의로우신 하나님께서 당신님의 아들을 보내셔서 불순종한 우리의 본성을 취하게 하시고,[1] 그 동일한 본성을 만족하게 하시며, 가장 지독한 고통과 죽음을 통해 죄에 대한 형벌을 담당하게 하셨음을 우리는 믿습니다.[2] 그러므로 하나님께서는 당신님의 아들에게 우리의 허물을 담당하게 하실 때 당신님의 아들에 대한 당신님의 공의를 나타내시고,[3] 죄를 범하여 정죄 받아 마땅한 우리에게 당신님의 선하심과 자비하심을 쏟아 부어주셨습니다. 하나님께서는 가장 완전한 사랑으로 당신님의 아들을 우리를 위하여 죽도록 내어주시고, 우리의 칭의를 위하여 부활하게 하심으로,[4] 우리가 그분을 통하여 불멸과 영원한 생명을 얻게 해 주셨습니다.

[1]롬 8:3. [2]히 2:14. [3]롬 3:25,26; 롬 8:32. [4]롬 4:25.

21조. 우리의 대제사장이신 그리스도의 만족하게 하심

우리는 예수 그리스도께서 멜기세덱의 반차를 좇아 영원한 대제사장이 되리라고 맹세로 확정받으셨음을 믿습니다.[1] 그리스도께서는 우리의 위치에서 당신님 자신을 당신님의 아버지 앞에 내어주시고, 당신님의 완전한 만족하게 하심으로 하나님의 진노를 만족시키시고,[2] 십자가 나무 위에서 당신님 자신을 바치셨고, 십자가에서 우리의 죄를 제거하시기 위해서 당신님의 보배로운 피를 흘리셨음을 믿습니다.[3] 이는 선지자들이 예언한 바와 같습니다.[4] 선지자들은 다음과 같이 기록합니다. 그가 징계를 받음으로 우리가 흠 없이 되었고, 그가 채찍에 맞음으로 우리가 나음을 입었도다.[5] 그는 도수장으로 끌려가는 어린 양과 같았도다. 그는 범죄자 중 하나로 헤아림을 입었음이라.사 53:5,7,12[6] 그리고 비록 본디오 빌라도가 처음에는 그리스도를 무죄하다고 선고했을지라도, 본디오 빌라도에 의해서 범죄자로 정죄 받으셨습니다.[7] 그리스도께서는 취치 아니한 것도 물어주게 되었습니다.시 69:4 그리스도께서는 불의한 자를 대신하여 의인으로서 죽으셨습니다.벧전 3:18[8] 그리스도께서는 몸과 영혼이 고난당하셨고,[9] 우리의 죄로 말미암아 무서운 심판을 느끼셔야 했고, 그리스도의 땀은 땅에 떨어지는 핏방울 같이 되었습니다.눅 22:44 마지막으로, 그리스도께서는 외치시기를, 나의 하나님, 나의 하나님 어찌하여 나를 버리시나이까마 27:46라고 하셨습니다. 그리스도께서는 이 모든 것을 우리의 죄를 사하기 위해서 견디셨습니다.

그러므로 바울과 함께 우리가 예수 그리스도와 그의 십자가에 못 박히신 것 외에는 아무것도 알지 못한다고 말하는 것은 옳은 일입니다.고전 2:2 우리는 우리 주 예수 그리스도를 아는 지식이 가장 고

상함을 인하여 모든 것을 해로 여깁니다.빌 3:8 우리는 그리스도의 상함으로 위로를 발견하고, 한번 드려진 속죄제사 외에 하나님과 어떤 다른 화해의 방편을 찾거나 만들려고 할 필요가 없습니다. 신자들은 이 한 번의 속죄제사로 말미암아 영원히 완전하게 됩니다.히 10:14[10] 이는 또한 하나님의 천사가 그리스도께서 자기 백성을 저희 죄에서 구원할 자이시기 때문에 그분을 예수라고 부른 이유이기도 합니다.마 1:21[11]

[1]시 110:4; 히 7:15-17. [2]롬 4:25; 롬 5:8,9; 롬 8:32; 갈 3:13; 골 2:14; 히 2:9,17; 히 9:11-15. [3]행 2:23; 빌 2:8; 딤전 1:15; 히 9:22; 벧전 1:18,19; 요일 1:7; 계 7:14. [4]눅 24:25-27; 롬 3:21; 고전 15:3. [5]벧전 2:24. [6]막 15: 28. [7]요 18:38. [8]롬 5:6. [9]시 22:15. [10]히 7:26-28; 히 9:24-28. [11]눅 1:31; 행 4:12.

22조. 그리스도를 믿는 믿음을 통한 우리의 칭의

우리는 이 위대한 신비에 대한 참된 지식을 얻도록 성령께서 우리 마음속에 참된 믿음을 일으켜 주심을 믿습니다.[1] 이 믿음은 그리스도의 모든 공로와 함께 예수 그리스도를 받아들이고, 그리스도를 우리 자신의 소유로 삼고, 그리스도 외에 다른 어떤 것도 구하지 않는 것입니다.[2] 왜냐하면 우리가 우리의 구원을 위하여 필요로 하는 모든 것이 예수 그리스도 안에 있지 않다고 하든지 혹은 모든 것이 그리스도 안에 있다고 하면 믿음을 통하여 예수 그리스도를 소유한 사람이 완전한 구원을 받는다고 하든지가 반드시 따라와야 하기 때문입니다.[3] 그러므로 그리스도만으로 충분하지 않고 그리스도 외에 다른 무엇이 필요하다고 주장하는 것은 엄청난 불경죄입니다. 왜냐하면 그렇게 결론을 내리면 그리스도께서는 단지 반쪽짜리 구주에 불과할 것이기 때문입니다.

그러므로 우리는 바울과 함께 사람이 의롭다 하심을 얻는 것은 율법의 행위에 있지 않고 오직 믿음으로 되느니라고 분명하게 말합니다.롬 3:28[4] 동시에 엄격히 말하자면 우리는 믿음 그 자체가 우리를 의롭게 해 주는 것과 같은 그런 뜻으로 말하지 않습니다.[5] 왜냐하면 믿음은 우리가 그리스도를 우리의 의로 받아들이는 데 사용되는 방편일 뿐이기 때문입니다. 즉 그리스도께서는 당신님의 모든 공로와 당신님께서 우리를 위하여 그리고 우리를 대신하여 행하신 모든 거룩한 사역들을 우리에게 전가하셨습니다.[6] 그러므로 예수 그리스도께서는 우리의 의이고, 믿음은 그리스도의 모든 은덕들을 나눔에 있어서 우리를 그리스도와 교제하게 하는 방편입니다. 이 모든 은덕들이 우리의 것이 될 때, 이 모든 것들은 우리의 죄를 사해주기에 충분하고도 남음이 있습니다.

[1] 요 16:14; 고전 2:12; 엡 1:17,18. [2] 요 14:6; 행 4:12; 갈 2:21. [3] 시 32:1; 마 1:21; 눅 1:77; 행 13:38,39; 롬 8:1. [4] 롬 3:19-4:8; 롬 10:4-11; 갈 2:16; 빌 3:9; 딛 3:5. [5] 고전 4:7. [6] 렘 23:6; 마 20:28; 롬 8:33; 고전 1:30,31; 고후 5:21; 요일 4:10.

23조. 하나님 앞에서 우리의 의

우리는 우리의 행복이 예수 그리스도로 말미암아 주어지는 우리 죄의 용서에 있고, 다윗과 바울이 우리에게 가르치고 있는 바와 같이, 하나님 앞에서 우리의 의가 그 죄의 용서에 있다는 것을 믿습니다.[1]

다윗과 바울은 일할 것이 없이 하나님께 의로 여기심을 받는 사람의 행복에 대해 선포합니다.롬 4:6; 시 32:1 사도는 또한 우리가 그리스도 예수 안에 있는 구속으로 말미암아 하나님의 은혜로 값없이 의롭다 하심을 얻었다고 말합니다.롬 3:24[2]

그러므로 우리는 항상 이 확고한 근거를 붙들어야 합니다. 우리는 하나님께 모든 영광을 돌려야 하고,[3] 하나님 앞에 스스로 겸손해야 하고, 우리가 어떤 존재인지를 스스로 깨달아야 합니다. 우리는 자신을 위하여 어떤 것 혹은 우리의 공로를 주장하지 않고,[4] 오직 십자가에 못 박히신 예수 그리스도의 순종만을 신뢰하고 의지해야 합니다.[5] 그리스도의 순종은 우리가 그리스도를 믿을 때 우리의 것이 됩니다.[6]

이 진리는 우리의 모든 허물을 덮어주고, 우리가 하나님께 가까이 가도록 확신을 주며, 우리의 양심을 두려움과 공포와 불안에서 벗어나게 하기에 충분하므로, 우리는 두려워 떨면서 숨으려 했고 무화과 나뭇잎으로 자신을 덮으려 했던 우리의 첫 조상 아담의 본보기를 따르지 않게 됩니다.[7] 정말로 우리가 조금이라도 우리 자신이나 혹은 다른 어떤 피조물들을 의지하면서 하나님 앞에 나타난다면, 우리에게 화가 있을진저! 우리는 소멸될 것입니다.[8] 그러므로 모든 사람들은 다윗과 함께 여호와여, 주의 종에게 심판을 행치 마소서, 주의 목전에는 의로운 인생이 하나도 없나이다. 라고 말해야 할 것입니다.시 143:2

¹요일 2:1. ²고후 5:18,19; 엡 2:8; 딤전 2:6. ³시 115:1; 계 7:10-12. ⁴고전 4:4; 약 2:10. ⁵행 4:12; 히 10:20. ⁶롬 4:23-25. ⁷창 3:7; 습 3:11; 히 4:16; 요일 4:17-19. ⁸눅 16:15; 빌 3:4-9.

24조. 우리의 성화와 선행

우리는 하나님의 말씀을 들음으로써, 그리고 성령의 역사하심으로써,[1] 사람 안에 생기는 이 참된 믿음이 그 사람을 중생하게 하여 새 사람으로 만든다는 것을 믿습니다.[2] 이 참된 믿음이 그 사람으로 하여금 새로운 삶을 살게 하며 죄의 종됨에서 자유롭게 해 줍니다.[3] 그러므로 이 의롭게 하는 믿음이 그 사람으로 하여금 선하고 거룩한 삶을 사는 데 무관심하게 만든다는 것은 옳지 않습니다.[4] 오히려 의롭게 하는 믿음이 없이는 그 누구도 하나님에 대한 사랑에서 나오는 것은 아무것도 할 수 없고,[5] 다만 자기 사랑이나 정죄 받는 것에 대한 두려움에서 어떤 일을 할 뿐입니다. 그러므로 거룩한 믿음이 사람 안에서 작용하지 않는 것은 불가능합니다. 왜냐하면 우리가 말하는 것은 헛된 믿음이 아니라 성경이 사랑으로써 역사하는 믿음^{갈 5:6}이라 일컫는 것에 대해 말하기 때문입니다. 이 믿음은 하나님께서 당신님의 말씀에서 명령하신 행위들을 자신에게 적용시키도록 사람을 권유하는 것입니다. 믿음의 선한 뿌리로부터 나온 이 행위들은 하나님 보시기에 선하고 받으실 만한 것입니다. 왜냐하면 이 행위들은 모두 하나님의 은혜에 의해서 거룩하게 되었기 때문입니다. 그럼에도 불구하고 그 행위들은 우리의 칭의에 이바지하지 않습니다. 왜냐하면 심지어 우리가 어떤 선도 행하기 전에 그리스도를 믿는 믿음을 통하여 우리는 의롭게 되었기 때문입니다.[6] 이렇게 의롭게 되지 않았다면 나무 그 자체가 선하지 않는 한 그 나무의 열매가 선할 수 없는 것 이상으로 우리의 선행은 선한 것이 될 수 없습니다.[7]

그러므로 우리는 선을 행하지만, 공로로 삼기 위해서 행하지 않습니다. 우리가 무엇을 공로로 내세울 수 있겠습니까? 우리가 행하는 선행에 대해 하나님께서 우리에게 빚지고 있다기보다 차라리 우리가 하나님께 빚지고 있습니다.[8] 왜냐하면 우리 안에서 자기의 기쁘신 뜻을 위하여 우리로 소원을 두고 행하게 하시는 분은 바로 하나님이시기 때문입니다. 빌 2:13 우리가 다음과 같이 기록된 말씀에 유의합시다. 이와 같이 너희도 명령받은 것을 다 행한 후에 이르기를, 우리는 무익한 종이라. 우리의 하여야 할 일을 한 것뿐이라 할지니라. 눅 17:10 동시에 우리는 하나님께서 선행을 보상하신다는 사실을 부정하지 않습니다.[9] 그러나 하나님께서 당신님의 선물들을 주시는 것은 당신님의 은혜에 의한 것입니다.

또한 우리가 선을 행할지라도, 우리는 그 선행에 우리의 구원의 근거를 두지 않아야 합니다. 우리는 우리의 육체로 더럽혀지지 않고 마땅히 형벌을 받지 않는 단 하나의 행위도 할 수 없습니다.[10] 설령 우리가 한 가지 선행을 보여줄 수 있다 하더라도, 한 가지 죄에 대한 기억만으로도 하나님께서 그 선행을 거절하기에 충분합니다.[11] 따라서 우리가 우리 구주의 고난과 죽음의 공로에 의지하지 않는다면, 우리는 항상 의심에 가득차서 어떤 확신도 갖지 못한 채 방황하게 될 것이고, 우리의 가련한 양심은 끊임없이 괴로워할 것입니다.[12]

[1]행 16:14; 롬 10:17; 고전 12:3. [2]겔 36:26,27; 요 1:12,13; 요 3:5; 엡 2:4-6; 딛 3:5; 벧전 1:23. [3]요 5:24; 요 8:36; 롬 6:4-6; 요일 3:9. [4]갈 5:22; 딛 2:12. [5]요 15:5; 롬 14:23; 딤전 1:5; 히 11:4,6. [6]롬 4:5. [7]마 7:17. [8]고전 1:30,31; 고전 4:7; 엡 2:10. [9]롬 2:6,7; 고전 3:14; 요이 8; 계 2:23. [10]롬 7:21. [11]약 2:10. [12]합 2:4; 마 11:28; 롬 10:11.

25조. 그리스도, 율법을 성취하신 분

우리는 율법의 의식들과 상징들이 그리스도의 오심과 함께 끝났고, 그 모든 그림자들이 성취되었으므로,[1] 그리스도인들 가운데서는 그 율법을 사용하는 것이 폐지되어야 한다는 것을 믿습니다. 그러나 율법의 진리와 본질은 율법을 성취하신 그리스도 안에서 우리를 위하여 여전히 남아 있습니다.[2]

동시에 우리는 복음의 교리로 우리를 확고하게 하고, 하나님의 뜻에 따라 하나님의 영광을 위하여 모든 영예 가운데서 우리의 삶을 살아가기 위해서 율법과 선지자로부터 취해진 증거들을 여전히 사용합니다.[3]

[1]마 27:51; 롬 10:4; 히 9:9,10. [2]마 5:17; 갈 3:24; 골 2:17. [3]롬 13:8-10; 롬 15:4; 벧후 1:19; 벧후 3:2.

26조. 그리스도의 중보

우리는 유일하신 중보자이시며[1] 대언자이신 의로우신 예수 그리스도를[2] 통하지 않고는 하나님께로 나아갈 수 없음을 믿습니다. 이런 목적으로 그리스도께서는 사람이 되시었고, 신성과 인성을 함께 가지셨으므로, 우리 사람들이 하나님의 위엄으로 나아가는 데 방해를 받지 않게 되었습니다.[3] 그러나 성부께서 당신님 자신과 우리 사이에 세워 놓으신 이 중보자께서는 당신님의 위대하심으로 우리를 위협하지 않으시는데 우리가 우리의 의지대로 또 다른 중보자를 찾을 수야 있겠습니까? 하늘과 땅에서 예수 그리스도보다 더 우리를 사랑하는 어떤 피조물도 없습니다.[4] 비록 그리스도께서 하나님의 본체이셨을지라도, 자기를 비워 우리를 위하여 사람의 형체와 종의 형체를 취하시고,빌 2:6,7 모든 면에서 형제들과 같이 되셨습니다.히 2:17 그러므로 우리가 다른 중보자를 찾는다면, 우리는 심지어 우리가 당신님의 원수였을 때에도 우리를 위하여 당신님의 생명을 내어주신 그분보다 우리를 더 사랑하는 분을 찾을 수 있겠습니까?롬 5:8,10 만일 우리가 권세와 능력을 가진 분을 찾는다면, 성부의 오른편에 앉아 계시고[5] 하늘과 땅에서 모든 권세를 가지신 그분 외에 누가 더 있겠습니까?마 28:18 또한 하나님의 가장 사랑하시는 아들보다 누가 더 빨리 그 음성을 들을 수 있겠습니까?[6]

그러므로 성인들을 영예롭게 하기보다는 차라리 불명예스럽게 하는 습관들을 소개하여 그들이 결코 행하지도 않았고 요구하지도 않은 것을 하는 것은 신앙해서는 안 될 것을 신앙하는 것입니다. 이와 반대로 성인들은 그들의 저서들에 나타나는 것처럼 그들의 직무에 따른 그런 영예를 끊임없이 거부했습니다.[7] 여기에서 우리는 우리의 무가치함을 의지하지 않아야 합니다. 왜냐하면 그것은 우리의 가치에 근거한 것이 아니라 당신님의 의가 믿음으로 우리의 것이 되게 하신 예수 그리스도의 탁월하심과 가치에 근거하여[8] 우리의 기도를 드리는 문제이기 때문입니다.[9]

그러므로 히브리서 기자는 우리가 이런 어리석은 두려움, 더 정확하게 말하면 불신에서 벗어나도록 하기 위해서 합당한 이유를 가지고 예수 그리스도께서 범사에 형제들과 같이 되심이 마땅하도다. 이는 하나님의 일에 자비하고 충성된 대제사장이 되어 백성의 죄를 구속하려 하심이라. 자기가 시험을 받아 고난을 당하셨은즉 시험받는 자들을 능히 도우시느니라.라고 우리에게 말합니다. 히 2:17,18 또한 히브리서 기자는 우리가 하나님께 나아가도록 더욱 더 격려하기 위해서 그러므로 우리에게 큰 대제사장이 있으니 승천하신 자, 곧 하나님 아들 예수시라. 우리가 믿는 도리를 굳게 잡을지어다. 우리에게 있는 대제사장은 우리 연약함을 체휼하지 아니하는 자가 아니요. 모든 일에 우리와 한결같이 시험을 받은 자로되 죄는 없으시니라.라고 말합니다. 히 4:14,15[10] 같은 서신에서 히브리서 기자는 그러므로 형제들아 우리가 예수의 피를 힘입어 성소에 들어갈 담력을 얻었나니 … 참 마음과 온전한 믿음으로 하나님께 나아가자. 등등을 말합니다. 히 10:19,22 또한 히브리서 기자는 예수는 영원히 계시므로 그 제사 직분도 갈리지 아니하나니 그러므로 자기를 힘입어 하나님께 나아가는 자들을 온전히 구원하실 수 있으니 이는 그가 항상 살아서 저희를 위하여 간구하심이니라.라고 말합니다. 히 7:24-25[11] 무슨 말이 더 필요합니까? 그리스도께서도 친히 내가 곧 길이요. 진리요. 생명이니 나로 말미암지 않고는 아버지께로 올 자가 없느니라라고 말씀하셨습니다. 요 14:6 우리가 왜 다른 대언자를 찾아야 합니까? 하나님이 당신님의 아들을 우리의 대언자로 주시기를 기뻐하셨습니다. 따라서 우리가 그 한 분만 구하지 않고 다른 대언자 때문에 그분을 떠나거나 다른 대언자를 찾지 않아야 합니다. 왜냐하면 하나님께서 우리에게 그분을 주셨을 때, 그분께서 우리가 죄인임을 너무나 잘 알고 계셨기 때문입니다.

결론적으로 우리는 그리스도의 명령에 따라 우리의 유일한 중보자 그리스도를 통하여 하늘의 아버지를 불러야 하는데,[12] 이것은 우리가 주기도문에서 배운 바와 같습니다.[13] 우리는 그리스도의 이름으로 아버지께 간구하는 모든 것을 얻는다고 확신합니다. 요 16:23 [14]

[1]딤전 2:5. [2]요일 2:1. [3]엡 3:12. [4]마 11:28; 요 15:13; 엡 3:19; 요일 4:10. [5]히 1:3; 히 8:1. [6]마 3:17; 요 11:42; 엡 1:6. [7]행 10:26; 행 14:15. [8]렘 17:5,7; 행 4:12. [9]고전 1:30. [10]요 10:9; 엡 2:18; 히 9:24. [11]롬 8:34. [12]히 13:15. [13]마 6:9-13; 눅 11:2-4. [14]요 14:13.

27조. 보편적 기독교회

우리는 하나의 보편적 혹은 우주적 교회를 믿고 고백합니다.[1] 이 교회는 예수 그리스도 안에서 자신들의 온전한 구원을 기대하며,[2] 그의 피로 씻음을 받고 성령으로 거룩하게 되고 인침을 받은[3] 참된 기독교 신자들의 거룩한 회중과 모임입니다.[4]

이 교회는 세상의 시작부터 있어 왔으며 세상의 끝 날까지 있을 것입니다. 왜냐하면 그리스도께서는 백성 없이 계실 수 없는 영원한 왕이시기 때문입니다.[5] 비록 잠시 동안 아주 미미하게 보이고 인간의 눈에는 거의 사라진 것처럼 보일 때도 있지만,[6] 이 거룩한 교회는 온 세상의 분노에 맞서 하나님에 의해 보존됩니다.[7] 이와같이 아합의 폭정 동안에도 주께서는 바알에게 무릎을 꿇고 절하지 아니한 칠천 명을 당신님을 위하여 남겨 두셨습니다.[8]

더구나 이 거룩한 교회는 한 특별한 장소나 특정 사람들에게 한정되거나 제한되지 않고 전 세상에 걸쳐 널리 퍼져 있고 흩어져 있습니다.[9] 그러나 이 교회는 마음과 뜻으로 한 분이시고 동일하신 성령 안에서 믿음의 능력으로 결합되고 연합되어 있습니다.[10]

[1]창 22:18; 사 49:6; 엡 2:17-19. [2]욜 2:32; 행 2:21. [3]엡 1:13; 엡 4:30. [4]시 111:1; 요 10:14,16; 엡 4:3-6; 히 12:22,23. [5]삼하 7:16; 시 89:36; 시 110:4; 마 28:18,20; 눅 1:32. [6]사 1:9; 벧전 3:20; 계 11:7. [7]시 46:5; 마 16:18. [8]왕상 19:18; 롬 11:4. [9]마 23:8; 요 4:21-23; 롬 10:12,13. [10]시 119:63; 행 4:32; 엡 4:4.

28조. 그 교회에 가입해야 할 모든 사람의 의무

이 거룩한 모임과 회중이 구속받은 자들의 모임이며 그 모임 밖에는 구원이 없기 때문에[1] 우리는 신분이나 지위를 막론하고 누구도 그 모임에서 물러나 혼자 있는 것에 만족해서는 안 된다고 믿습니다. 오히려 모든 사람은 각각 그 교회에 가입하고 그 교회와 연합해야 할 의무가 있으며[2] 교회의 일치를 유지해야 합니다. 그들은 자신을 교회의 교훈과 권징에 복종시켜야 하고[3] 예수 그리스도의 멍에 아래 자신의 목을 구부려야 하며[4] 하나님께서 동일한 몸의 지체로서

그들에게 주신 재능에 따라[5] 형제자매들을 세우기 위해 봉사해야 합니다.[6]

이것을 좀 더 효과적으로 유지하기 위하여 하나님의 말씀에 따라 그 교회에 속하지 않는 자들에게서 분리하여[7] 하나님이 세우신 곳이면 어디서든지 이 모임에 가입하는 것은[8] 모든 신자의 의무입니다. 설령 지배자들과 왕의 칙령이 그 의무에 반대될지라도, 죽음이나 육체적 형벌이 따른다고 할지라도 모든 신자들은 그렇게 해야 합니다.[9]

그러므로 그 교회로부터 떨어져 나오거나 그 교회에 가입하지 않는 자는 모두 하나님의 규례를 거슬러 행하는 것입니다.

[1]마 16:18,19; 행 2:47; 갈 4:26; 엡 5:25-27; 히 2:11,12; 히 12:23. [2]대하 30:8; 요 17:21; 골 3:15. [3]히 13:17. [4]마 11:28-30. [5]고전 12:7,27; 엡 4:16. [6]엡 4:12. [7]민 16:23-26; 사 52:11,12; 행 2:40; 롬 16:17; 계 18:4. [8]시 122:1; 사 2:3; 히 10:25. [9]행 4:19,20.

29조. 참 교회와 거짓 교회의 표지

우리는 오늘날 세상에 있는 모든 분파들이 스스로 교회라고 자처하기 때문에 하나님의 말씀으로부터 어떤 교회가 참 교회인가를 부지런히 그리고 매우 신중하게 분별해야 함을 믿습니다.[1] 우리는 여기에서 외형상으로는 교회 안에 있고, 선한 자들과 섞여 있으나 교회의 한 부분이 아닌 그런 위선자들에 대해 말하는 것이 아닙니다.[2] 우리는 스스로를 교회라고 부르는 모든 분파들로부터 구별되어야만 하는 참 교회의 몸과 교제에 대해 말하고 있습니다.

참 교회는 다음의 표지들로 알아볼 수 있습니다. 참 교회는 순수한 복음 설교를 실행합니다.[3] 참 교회는 그리스도께서 제정하신 대로 성례들의 순수한 집행을 계속해서 유지합니다.[4] 참 교회는 죄를 교정하고 징벌하는 교회의 권징을 실행합니다.[5] 간단히 말해서, 참 교회는 순수한 하나님의 말씀에 따라 스스로를 다스리며[6] 거기에 반대되는 모든 것을 거부하며[7] 예수 그리스도를 교회의 유일한 머리로 생각합니다.[8] 이러한 표지로써 참 교회는 분명하게 알려지며 그 누구도 그 교회로부터 분리할 권리를 갖고 있지 않습니다.

교회에 속한 자들은 그리스도인의 표지들에 의해 알려집니다. 그들은 예수 그리스도 유일하신 구주를 믿고[9] 죄를 멀리하고 의를 추구하고[10] 참 하나님과 이웃을 좌로나 우로 치우침 없이 사랑하며[11] 자신들의 육체와 그 행위를 십자가에 못 박습니다.[12] 비록 그들에게 큰 연약함이 남아있다고 할지라도, 그들은 전 생애 동안 성령으로 말미암아 그 연약함에 대항하여 싸웁니다.[13] 그들은 끊임없이 주 예수 그리스도의 피와 고난과 죽음과 순종에 호소하고, 그리스도 안에서 그리스도를 믿는 믿음을 통하여 죄의 용서를 얻습니다.[14]

거짓 교회는 하나님 말씀보다 그 교회 자체와 그 교회의 규례들에 더 많은 권위를 부여합니다. 거짓 교회는 그리스도의 멍에에 자신을 복종시키려 하지 않습니다.[15] 거짓 교회는 그리스도께서 당신님의 말씀에서 명령하신 대로 성례를 시행하지 않고, 자기들에게 좋게 생각되는 대로 그 성례들에서 더하고 빼고 합니다. 거짓 교회는 예수 그리스도보다는 사람들에게 더 근거를 둡니다. 거짓 교회는 하나님의 말씀에 따라 거룩하게 사는 사람들과 거짓 교회의 죄와 탐욕과 우상숭배를 꾸짖는 사람들을 핍박합니다.[16]

이 두 교회는 서로 쉽게 알아볼 수 있고 구별됩니다.

[1]계 2:9. [2]롬 9:6. [3]갈 1:8; 딤전 3:15. [4]행 19:3-5; 고전 11:20-29. [5]마 18:15-17; 고전 5:4,5,13; 살후 3: 6,14; 딛 3:10. [6]요 8:47; 요 17:20; 행 17:11; 엡 2:20; 골 1:23; 딤전 6:3. [7]살전 5:21; 딤전 6:20; 계 2:6. [8]요 10: 14; 엡 5:23; 골 1:18. [9]요 1:12; 요일 4:2. [10]롬 6:2; 빌 3:12. [11]요일 4:19-21. [12]갈 5:24. [13]롬 7:15; 갈 5:17. [14]롬 7:24,25; 요일 1:7-9. [15]행 4:17,18; 딤후 4:3,4; 요이 9. [16]요 16:2.

30조. 교회의 정치

우리는 이 참 교회가 우리 주님께서 당신님의 말씀에서 가르치신 영적 질서에 따라서 다스려져야 함을 믿습니다.[1] 하나님의 말씀을 설교하고 성례를 집행하는 목사들ministers or pastors이 있어야 합니다.[2] 또한 장로들과[3] 집사들도[4] 있어야 하는데, 이들은 목사와 함께 교회 회의를 구성합니다.[5] 이런 방식으로 그들은 참 신앙을 보존합니다. 즉 그들은 참된 교리가 전파되고, 악한 자들이 영적 방식으로 징계를 받고 제어되며, 가난한 자와 모든 고통당하는 자들이 그들의 필요에 따라 도움을 받고 위로를 얻도록 살핍니다.[6] 사도 바울이 디모데에게 준 규칙에 일치하게[7] 신실한 자들이 선출될 때[8] 이런 방식으로 모든 일 하나하나는 바르게 선한 질서대로 이루어질 것입니다.

[1]행 20:28; 엡 4:11,12; 딤전 3:15; 히 13:20,21. [2]눅 1:2; 눅 10:16; 요 20:23; 롬 10:14; 고전 4:1; 고후 5:19,20; 딤후 4:2. [3]행 14:23; 딛 1:5. [4]딤전 3:8-10. [5]빌 1:1; 딤전 4:14. [6]행 6:1-4; 딛 1:7-9. [7]딤전 3. [8]고전 4:2.

31조. 교회의 직분자들

우리는 하나님의 말씀의 사역자들과 장로들과 집사들이 하나님의 말씀에 규정된 대로[1] 기도와 선한 질서로 교회의 합법적인 선거를 통하여 선출되어야 함을 믿습니다. 그러므로 우리 모두 각자가 잘못된 방법으로 끼어들지 않도록 주의해야 할 것입니다. 각 사람은 자신이 하나님께 소명을 받게 될 때를 기다려서 확실한 증거를 가질 수 있어야 하고, 이렇게 하여 자신의 소명이 주님께로부터 온 것임을 확신해야 합니다.[2] 말씀 사역자들은 그들이 어디에 있든지 간에 모두가 동일한 권세와 권위를 가집니다. 왜냐하면 그들은 모두 유일한 우주적 감독이시고 교회의 유일한 머리이신[3] 예수 그리스도의 종들[4]이기 때문입니다. 우리는 모두 하나님의 이 거룩한 규례가 훼손되거나 거부되지 않도록 우리 각 사람이 말씀 사역자들과 교회의 장로들을 그들의 사역 때문에 특별히 존경해야 하며[5] 불평이나 논쟁이나 다툼이 없이 할 수 있는 대로 그들과 화평하게 지내야 한다고 선언합니다.

[1]행 1:23,24; 행 6:2,3. [2]행 13:2; 고전 12:28; 딤전 4:14; 딤전 5:22; 히 5:4. [3]마 23:8,10; 엡 1:22, 엡 5:23. [4]고후 5:20; 벧전 5:1-4. [5]살전 5:12,13; 딤전 5:17; 히 13:17.

32조. 교회의 질서와 권징

우리는 교회를 다스리는 사람들은 몸된 교회를 유지하기 위하여 어떤 질서를 세움이 유익하고 좋다고 하더라도 항상 우리의 유일하신 주인이신 그리스도께서 명령하신 것에서 벗어나지 않는지를 살펴야 한다는 것을 믿습니다.[1] 그러므로 우리는 하나님께 드리는 예배에 도입되어 어떤 방식으로든 양심을 속박하고 강요하는 모든 인간이 만든 고안물이나 규범들을 배격합니다.[2] 우리는 오직 조화와 일치를 보존하고 증진시키며 하나님께 순종하는 모든 신자들을 지키기 위해 적합한 것만을 받아들입니다.[3] 이 목적을 위하여 권징과 출교가 하나님의 말씀에 따라서 시행되어야 합니다.[4]

[1]딤전 3:15. [2]사 29:13; 마 15:9; 갈 5:1. [3]고전 14:33. [4]마 16:19; 마 18:15-18; 롬 16:17; 고전 5; 딤전 1:20.

33조. 성례들

우리는 우리의 은혜로우신 하나님께서 우리의 둔함과 연약함을 잊지 않으시어 우리를 향한 당신님의 약속을 우리에게 인치시고 당신님의 선한 뜻과 은혜에 대한 보증이 되도록 성례를 제정해 주셨음을 믿습니다. 하나님께서는 우리의 믿음을 강하게 하고 자라게 하기 위해 성례를 제정해 주셨습니다.[1] 하나님께서 당신님의 말씀에서 우리에게 선언하신 것과 내적으로 우리 마음속에 행하신 바를 우리의 외적 감각에 더욱더 잘 나타나게 하기 위해서 복음의 말씀에[2] 이 성례들을 추가시키셨습니다. 이렇게 하나님께서는 당신님께서 베풀어 주신 구원을 우리에게 확정해 주십니다. 성례들은 내면적이고 보이지 않는 것에 대한 보이는 표와 인이고, 이것을 방편으로 하나님께서는 성령의 능력을 통하여 우리 안에서 역사하십니다.[3] 그러므로 표는 헛되고 무의미하여 우리를 속이는 것이 아닙니다. 왜냐하면 예수 그리스도께서 그 성례들의 실재이기 때문입니다. 그래서 그리스도를 떠나서 이 성례들은 아무것도 아닙니다. 게다가 우리는 성례의 수를 우리의 주인이신 그리스도께서 제정해 주신 두 가지, 즉 세례의 성례와[4] 예수 그리스도의 성찬의 성례로[5] 만족합니다.

[1]창 17:9-14; 출 12; 롬 4:11. [2]마 28:19; 엡 5:26. [3]롬 2:28,29; 골 2:11,12. [4]마 28:19.
[5]마 26:26-28; 고전 11:23-26.

34조. 세례의 성례

우리는 사람의 죄를 보상하거나 만족하게 하려고 드릴 수 있었고 드리려고 하던 다른 모든 피 흘림을 율법의 마침이 되신롬 10:4 예수 그리스도께서 당신님의 피 흘리심으로써 끝나게 하셨음을 믿고 고백합니다. 예수 그리스도께서 피와 연관된 할례를 폐하시고, 그 대신에 세례의 성례를 제정하셨습니다.[1] 우리는 세례를 받음으로 하나님의 교회 안에 받아들여졌고, 모든 다른 사람들과 거짓 종교들과 구별되었으며, 전적으로 하나님께 속하게 되어 하나님의 표지와 표식을 가지게 되었습니다.[2] 또 세례는 하나님께서 영원히 우리의 하나님과 은혜로우신 아버지가 되실 것이라는 사실을 우리에게 증거하는 역할을 합니다.

바로 이런 이유로 하나님께서는 당신님께 속한 모든 사람이 아버지와 아들과 성령의 이름으로 깨끗한 물로 세례를 받아야 한다고 명령하셨습니다.마 28:19 이 세례에 의해서 하나님께서는 물이 우리 몸에 부어질 때 우리 몸에서 더러운 것이 씻기어지는 것처럼, 또 물이 세례받는 사람에게 뿌려질 때 그 사람의 몸에 보이는 것처럼, 그리스도의 피가 성령에 의해서 내적으로 우리 영혼에 동일한 일을 한다는 것을 우리에게 상징해 주십니다.[3] 그리스도의 피가 죄로부터 우리 영혼을 씻어 주고 정결하게 해 주고[4] 우리를 진노의 자식에서 하나님의 자녀로 중생하게 합니다.[5] 이런 일은 외적인 물로서 되는 것이 아니라[6] 하나님의 아들의 보배로운 피를 뿌림으로 되는 것이고[7] 그것은 우리의 홍해이고[8] 우리가 바로, 곧 마귀의 압제를 피하여 영적인 가나안 땅으로 들어가기 위하여 반드시 통과해야만 하는 홍해입니다.

이렇게 그들의 편에서 보면 목사들이 우리에게 성례, 즉 보이는 것을 주는 것이지만 우리 주님께서는 성례에 의해서 상징되는 것, 즉 보이지 않는 선물들과 은혜를 우리에게 주십니다. 주님께서는 우리 영혼의 모든 더러움과 불의를 씻으시고 제거하시고 깨끗하게 하시고[9] 우리 마음을 새롭게 하여 모든 위로로 가득하게 하시고, 당신님의 아버지 같은 선하심에 대한 참된 확신을 우리에게 주시며, 새로운 본성으로 우리를 옷 입히시고 이 모든 일로 옛 본성을 벗어버리게 하십니다.[10]

그러므로 우리는 영원한 생명을 열망하는 사람들이 누구든지 오직 한 번만 세례를 받아야 한다는 것을 믿습니다.[11] 세례는 결코 반복될 수 없습니다. 왜냐하면 우리는 두 번 태어날 수 없기 때문입니다. 또한 세례는 물이 우리 위에 뿌려지고 우리가 그 물 뿌림을 받을 때만 우리에게 유익을 주는 것이 아니라, 우리의 전 생애에 걸쳐서 유익을 주는 것입니다. 이런 이유로 우리는 오직 한번 받는 단번의 세례로 만족하지 않고 신자의 어린 자녀들에게 세례를 베푸는 것을 비난하는 재세례파의 잘못을 배격합니다. 우리는 이스라엘에서 유아들이 지금 우리 자녀들에게 주어진 것과 동일한 약속에 근거하여 할례를 받았던 것처럼 우리 자녀들이 세례를 받아야 하고 언약의 표로 인침을 받아야 한다는 것을 믿습니다.[12] 정말로 그리스도께서는 어른들의 죄를 씻기 위하여 피 흘리신 것만큼 신자의 자녀들의 죄를 씻기 위해서도 피 흘리셨습니다.[13] 그러므로 주님께서는 율법에서 아이가 태어난 후에 얼마 안 있어 어린 양을 드리라고 명령하신 것처럼 신자의 자녀들도 그리스도께서 그들을 위하여 행하신 사역에 대한 표와 성례를 받아야만 합니다.[14] 이것은 그리스도의 수난과 죽음의 성례입니다. 더욱이 세례가 우리 자녀들에게 이스라엘 백성들에게 베풀었던 할례와 동일한 의미를 가지기 때문에, 바울은 세례를 그리스도의 할례라고 불렀습니다. 골 2:11

[1]골 2:11. [2]출 12:48; 벧전 2:9. [3]마 3:11; 고전 12:13. [4]행 22:16; 히 9:14; 요일 1:7; 계 1:5b. [5]딛 3:5. [6]벧전 3:21. [7]롬 6:3; 벧전 1:2; 벧전 2:24. [8]고전 10:1-4. [9]고전 6:11; 엡 5:26. [10]롬 6:4; 갈 3:27. [11]마 28:19; 엡 4:5. [12]창 17:10-12; 마 19:14; 행 2:39. [13]고전 7:14. [14]레 12:6.

35조. 주의 만찬의 성례

우리는 우리 구주 예수 그리스도께서 이미 거듭나고 당신님의 가족, 곧 당신님의 교회로 받아들이신 자들을 강하게 하고 자라게 하기 위해서 성찬의 성례를[1] 제정하셨다는 것을 믿습니다.

새로 태어난 자들은 이중적 생명을 가집니다.[2] 하나는 육체적이고 일시적인 생명인데, 이 생명은 그들의 첫 번째 탄생으로 받고 모든 사람에게 공통되는 것입니다. 다른 하나는 영적이고 천상적인 생명인데, 이 생명은 그들의 두 번째 탄생에서 그들에게 주어진 것이고, 그리스도의 몸의 교제 가운데서 복음의 말씀[3]에 의해 영향을 받습니다. 이 생명은 모든 사람에게 공통되는 것이 아니라 하나님의 택하신 자들에게만 해당됩니다.

하나님께서는 육체적이고 지상적인 생명을 유지하도록 지상적이고 물질적인 떡을 정하셨습니다. 이 떡은 생명이 모든 사람에게 공통되는 것처럼 모든 사람에게 공통됩니다. 하나님께서는 신자들이 가지는 영적이고 천상적인 생명을 유지하도록 하늘로부터 내려오신 산 떡, 곧 예수 그리스도를[4] 그들에게 보내 주셨는데, 요 6:51 그리스도께서는 신자들이 당신님을 먹을 때, 즉 믿음에 의해서 영적으로 취하여 받을 때 신자들의 영적 생명을[5] 강하게 하고 자라게 하십니다.[6]

그리스도께서는 영적이고 천상적인 떡을 우리에게 묘사하기 위해 당신님의 몸의 성례로서 지상적이고 눈에 보이는 떡을, 당신님의 피의 성례로서 포도주를 제정하셨습니다.[7] 그리스도께서는 우리가 우리의 손으로 그 성례를 받아 들고 우리의 입으로 그것을 먹고 마시며, 그때 우리의 육체적 생명이 그것에 의해서 유지되는 것이 확실한 것만큼, 우리의 영적 생명을 위해 우리 영혼의 손과 입으로 유일하신 구주 그리스도의 참된 몸과 참된 피를 믿음으로 우리 영혼에 받아들이는 것도 확실하다고 증거하십니다.[8]

예수 그리스도께서 우리에게 헛되이 당신님의 성례를 맡기지 않으셨다는 것은 의심할 여지가 없습니다. 그러므로 그리스도께서는 이 거룩한 표로 우리에게 나타내신 모든 것을 우리 안에서 이루십니다. 우리는 마치 우리가 하나님의 영의 감추어진 활동을 이해할 수 없는 것처럼 이 일이 행해지는 방식을 이해하지 못합니다.[9] 그러나 우리가 먹고 마시는 것이 진짜 타고나신 그리스도의 몸과 진짜 피라고 말할 때 우리는 잘못된 것이 아닙니다. 그러나 우리가 먹는 방식은 입으로 먹는 것이 아니라 믿음에 의해서 영으로 먹는 것입니다. 그런 방식으로 예수 그리스도께서는 항상 하늘에서 당신님의 아버지 하나님 오른편에 앉아 계시지만[10] 믿음으로 우리와 끊임없이 교제하기를 그치지 않으십니다. 이 잔치는 그리스도께서 우리를 당신님의 모든 은덕들과 함께 당신님 자신을 받은 참여자가 되게 하시고 당신님 자신과 당신님의 고난과 죽음의 공로를 즐기도록 우리에게 은혜를 베푸시는 영적 식탁입니다.[11] 그리스도께서는 당신님의 몸을 먹게 하심으로 우리의 가난하고 고독한 영혼을 육성하시고 강화시키시고 위로하시며, 당신님의 피를 마시게 하심으로 소생시키시고 새롭게 하십니다.

비록 성례가 표하는 바와 함께 결합되어 있을지라도 그 표하는 바가 항상 모든 사람에 의해서 받아들여지는 것은 아닙니다.[12] 악한 자들은 분명히 성례를 받음으로 정죄에 이를 뿐이고, 성례의 진리를 받아들이지 않습니다. 이와 같이 유다와 마술사 시몬은 둘 다 성례를 받았지만 성례가 표하는 그리스도를 받아들이지 않았습니다.[13] 그리스도께서는 오직 신자들과만 교제하십니다.[14]

마지막으로 우리가 함께 우리 구주 그리스도의 죽음을 기념하고 우리의 믿음과 기독교 신앙을 고백할 때[15] 우리는 겸손과 경외로 하나님의 백성의 모임에서 이 거룩한 성례를 받습니다.[16] 그러므로 누구든지 조심스럽게 자기를 살피지 않고 이 식탁에 나아오지 않아야 합니다. 그렇게 하지 않고서 이 떡을 먹고 이 잔을 마신다면 그 사람은 자기에게 주어지는 심판을 먹고 마시는 것입니다. 고전 10:28,29 간단히 말하면 우리는 이 거룩한 성례를 사용함으로 하나님과 우리 이웃을 뜨겁게 사랑하도록 자극받게 되는 것입니다. 그러므로 이 성례식에 있어 인간이 조작하여 덧붙인 모든 조잡하고 책망받을 생각들을 성례에 대한 신성모독으로 여기며 배격합니다. 우리는 그리스도와 그의 사도들이 가르치신 규례로 만족해야 하고 그들이 말한 그대로 말해야 한다고 선언합니다.

[1] 마 26:26-28; 막 14:22-24; 눅 22:19,20; 고전 11:23-26. [2] 요 3:5,6. [3] 요 5:25. [4] 요 6:48-51. [5] 요 6:40,47. [6] 요 6:63; 요 10:10b. [7] 요 6:55; 고전 10:16. [8] 엡 3:17. [9] 요 3:8. [10] 막 16:19; 행 3:21. [11] 롬 8:32; 고전 10:3,4. [12] 고전 2:14. [13] 눅 22:21,22; 행 8:13,21. [14] 요 3:36. [15] 행 2:42; 행 20:7. [16] 행 2:46; 고전 11:26.

36조. 시민 정부

우리는 인간의 타락 때문에 은혜로우신 하나님께서 왕들과 군주들과 공직자들을 임명하셨다는 것을 믿습니다.[1] 하나님께서는 사람들의 방탕함이 억제되고, 모든 것이 선한 질서로 그들 가운데서 행해지게 하기 위해[2] 세상이 법률과 정책에 의해서 다스려지기를 원하십니다.[3] 이런 목적으로 하나님께서는 범죄자를 처벌하시고 선을 행하는 자들을 보호하시기 위해서 정부의 손에 칼을 쥐어 주셨습니다. 롬 13:4 억제하고 보호하는 정부의 일은 공공질서에만 제한된 것이 아니라 ※그리스도의 왕국이 도래하고, 복음의 말씀이 모든 곳에서 설교되게 하여 하나님께서 당신님의 말씀에서 요구하신 대로 모든 사람에 의해서 영광을 받으시고 섬김을 받으시도록 하기 위한[4] 교회의 사역과 교회를 보호하는 것도 포함합니다. 더욱이 모든 사람은 자신의 사회적 신분이나 조건이나 계급을 막론하고 공직자들에게 다스림을 받아야 하고, 세금을 내야 하며, 경의와 존경으로 그들을 대해야 하고, 하나님의 말씀과 일치하는 모든 일[5]에 있어서 그들에게 순종해야 합니다.[6] 우리는 그들을 위해 기도하여 하나님께서 그들의 모든 길을 지도해 주시어 우리가 조용하고 평화로운 삶, 곧 모든 면에 있어서 경건과 단정한 중에 살도록 해야 합니다. 딤전 2:1,2

  이런 이유로 우리는 재세례파들과 다른 반역하는 사람들과 일반적으로 권세들과 공직자들을 배격하고 공의를 파괴시키며[7] 재산의 공유를 도입하며 하나님께서 사람들 가운데 세우신 예의범절을 혼란하게 하는 모든 자들을 정죄합니다.

※ 다음의 말들은 1905년 화란 개혁 교회들Gereformeerde Kerken in Nederland의 일반 총회에 의해서 여기에서 삭제되었습니다. 즉 모든 우상숭배자와 거짓 예배는 제거되어야 하고 금지되어야 하고, 모든 적그리스도의 왕국은 파괴되어야 한다는 것입니다.

[1] 잠 8:15; 단 2:21; 요 19:11; 롬 13:1. [2] 신 1:16; 신 16:19; 삿 21:25; 시 82; 렘 21:12; 렘 22:3; 벧전 2:13,14. [3] 출 18:20. [4] 시 2; 롬 13:4a; 딤전 2:1-4. [5] 마 17:27; 마 22:21; 롬 13:7; 딛 3:1; 벧전 2:17. [6] 행 4:19; 행 5:29. [7] 벧후 2:10; 유 8.

37조. 마지막 심판

마지막으로 우리는 하나님의 말씀에 따라 주님께서 정하셨지만 모든 피조물에게 알려지지 않은 그때가 이르고[1] 선택받은 자들의 수가 찰 때[2] 우리 주 예수 그리스도께서 큰 영광과 위엄으로[3] 승천하신 것처럼행 1:11 육신으로 그리고 눈에 보이게[4] 하늘로부터 오실 것이라고 믿습니다. 그리스도께서는 당신님 자신을 산 사람들과 죽은 사람들의 심판주로 선언하시고[5] 옛 세상을 정결하게 하기 위해서 이 옛 세상을 불태우실 것입니다.[6] 그때에 세상의 시작부터 끝까지 살았던 남자와 여자와 아이들, 곧 모든 산 사람들이 이 위대하신 심판주 앞에 직접 서게 될 것입니다.[7] 그들은 천사장의 부름과 하나님의 나팔 소리로 소집될 것입니다.살전 4:16

그때 이전에 죽은 사람들은 땅으로부터 일어나서[8] 그들의 영혼이 다시 한번 그들이 살았던 바로 그 몸과 연합할 것입니다. 그때 여전히 살아있는 자들은 다른 사람들처럼 죽지 않고 썩어질 것이 썩지 않게 순식간에 변화될 것입니다.[9] 그때 책들이 열리고 죽은 사람들이 선악간에 고후 5:10 이 세상에서 행한 것에 따라 심판을 받을 것입니다. 계 20:12[10] 정말로 모든 사람들은 자신이 언급한 모든 무익한 말에 책임을 져야 하는데, 마 12:36 이것은 세상이 단지 농담과 재미로 여긴 것입니다. 사람들의 비밀과 외식이 모든 사람의 눈앞에서 공개적으로 드러날 것입니다. 그래서 이런 선한 이유로 이 심판에 대한 생각이 사악한 악인들에게는 무섭고 두려운 것입니다.[11] 그러나 이 심판의 생각이 의로운 택자들에게는 기쁨과 위로가 됩니다. 왜냐하면 택자들의 완전한 구속이 이루어지고 그들이 겪은 수고와 고통의 열매를 받을 것이기 때문입니다.[12] 그들의 무죄가 모든 사람에게 알려지고 그들이 이 세상에서 자신들을 핍박하고 압제하고 괴롭히던 악한 자들에게 하나님께서 무서운 보복을 하시는 것을 볼 것입니다.[13]

악한 자들은 그들 자신의 양심의 증거에 의해서 유죄가 입증되고 죽지도 않고 오직 마귀와 그의 사자들을 위하여 예비된 영원한 불 속에서 마 25:41[14] 고통을 받게 될 것입니다.[15] 한편 신실하고 택함 받은 자들은 영광과 존귀의 면류관을 쓸 것입니다. 하나님의 아들이 하나님 아버지와 택한 천사들 앞에서 마 10:32 그들의 이름을 인정하실 것입니다.[16] 하나님께서 모든 눈물을 그 눈에서 씻기실 것이고 계 21:4[17] 그들이 현재 많은 재판관들과 시민 정부의 권세자들에 의해서 이단자와 악인으로 정죄 받은 이유가 하나님의 아들로 인한 것임이 인정될 것입니다. 주님께서는 은혜로운 보상으로서 사람의 마음이 결코 생각할 수 없는 그런 영광을 소유하도록 해 주실 것입니다.[18] 그러므로 우리는 예수 그리스도 우리 주 안에서 하나님의 충만한 약속을 즐길 것을 간절히 열망하면서 이 위대한 날을 고대합니다. 아멘. 주 예수여, 오시옵소서! 계 22:20

[1]마 24:36; 마 25:13; 살전 5:1,2. [2]히 11:39,40; 계 6:11. [3]마 24:30; 마 25:31. [4]계 1:7. [5]마 25:31-46; 딤후 4:1; 벧전 4:5. [6]벧후 3:10-13. [7]신 7:9-11; 계 20:12,13. [8]단 12:2; 요 5:28,29. [9]고전 15:51,52; 빌 3:20,21. [10]히 9:27; 계 22:12. [11]마 11:22; 마 23:33; 롬 2:5,6; 히 10:27; 벧후 2:9; 삿 15; 계 14:7a. [12]눅 14:14; 살후 1:3-10; 요일 4:17. [13]계 15:4; 계 18:20. [14]마 13:41,42; 마 9:48; 눅 16:22-28; 계 21:8. [15]계 20:10. [16]계 3:5. [17]사 25:8; 계 7:17. [18]단 12:3; 마 5:12; 마 13:43; 고전 2:9; 계 21:9-22:5.

하이델베르크 교리문답

THE HEIDELBERG CATECHISM

우리의 두 번째 교리 표준인 하이델베르크 교리문답은 1559 –1576년에 가장 영향력이 있었던 통치자인 독일 팔쯔 지역의 선제후 프리드리히Frederick 3세의 요청으로 하이델베르크에서 작성되었습니다.

이 경건한 기독교인 선제후는 자카리우스 우르시누스28살의 하이델베르크 대학교수와 카스파르 올레비아누스26살의 프리드리히의 궁중 설교자에게 젊은이들을 교육시키고, 목사와 교사들을 인도하기 위해 교리문답을 준비하도록 위임했습니다. 프리드리히는 이 교리문답을 준비하면서 전체 신학부의 조언과 도움을 얻었습니다. 하이델베르크 교리문답은 하이델베르크 총회에서 채택되었고, 1563년 1월 19일 프리드리히 3세의 서문과 함께 독일어로 출판되었습니다. 라틴어판이 같은 해에 하이델베르크에서 출판되었을 뿐만 아니라 일부분이 조금 추가되어 각각 두 번째, 세 번째 독일어판도 출판되었습니다. 이 교리문답은 곧바로 52주일로 나누어져 교리문답의 단락이 매 주일 한 주일씩 1년 동안 교회들에게 설명될 수 있게 되었습니다.

네덜란드에서 이 하이델베르크 교리문답은 주로 화란어로 번역하여 1566년에 출판된 제네바 시편 찬송의 화란어판 뒤에 추가한 페이트뤼스 다테이누스Petrus Dathenus의 노력을 통해 출판되자 거의 즉시 일반적으로 그리고 호의적으로 알려지게 되었습니다. 같은 해에 피터 가브리엘Peter Gabriel은 주일 오후 예배 때 자기 교회 성도들에게 이 교리문답을 설교했던 것을 모범적인 하이델베르크 교리문답 해설서로 내놓았습니다. 16세기의 국제적인 총회는 일치를 위한 세 고백서벨직 신앙고백, 하이델베르크 교리문답, 도르트 신경 중의 하나로서 하이델베르크 교리문답을 채택했습니다. 그래서 직분자들은 이 교리문답을 받아들이도록 요청받았고, 목사들은 교회에서 이 교리문답을 설명해야 했습니다. 이 요구는 1618-1619년에 개최된 도르트 총회에서 강조되었습니다.

하이델베르크 교리문답은 많은 언어들로 번역되었고, 일반적으로 종교개혁 시대의 여러 교리문답서들 중에 가장 영향력 있고, 가장 일반적인 것으로 받아들여지고 있습니다.

제1주일

1문: 사나 죽으나 당신의 유일한 위로는 무엇입니까?

답: 사나 죽으나,[1] 나는 나의 것이 아니고,[2] 몸과 영혼이 모두 나의 신실하신 구주 예수 그리스도의 것이라는 사실입니다.[3] 예수 그리스도께서는 당신님의 보배로운 피로 나의 모든 죗값을 완전히 치르시고,[4] 나를 마귀의 모든 권세로부터 자유하게 하셨습니다.[5] 또한 예수 그리스도께서는 나의 하늘 아버지의 뜻이 아니고는 나의 머리털 하나도 상함이 없게 하시는 그런 방식으로[6] 나를 지켜주십니다.[7] 실로 이 모든 것이 나의 구원을 위하여 함께 일하게 하십니다.[8] 그러므로 그리스도께서는 또한 성령으로 말미암아 나로 영원한 생명을 확신하게 해 주시고,[9] 이제부터는 마음을 다하여 즐거이 그리고 신속히 그를 위해 살도록 하십니다.[10]

[1]롬 14:7-9. [2]고전 6:19-20. [3]고전 3:23; 딛 2:14. [4]벧전 1:18-19; 요일 1:7;2:2.
[5]요 8:34-36; 히 2:14, 15; 요일 3:8. [6]요 6:39,40; 10:27-30; 살후 3:3; 벧전 1:5.
[7]마 10:29-31; 눅 21:16-18. [8]롬 8:28. [9]롬 8: 15,16; 고후 1:21,22;5:5; 엡 1:13,14.
[10]롬 8:14.

2문: 당신이 이러한 위로를 누리는 기쁨 가운데 살고 죽기 위해서 알아야 할 필요가 있는 것은 무엇입니까?

답: 첫째는 나의 죄와 비참이 얼마나 심각한가[1], 둘째는 내가 어떻게 나의 모든 죄와 비참으로부터 구원받게 되었는가[2], 셋

째는 내가 어떻게 그러한 구원을 주신 하나님께 감사드려야 하는가[3] 라는 것입니다.

[1]롬 3:9,10; 요일 1:10. [2]요 17:3; 행 4:12;10:43. [3]마 5:16; 롬 6:13; 엡 5:8-10; 벧전 2:9,10.

제1부 우리의 죄와 비참

제2주일

3문: 당신은 당신의 죄와 비참을 어디로부터 압니까?

답: 하나님의 율법으로부터 나의 죄와 비참을 압니다.[1]

[1]롬 3:20; 7:7-25.

4문: 하나님의 율법이 우리에게 무엇을 요구합니까?

답: 그리스도께서 마태복음 22장에서 율법의 요구를 요약하여 가르쳐 주십니다. 네 마음을 다하고 목숨을 다하고 뜻을 다하고 힘을 다하여 주 너의 하나님을 사랑하라.[1] 이것이 크고 첫째 되는 계명이요 둘째는 그와 같으니 네 이웃을 네 몸과 같이 사랑하라 하셨으니 이 두 계명이 온 율법과 선지자의 강령이니라.[2]

[1]신 6:5. [2]레 19:18.

5문: **당신은 이 모든 것을 완벽하게 지킬 수 있습니까?**

답: 아닙니다.[1] 나에게는 본성적으로 하나님과 내 이웃을 미워하는 성향이 있습니다.[2]

[1]롬 3:10,23; 요일 1:8,10. [2]창 6:5; 8:21; 렘 17:9; 롬 7:23;8:7; 엡 2:3; 딛 3:3.

제3주일

6문: **그러면 하나님께서는 사람을 그렇게 악하고 패역한 상태로 창조하셨습니까?**

답: 아닙니다. 그와 반대입니다. 하나님께서는 사람을 선하게,[1] 그리고 당신님의 형상,[2] 곧 참된 의와 거룩으로 창조하셨습니다.[3] 이는 사람으로 하여금 자신의 창조주 하나님을 바르게 알고[4], 진정으로 사랑하며, 영원한 복락 가운데서 하나님을 찬양하고 영광을 돌리면서[5] 하나님과 함께 살도록 하기 위함입니다.

[1]창 1:31. [2]창 1:26,27. [3]엡 4:24. [4]골 3:10. [5]시 8.

7문: **그렇다면 사람의 타락한 본성은 어디로부터 왔습니까?**

답: 우리의 첫 조상 아담과 하와가 낙원에서 타락하고 불순종한 데서 왔습니다.[1] 그때 낙원에서 우리의 본성이 부패하여,[2] 우리는 모두 죄 중에 잉태되고, 출생합니다.[3]

[1]창 3. [2]롬 5:12,18,19. [3]시 51:5.

8문: **그러면 우리가 부패하여서 전적으로 어떤 선도 행할 수 없고, 모든 악만 행하는 성향을 지니고 있습니까?**

답: 그렇습니다.[1] 우리가 하나님의 영으로 거듭나지 않으면 정말로 그러합니다.[2]

[1] 창 6:5; 8:21; 욥 14:4; 사 53:6. [2] 요 3:3-5.

제 4 주일

9문: **그러면 하나님께서 사람이 행할 수 없는 것을 율법에서 요구하심으로 사람에게 불의하게 행하시는 것이 아닙니까?**

답: 아닙니다. 왜냐하면 하나님이 율법에서 요구하신 것을 행할 수 있도록 사람을 창조하셨기 때문입니다.[1] 그러나 사람은 마귀의 꾐에 빠져[2] 고의적으로 불순종함으로[3] 자기 자신과 그의 모든 후손도 이런 선물들을 잃게 되었습니다.[4]

[1] 창 1:31. [2] 창 3:13; 요 8:44; 딤전 2:13,14. [3] 창 3:6 [4] 롬 5:12,18,19.

10문: **하나님께서는 그런 불순종과 배교를 벌하지 않으시겠습니까?**

답: 결코 그렇지 않습니다. 하나님께서는 우리의 자범죄 뿐만 아니라 원죄에 대해서도 심히 진노하십니다. 그러므로 하나님께서는 지금 그리고 영원토록 공의로운 심판으로 그 죄악

들을 벌하시는데,¹ 이는 누구든지 율법 책에 기록된 모든 것을 지키고 행하지 아니하는 자마다 저주 아래 있는 자라갈 3:10고 하나님께서 선언하신 말씀과 같습니다.²

¹창 2:17; 출 34:7; 시 5:4-6; 7:11; 나 1:2; 롬 1:18; 5:12; 엡 5:6; 히 9:27. ²신 27:26.

11문: 그러나 하나님은 자비로운 분이 아닙니까?

답: 하나님은 정말로 자비로운 분이시나¹ 동시에 공의로우신 분이십니다.² 하나님의 공의는 또한 지극히 높으신 하나님의 엄위를 거슬러 짓는 죄에 대해 최고의 형벌, 곧 몸과 영혼에 영원한 형벌을 내릴 것을 요구합니다.³

¹출 20:6; 34:6,7; 시 103:8,9. ²출 20:5; 34:7; 신 7:9-11; 시 5:4-6; 히 10:30,31.
³마 25:45,46.

제 2부 우리의 구원

제 5주일

12문: 그렇다면 하나님의 공의로우신 심판에 따라서 우리는 현세적이고 영원한 형벌을 마땅히 받아야 하는데, 어떻게 이 형벌을 피하고, 다시 하나님의 은혜를 받을 수 있습니까?

답: 하나님께서는 당신님의 공의가 만족되기를 원하십니다.[1] 그러므로 우리는 우리 스스로에 의해서든지 혹은 다른 사람을 통해서든지 완전한 값을 치러야 합니다.[2]

[1] 출 20:5; 23:7; 롬 2:1-11. [2] 사 53:11; 롬 8:3,4.

13문: 우리가 스스로 이 값을 치를 수 있습니까?

답: 결코 할 수 없습니다. 이와 반대로 우리는 날마다 우리의 죄를 더욱 더 증가시킵니다.[1]

[1] 시 130:3; 마 6:12; 롬 2:4,5.

14문: 한낱 어떤 피조물이 우리를 대신하여 이 값을 치를 수 있습니까?

답: 어떤 피조물도 그럴 수 없습니다. 첫째, 하나님께서는 사람이 범한 죄 때문에 다른 피조물을 형벌하기를 원하지 않으십니다.[1] 또한 둘째, 한낱 어떤 피조물도 죄에 대한 하나님의 영원하신 진노의 짐을 질 수 없을 뿐만 아니라 하나님의 영원하신 진노로부터 다른 피조물을 구원할 수도 없습니다.[2]

[1] 겔 18:4,20; 히 2:14-18. [2] 시 130:3; 나 1:6.

15문: 우리는 어떤 중보자와 구원자를 찾아야 합니까?

답: 참되고[1] 의로운 사람이시지만[2] 동시에 모든 피조물보다 더

큰 능력을 소유하신 분, 곧 참 하나님이신 분입니다.[3]

[1] 고전 15:21; 히 2:17. [2] 사 53:9; 고후 5:21; 히 7:26. [3] 사 7:14;9:6; 렘 23:6; 요 1:1; 롬 8:3,4.

제6주일

16문: 중보자는 왜 참되고 의로운 사람이어야 합니까?

답: 중보자는 분명히 참 사람이어야 합니다. 왜냐하면 하나님의 공의는 죄를 지은 동일한 인간의 본성이 죗값을 치르기를 요구하기 때문입니다.[1] 중보자는 의로운 사람이어야 합니다. 왜냐하면 자기 자신이 죄인인 사람은 누구나 다른 사람을 대신하여 값을 치를 수 없기 때문입니다.[2]

[1] 롬 5:12,15; 고전 15:21; 히 2:14-16. [2] 히 7:26,27; 벧전 3:18.

17문: 중보자는 왜 동시에 참 하나님이어야 합니까?

답: 중보자는 그의 신성의 능력으로[1] 하나님의 진노의 짐을 그의 인성에 짊어지시며,[2] 우리를 위하여 의와 생명을 얻어서 우리에게 되돌려주시기 위해서 참 하나님이어야 합니다.[3]

[1] 사 9:6. [2] 신 4:24; 나 1:6; 시 130:3. [3] 사 53:5,11; 요 3:16; 고후 5:21.

18문: 그러나 참 하나님이시고 동시에 참되고 의로운 사람이신 중보자는 누구십니까?

답: 우리 주 예수 그리스도,[1] 곧 하나님께로서 나와서 우리에게

지혜와 의로움과 거룩함과 구속함이 되신 분이십니다. 고전 1:30

[1] 마 1:21-23; 눅 2:11; 딤전 2:5; 3:16.

19문: 당신은 이 사실을 어디로부터 압니까?

답: 거룩한 복음으로부터 압니다. 하나님께서는 친히 이 복음을 처음에 낙원에서 계시하셨습니다.[1] 그 후에 하나님께서는 족장들과[2] 선지자들을[3] 통하여 이 복음을 선포하셨으며, 율법의 제사들과 다른 의식들을 통하여 예시하셨습니다.[4] 최종적으로, 하나님께서는 당신님의 독생자를 통하여 이 복음을 완성하셨습니다.[5]

[1] 창 3:15 [2] 창 12:3; 22:18; 49:10. [3] 사 53; 렘 23:5,6; 미 7:18-20; 행 10:43; 히 1:1. [4] 레 1-7; 요 5:46; 히 10:1-10. [5] 롬 10:4; 갈 4:4,5; 골 2:17.

제 7 주일

20문: 그렇다면 모든 사람이 아담을 통하여 멸망한 것처럼 그리스도에 의해서 구원을 받습니까?

답: 아닙니다. 오직 참된 믿음에 의해서 그리스도께 접붙임을 받고, 그리스도의 모든 은덕을 받아들이는 사람들만 구원을 받습니다.[1]

[1] 마 7:14; 요 1:12; 3:16,18,36; 롬 11:16-21.

21문: 참된 믿음이란 무엇입니까?

답: 참된 믿음은 확실한 지식으로서 하나님께서 당신님의 말씀에서 우리에게 계시하신 모든 것을 내가 진리로 받아들이는 것입니다.[1] 동시에 참된 믿음은 다른 사람에게뿐만 아니라 나에게도[2] 하나님께서 죄의 용서와 영원한 의로움과 구원을[3] 순전히 은혜로, 오직 그리스도의 공로 때문에[4] 주신다는 확고한 확신입니다.[5] 이 믿음은 성령께서 복음으로써 내 마음속에서 일으키신 것입니다.[6]

[1] 요 17:3,17; 히 11:1-3; 약 2:19. [2] 갈 2:20. [3] 롬 1:17; 히 10:10. [4] 롬 3:20-26; 갈 2:16; 엡 2:8-10. [5] 롬 4:18-21; 5:1; 10:10; 히 4:16. [6] 행 16:14; 롬 1:16; 10:17; 고전 1:21.

22문: 그러면 그리스도인은 반드시 무엇을 믿어야 합니까?

답: 복음에서 우리에게 약속하신 모든 것을 믿어야 합니다.[1] 그 복음은 우리의 보편적이고 의심할 여지 없는 기독교 신앙의 조항들인 사도신경에서 요약해서 우리에게 가르치는 것입니다.

[1] 마 28:19; 요 20:30,31.

23문: 이 조항들은 무엇입니까?

답: Ⅰ. 1. 나는 전능하신 하나님 아버지, 천지의 창조주를 믿습니다.

Ⅱ. 2. 나는 그분의 독생자 우리 주 예수 그리스도를

　　　　믿습니다.
　3. 그분은 성령으로 잉태되시어 동정녀 마리아에게서
　　　나시고
　4. 본디오 빌라도 치하에서 고난받으시고,
　　　십자가에 못 박히시고, 죽으시고, 장사되셨습니다.
　　　그분은 음부에 내려가셨습니다.
　5. 사흘만에 그분은 죽은 사람들로부터
　　　부활하셨습니다.
　6. 그분은 하늘에 오르셔서,
　　　전능하신 아버지 하나님의 오른 편에 앉아 계십니다.
　7. 거기로부터 그분은 산 사람들과 죽은 사람들을
　　　심판하기 위해서 오실 것입니다.
Ⅲ. 8. 나는 성령을 믿습니다.
　9. 나는 성도의 교제인 거룩한 보편적 교회를 믿습니다.
　10. 죄의 용서와
　11. 몸의 부활과
　12. 영원한 생명을 믿습니다. 아멘.

제8주일

24문: 이 조항들은 어떻게 나누어집니까?

답: 세 부분으로 나누어집니다. 첫째 부분은 성부 하나님과 우리의 창조에 관한 것입니다. 둘째 부분은 성자 하나님과 우리의 구속에 관한 것입니다. 셋째 부분은 성령 하나님과 우리의 성화에 관한 것입니다.

25문: 하나님은 오직 한 분이신데,[1] 당신은 왜 삼위, 곧 성부, 성자, 성령으로 말합니까?

답: 왜냐하면 하나님께서 당신님 자신을 당신님의 말씀에서 이 구별된 삼위가 한 분이시고 참되고 영원하신 하나님이라고 계시하셨기 때문입니다.[2]

[1] 신 6:4; 사 44:6; 45:5; 고전 8;4,6. [2] 창 1:2,3; 사 61:1; 63:8-10; 마 3:16,17; 28:18,19; 눅 4:18; 요 14:26; 15:26; 고후 13:14; 갈 4:6; 딛 3:5,6.

성부 하나님과 우리의 창조
제 9주일

26문: 나는 전능하신 아버지 하나님, 천지의 창조주를 믿습니다라고 말할 때 당신은 무엇을 믿습니까?

답: 하늘과 땅과 그 가운데 모든 것을 아무것도 없는 중에서 창조하셨고,[1] 영원하신 작정과 섭리로 그것을 보존하시고 다스리시는[2] 우리 주 예수 그리스도의 영원하신 아버지께서 당신님의 아들 그리스도 때문에 나의 하나님이 되시고 나

의 아버지가 되신다는 것을 믿습니다.[3] 나는 하나님을 전적으로 신뢰하므로 하나님께서 나의 몸과 영혼에 필요한 모든 것을 채워 주시며,[4] 이 슬픈 세상에서 내게 보내신 역경이 무엇이든지 간에 나의 선으로 바꿔 주실 것을 굳게 믿습니다.[5] 하나님께서는 전능하신 하나님이시기에 능히 그렇게 하실 수 있고[6], 신실한 아버지이시기에 기꺼이 그렇게 하실 것입니다.[7]

[1] 창 1장,2장; 출 20:11; 욥 38장,39장; 시 33:6; 사 44:24; 행 4:24; 14:15.
[2] 시 104:27-30; 마 6:30;10:29; 엡 1:11. [3] 요 1:12,13; 롬 8:15,16; 갈 4:4-7; 엡 1:5.
[4] 시 55:22; 마 6:25,26; 눅 12:22-31. [5] 롬 8:28. [6] 창 18:14; 롬 8:31-39. [7] 마 6:32,33; 7:9-11.

제 10 주일

27문: 당신은 하나님의 섭리를 무엇이라고 이해하십니까?

답: 하나님의 섭리는 당신님의 전능하심과 언제 어디나 미치는 능력으로[1] 마치 당신님의 손으로 하듯이 천지만물을 붙드시고[2] 다스리시어 나뭇잎과 풀잎, 비와 가뭄, 풍년과 흉년, 양식과 음료, 건강과 질병, 부와 가난,[3] 이 모든 것이 사실상 우연이 아니라[4] 당신님의 아버지같은 손길로부터 우리에게 온다는 것입니다.[5]

[1] 렘 23:23,24; 행 17:24-28. [2] 히 1:3. [3] 렘 5:24; 행14:15-17; 요 9:3; 잠 22:2.
[4] 잠 16:33. [5] 마 10:29.

28문: **하나님께서 만물을 창조하셨고 여전히 당신의 섭리로써 그 창조하신 만물을 붙들고 계심을 아는 것이 우리에게 어떤 유익을 줍니까?**

답: 우리는 역경 가운데서도 인내하고,[1] 형통할 때도 감사할 수 있게 됩니다.[2] 또한 미래에 대해서도 우리는 우리의 신실하신 하나님 아버지를 굳게 신뢰하여 어떤 피조물도 우리를 하나님의 사랑으로부터 떼어놓을 수 없음을 확신하게 됩니다.[3] 왜냐하면 모든 피조물이 전적으로 하나님의 손안에 있으므로 하나님의 뜻이 아니고는 모든 피조물이 전혀 움직일 수 없기 때문입니다.[4]

[1] 욥 1:21,22; 시 39:10; 약 1:3. [2] 신 8:10; 살전 5:18. [3] 시 55:22; 롬 5:3-5; 8:38,39. [4] 욥 1:12; 2:6; 잠 21:1; 행 17:24-28.

성자 하나님과 우리의 구속
제11주일

29문: **하나님의 아들을 왜 예수, 곧 구주라 부릅니까?**

답: 왜냐하면 그분이 우리를 우리의 모든 죄에서 구원하시기 때문이며,[1] 또한 그분 외에는 어디에서도 구원을 찾거나 발견할 수 없기 때문입니다.[2]

[1] 마 1:21; 히 7:25. [2] 사 43:11; 요 15:4,5; 행 4:11,12; 딤전 2:5.

30문: **그렇다면 구원과 행복을 성자들에게서나, 자기 자신이나, 혹은 다른 어떤 곳에서 찾는 사람들도 유일하신 구주 예수를 믿는 것입니까?**

답: 아닙니다. 그들은 유일하신 구주 예수를 말로는 자랑할지라도 실제로는 부인합니다.[1] 왜냐하면 예수께서 완전한 구주가 아니든지, 혹은 참된 믿음으로 이 구주를 받아들이는 자들이 그분에게서 그들의 구원을 위하여 필요로 하는 모든 것을 찾든지, 이 두 가지 사실 중 한 가지만이 사실임에 틀림없기 때문입니다.[2]

[1] 고전 1:12,13; 갈 5:4. [2] 골 1:19,20; 2:10; 요일 1:7.

제 12 주일

31문: **그분을 왜 그리스도, 곧 기름 부음을 받은 자라고 부릅니까?**

답: 왜냐하면 그분은 성부 하나님으로부터 임명을 받고, 성령으로 기름 부음을 받으시어,[1] 우리의 구속에 관한 하나님의 비밀스러운 경륜과 뜻을 우리에게 완전히 계시해 주시는[2] 우리의 대 선지자와 교사가 되시고,[3] 또한 당신님의 몸을 단번에 제물로 드려서 우리를 구속하시고,[4] 계속해서 아버지 앞에서 중보하시는[5] 우리의 유일하신 대제사장이 되시고,[6] 또한 말씀과 성령으로 우리를 통치하시고, 우리를 위해 획득

하신 구속을 누리도록 우리를 보호하고 보존하시는[7] 우리의 영원한 왕이 되시기 때문입니다.[8]

[1] 시 45:7(히 1:9); 사 61:1(눅4:18,); 눅 3:21,22. [2] 요 1:18; 15:15. [3] 신 18:15(행 3:22). [4] 히 9:12; 10:11-14. [5] 롬 8:34; 히 9:24, 요일 2:1. [6] 시 110:4(히 7:17). [7] 마 28:18-20; 요 10:28; 계 12:10,11. [8] 슥 9:9(마 21:5); 눅 1:33.

32문: 당신은 왜 그리스도인이라 불립니까?

답: 왜냐하면 내가 믿음으로 그리스도의 지체가 되어[1] 그분의 기름 부음에 참여하여,[2] 나는 선지자로서 그분의 이름을 고백하며,[3] 제사장으로서 나 자신을 그분께 감사의 산 제물로 드리고,[4] 또한 왕으로서 이 세상에서 죄와 사탄에 대항하여 자유롭고 선한 양심으로 싸우며,[5] 오는 세상에서 그리스도와 함께 영원히 다스릴 것이기 때문입니다.[6]

[1] 고전 12:12-27. [2] 욜 2:28(행 2:17); 요일 2:27. [3] 마 10:32; 롬 10:9,10; 히 13:15. [4] 롬 12:1; 벧전 2:5,9. [5] 갈 5:16,17; 엡 6:11, 딤전 1:18,19. [6] 마 25:34; 딤후 2:12.

제 13 주일

33문: 우리 역시 하나님의 자녀인데, 왜 그분만 하나님의 독생자라고 부릅니까?

답: 왜냐하면 오직 그리스도만이 하나님의 영원하시고, 본질적인 아들이시기 때문입니다.[1] 그러나 우리는 그리스도로 말미암아 은혜로 입양된 하나님의 자녀입니다.[2]

[1] 요 1:1-3,14,18; 3:16; 롬 8:32; 히 1; 요일 4:9. [2] 요 1:12, 롬 8:14-17; 갈 4:6; 엡 1:5,6.

34문: 당신은 왜 그분을 우리 주라고 부릅니까?

답: 왜냐하면 그분이 금이나 은이 아니라 당신님의 보배로운 피로써[1] 우리의 몸과 영혼을 우리의 모든 죄로부터 구속해 주셨고,[2] 우리를 당신님의 소유로 삼으시기 위해 마귀의 모든 권세로부터 자유롭게 해 주셨기 때문입니다.[3]

[1] 벧전 1:18,19. [2] 고전 6:20; 딤전 2:5,6. [3] 골 1:13,14; 히 2:14,15.

제 14 주일

35문: 당신이 그분은 성령으로 잉태되시어 동정녀 마리아에게 나시고라고 말할 때 당신은 무엇을 고백하는 것입니까?

답: 하나님의 영원하신 아들은 참되고 영원하신 하나님이시며 여전히 참되고 영원하신 하나님으로서,[1] 성령의 사역을 통하여,[2] 스스로 동정녀 마리아의 살과 피로부터 참된 인성을 취하셨습니다.[3] 이렇게 하여 또한 그분은 다윗의 참된 후손이 되셨고,[4] 모든 면에서 그의 형제들과 같이 되셨으나[5] 죄는 없으십니다.[6]

[1] 요 1:1; 10:30-36; 롬 1:3;9:5; 골 1:15-17; 요일 5:20. [2] 눅 1:35. [3] 마 1:18-23; 요 1:14; 갈 4:4; 히 2:14. [4] 삼하 7:12-16; 시 132:11; 마 1:1; 눅 1:32; 롬 1:3. [5] 빌 2:7; 히 2:17. [6] 히 4:15; 7:26, 27.

36문: 그리스도의 거룩한 잉태와 탄생으로부터 당신이 얻는 유익이 무엇입니까?

답: 그리스도는 우리의 중보자이시므로[1] 잉태되고 출생할 때부터 가지고 있는 나의 죄를 주님의 순결함과 완전한 거룩함으로 하나님 앞에서 가려 줍니다.[2]

[1] 딤전 2:5,6; 히 9:13-15. [2] 롬 8:3,4; 고후 5:21; 갈 4:4,5; 벧전 1:18,19.

제 15 주일

37문: 당신이 그분은 고난 받으시고라고 말할 때, 당신은 무엇을 고백하는 것입니까?

답: 그리스도께서는 땅 위에 사시는 전 생애 동안, 그러나 특별히 생애의 마지막 시기에 전 인류의 죄에 대한 하나님의 진노를 몸과 영혼에 짊어지셨습니다.[1] 이렇게 그리스도께서는 유일한 속죄 제물로[2] 고난을 당하심으로, 우리의 몸과 영혼을 영원한 정죄로부터 구속하시고,[3] 우리를 위하여 하나님의 은혜와 의와 영원한 생명을 획득하셨습니다.[4]

[1] 사 53; 딤전 2:6; 벧전 2:24; 3:18. [2] 롬 3:25; 고전 5:7; 엡 5:2; 히 10:14; 요일 2:2;4:10. [3] 롬 8:1-4; 갈 3:13; 골 1:13; 히 9:12; 벧전 1:18,19. [4] 요 3:16; 롬 3:24-26; 고후 5:21; 히 9:15.

38문: 그분은 왜 재판장인 본디오 빌라도 치하에서 고난받으셨습니까?

답: 그리스도께서는 죄가 없을지라도 지상의 재판관에게 정죄를 받으심으로[1] 우리에게 임할 하나님의 준엄한 심판으로부터 우리를 자유롭게 해 주셨습니다.[2]

[1] 눅 23:13-24; 요 19:4,12-16. [2] 사 53:4,5; 고후 5:21; 갈 3:13.

39문: 그리스도께서 다른 방법으로 죽지 않으시고 십자가에 못 박히신 것이 특별한 의미가 있습니까?

답: 그렇습니다. 나는 그리스도께서 십자가에 못 박히심으로 내게 임한 저주를 친히 담당하신 것이라고 확신하게 됩니다. 왜냐하면 십자가에 달린 자는 하나님께 저주를 받은 자이기 때문입니다.[1]

[1] 신 21:23; 갈 3:13.

제16주일

40문: 그리스도께서는 왜 죽으시기까지 낮아져야 했습니까?

답: 하나님의 공의와 진리 때문에[1] 우리의 죄에 대한 대가는 하나님의 아들의 죽음 이외에는 다른 어떤 방법으로도 지불할 수 없습니다.[2]

[1] 창 2:17. [2] 롬 8:3; 빌 2:8; 히 2:9,14,15.

41문: 그리스도께서는 왜 장사되셨습니까?

답: 그리스도의 장사되심은 그리스도께서 참으로 죽으셨음을 증거합니다.[1]

[1] 사 53:9; 요 19:38-42; 행 13:29; 고전 15:3,4.

42문: 그리스도께서 우리를 위하여 죽으셨는데, 왜 우리도 또한 여전히 죽어야 합니까?

답: 우리의 죽음은 우리 죗값을 지불하는 것이 아니라, 단지 죄 짓는 것을 그치고, 영생에 들어가는 것입니다.[1]

[1] 요 5:24; 빌 1:21-23; 살전 5:9,10.

43문: 우리가 십자가 위에서 그리스도의 제사와 죽으심으로부터 얻는 또 다른 유익은 무엇입니까?

답: 그리스도의 죽음을 통하여 우리의 옛 본성이 그리스도와 함께 십자가에 달리고 죽고 장사되어,[1] 육신의 악한 소욕이 더 이상 우리를 지배하지 못하게 되고,[2] 우리가 자신을 그리스도께 감사의 제물로 드리게 됩니다.[3]

[1] 롬 6:5-11; 골 2:11,12. [2] 롬 6:12-14. [3] 롬 12:1; 엡 5:1,2.

44문: 그리스도께서 음부에 내려가셨다는 고백이 왜 덧붙여져 있습니까?

답: 내가 극도의 슬픔과 유혹을 당하는 중에도, 나의 주 예수 그리스도께서 모든 고난을 받으시는 동안,[1] 특히 십자가에서

고난을 받으시는 동안 말할 수 없는 고통과 아픔과 공포와 고뇌를 겪으심으로써 음부의 고통과 슬픔으로부터 나를 구원하셨음을 확신하고 위로를 얻도록 하기 위함입니다.[2]

[1] 시 18:5,6; 116:3, 마 26:36-46; 27:45,46, 히 5:7-10. [2] 사 53.

제 17 주일

45문: 그리스도의 부활은 우리에게 어떻게 유익이 됩니까?

답: 첫째, 그리스도께서는 당신님의 부활로 죽음을 이기시어, 당신님의 죽으심으로써 우리를 위하여 획득하신 의에 우리로 참여하게 하십니다.[1] 둘째, 그리스도의 능력으로 말미암아 우리도 또한 새로운 생명으로 다시 살아났습니다.[2] 셋째, 그리스도의 부활은 우리의 영광스러운 부활에 대한 확실한 보증입니다.[3]

[1] 롬 4:25; 고전 15:16-20; 벧전 1:3-5. [2] 롬 6:5-11; 엡 2:4-6; 골 3:1-4. [3] 롬 8:11; 고전 15:12-23; 빌 3:20,21.

제 18 주일

46문: 당신이 그분은 하늘에 오르셨다라고 고백할 때, 당신은 무엇을 고백하는 것입니까?

답: 그리스도께서 제자들이 보는 가운데 이 땅으로부터 하늘로

오르셨고,[1] 산 사람들과 죽은 사람들을 심판하기 위해 다시 오실 때까지[2] 우리의 유익을 위해 거기에 계십니다.[3]

[1]막 16:19; 눅 24:50,51; 행 1:9-11. [2]마 24:30; 행 1:11. [3]롬 8:34; 히 4:14; 7:23-25; 9:24.

47문: 그렇다면 그리스도께서 우리에게 약속하신 것처럼 세상 끝날까지 우리와 함께하시지 않습니까?[1]

답: 그리스도께서는 참 사람이시고 참 하나님이십니다. 그분의 인성으로는 더 이상 땅 위에 계시지 않습니다.[2] 그러나 그분의 신성과 위엄과 은혜와 성령으로는 결코 우리를 떠나지 않습니다.[3]

[1]마 28:20. [2]마 26:11; 요 16:28; 17:11; 행 3:19-21; 히 8:4. [3]마 28:18-20; 요 14:16-19; 16:13.

48문: 그러나 그리스도의 인성이 그의 신성이 있는 곳마다 있는 것이 아니라면, 그리스도 안에 두 본성이 서로 분리되어 있는 것이 아닙니까?

답: 결코 그렇지 않습니다. 왜냐하면 그리스도의 신성은 제한을 받지 않고 어느 곳에서나 있을 수 있기 때문입니다.[1] 그래서 그리스도의 신성은 정말로 당신님이 취하신 인성을 초월해 있지만, 이 인성 안에 있고, 인격적으로 인성과 결합되어 있다는 사실이 따라와야만 합니다.[2]

[1]렘 23:23,24; 행 7:48,49. [2]요 1:14; 3:13; 골 2:9.

49문: 그리스도께서 하늘로 오르심이 우리에게 어떻게 유익이 됩니까?

답: 첫째, 그리스도께서는 하늘에 당신님의 아버지 앞에 계신 우리의 대언자이십니다.[1] 둘째, 우리는 우리의 머리이신 그리스도께서 당신님의 지체인 우리를 당신님께로 데려가실 것에 대한 확실한 보증으로서 하늘에 우리의 육체를 둡니다.[2] 셋째, 그리스도께서는 우리에게 또 다른 보증으로서 당신님의 영을 보내주셨습니다.[3] 그 성령의 능력으로 말미암아 우리는 땅의 것들을 구하지 않고, 그리스도께서 하나님 오른편에 앉아 계신 위에 있는 것들을 구합니다.[4]

[1]롬 8:34; 요일 2:1. [2]요 14:2; 17:24; 엡 2:4-6. [3]요 14:16; 행 2:33; 고후 1:21,22; 5:5. [4]골 3:1-4.

제19주일

50문: 하나님 오른편에 앉아 계시며라는 고백이 덧붙여진 이유가 무엇입니까?

답: 그리스도께서는 거기에서 교회의 머리로서 자신을 나타내시기 위해서 하늘에 오르셨으며,[1] 성부께서는 그리스도를 통하여 만물을 다스리십니다.[2]

[1]엡 1:20-23; 골 1:18. [2]마 28:18; 요 5:22,23.

51문: 우리의 머리이신 그리스도의 이러한 영광이 우리에게 어떤 유익을 줍니까?

답: 첫째, 그리스도께서는 당신님의 성령을 통하여 당신님의 지체인 우리에게 하늘의 은사들을 부어 주십니다.[1] 둘째, 그리스도께서는 당신님의 권능으로 우리를 모든 원수들로부터 보호하시고 보존하십니다.[2]

[1] 행 2:33; 엡 4:7-12. [2] 시 2:9; 110:1,2; 요 10:27-30; 계 19:11-16.

52문: 그리스도께서 산 사람들과 죽은 사람들을 심판하기 위하여 다시 오실 것이다는 고백은 당신에게 어떤 위로를 줍니까?

답: 모든 슬픔과 박해 가운데서도 나는 이전에 나를 대신하여 자신을 하나님의 심판에 복종시키심으로 나에게서 모든 저주를 제거해 주셨던 바로 그 그리스도께서 하늘로부터 심판주로서 오실 것을 머리를 들어 간절히 기다립니다.[1] 그리스도께서는 당신님과 나의 모든 원수들을 영원한 멸망으로 던지실 것입니다. 그러나 그리스도께서는 나와 당신님의 택한 모든 백성들을 하늘의 기쁨과 영광 가운데 계신 당신님께로 데려가실 것입니다.[2]

[1] 눅 21:28; 롬 8:22-25; 빌 3:20,21; 딛 2:13,14. [2] 마 25:31-46; 살전 4:16,17; 살후 1:6-10.

성령 하나님과 우리의 성화
제 20 주일

53문: 당신은 성령에 관하여 무엇을 믿습니까?

답: 첫째, 성령은 성부와 성자와 함께 참되고 영원하신 하나님 이십니다.[1] 둘째, 성령은 또한 나에게도 주어져서[2] 나로 하여금 참된 믿음으로 그리스도와 그의 모든 은덕에 참여하게 하시며[3] 나를 위로하시고,[4] 나와 영원히 함께하십니다.[5]

[1] 창 1:1,2; 마 28:19; 행 5:3,4; 고전 3:16. [2] 고전 6:19; 고후 1:21,22; 갈 4:6; 엡 1:13. [3] 갈 3:14; 벧전 1:2. [4] 요 15:26; 행 9:31. [5] 요 14:16,17; 벧전 4:14.

제 21 주일

54문: 당신은 거룩한 보편적 교회에 관하여 무엇을 믿습니까?

답: 나는 하나님의 아들이[1] 전체 인류로부터[2] 세상의 처음부터 끝까지[3] 당신님의 성령과 말씀으로[4] 참된 믿음의 일치 안에서[5] 영원한 생명을 얻도록 선택하신 교회를[6] 당신님을 위하여 모으시고 보호하시고 보전하심을 믿습니다.[7] 그리고 나는 지금 이 교회의 살아있는 지체이며[8] 영원히 그러할 것임을 믿습니다.[9]

[1] 요 10:11; 행 20:28; 엡 4:11-13; 골 1:18. [2] 창 26:4; 계 5:9. [3] 사 59:21; 고전 11:26. [4] 롬 1:16; 10:14-17; 엡 5:26. [5] 행 2:42-47; 엡 4:1-6. [6] 롬 8:29; 엡 1:3-14. [7] 시 129:1-5; 마 16:18; 요 10:28-30. [8] 요일 3:14,19-21. [9] 시 23:6;

요 10:27,28; 고전 1:4-9; 벧전 1:3-5.

55문: 당신은 성도의 교제를 어떻게 이해합니까?

답: 첫째, 신자들은 모두 또한 각각 그리스도의 지체로서 그리스도와 교제하며 모든 그리스도의 보화와 선물에 참여합니다.[1] 둘째, 각 신자들은 자기가 받은 선물을 다른 지체들의 유익과 행복을 위하여 기꺼이 그리고 즐거이 사용해야 할 의무가 있습니다.[2]

[1] 롬 8:32; 고전 6:17; 12:4-7,12,13; 요일 1:3. [2] 롬 12:4-8; 고전 12:20-27; 13:1-7; 빌 2:4-8.

56문: 당신은 죄의 용서에 관하여 무엇을 믿습니까?

답: 나는 하나님께서 그리스도의 만족하게 하심 때문에 나의 죄들과[1] 내가 일평생 싸워야 할 나의 죄악된 본성을 더 이상 기억하지 아니하시고[2] 오히려 은혜롭게도 나에게 그리스도의 의를 주셔서 내가 결코 정죄함에 이르지 않게 해 주심을 믿습니다.[3]

[1] 시 103:3,4,10,12; 미 7:18,19; 고후 5:18-21; 요일 1:7; 2:2. [2] 롬 7:21-25. [3] 요 3:17,18; 5:24; 롬 8:1,2.

제 22 주일

57문: 몸의 부활은 당신에게 어떤 위로를 줍니까?

답: 이 생명이 끝나는 즉시 나의 영혼은 나의 머리이신 그리스도께로 올려질 것입니다.[1] 또한 나의 이 육신도 그리스도의 능력으로 일으킴을 받아서 나의 영혼과 다시 결합되어 그리스도의 영광스러운 몸과 같이 될 것입니다.[2]

[1] 눅 16:22; 23:43; 빌 1:21-23. [2] 욥 19:25,26; 고전 15:20,42-46,54; 빌 3:21; 요일 3:2.

58문: 당신은 영원한 생명에 관한 항목에서 어떤 위로를 얻습니까?

답: 내가 지금 마음속에서 영원한 기쁨을 느끼기 시작했으므로,[1] 나는 이 생명이 끝난 후에도 눈으로 보지도 못하고 귀로 듣지도 못하고 사람의 마음으로 생각지도 못한 완전한 복, 곧 하나님을 영원히 찬양하는 복을 누리게 될 것입니다.[2]

[1] 요 17:3; 롬 14:17; 고후 5:2,3. [2] 요 17:24; 고전 2:9.

우리의 칭의
제23주일

59문: 그러나 지금 이 모든 것을 믿는 것이 당신에게 어떤 도움을 줍니까?

답: 그리스도 안에서 나는 하나님 앞에서 의롭게 되며 영원한

생명의 상속자가 됩니다.[1]

[1] 합 2:4; 요 3:36; 롬 1:17; 5:1,2.

60문: 당신은 어떻게 하나님 앞에서 의롭게 됩니까?

답: 오직 예수 그리스도에 대한 참된 믿음으로만 됩니다.[1] 비록 내가 하나님의 모든 계명에 거슬러 심각하게 죄를 범하였고 그 모든 계명 중에 어느 하나도 결코 지키지 않았으며[2] 아직도 모든 악으로 향하는 성향이 있다고[3] 내 양심이 고소할지라도, 하나님께서는 여전히 나의 어떤 공로도 없이[4] 오직 은혜로[5] 그리스도의 완전한 만족하게 하심과 의로움과 거룩하심을 나에게 전가시켜 주셨습니다.[6] 내가 믿는 마음으로 이 선물을 받아들이기만 한다면,[7] 하나님께서는 내가 결코 어떤 죄도 범하지 않은 것처럼, 그리고 그리스도께서 나를 위하여 이루어 주신 모든 순종을 내가 직접 성취한 것처럼 인정해 주십니다.[8]

[1] 롬 3:21-28; 갈 2:16; 엡 2:8,9; 빌 3:8-11. [2] 롬 3:9,10. [3] 롬 7:23. [4] 신 9:6; 겔 36:22; 딛 3:4,5. [5] 롬 3:24; 엡 2:8. [6] 롬 4:3-5; 고후 5:17-19; 요일 2:1-2. [7] 요 3:18; 행 16:30,31; 롬 3:22. [8] 롬 4:24,25; 고후 5:21.

61문: 당신은 왜 오직 믿음으로만 의롭게 된다고 말합니까?

답: 나는 나의 믿음의 가치 때문에 하나님께 받아들여질 수 있는 것이 아닙니다. 왜냐하면 오직 그리스도의 만족하게 하심과 의로움과 거룩하심만이 하나님 앞에서 나의 의가 되기

때문입니다.[1] 나는 오직 믿음으로만 이 의를 받아들여서 나의 것으로 삼을 수 있습니다.[2]

[1] 고전 1:30,31; 2:2. [2] 롬 10:10; 요일 5:10-12.

제24주일

62문: **그러나 우리의 선행은 왜 하나님 앞에서 우리의 의가 될 수 없으며 적어도 의의 한 부분이라도 될 수 없습니까?**

답: 왜냐하면 하나님의 심판대 앞에 설 수 있는 의는 절대적으로 완전해야 하며 하나님의 율법과 완전히 일치해야 하지만[1] 우리가 이 세상에서 행하는 최상의 행위도 모두 불완전하며 죄로 오염되어 있기 때문입니다.[2]

[1] 신 27:26; 갈 3:10. [2] 사 64:6.

63문: **그러나 하나님께서 우리의 선행에 대해 이 세상과 오는 세상에서 보상해 주시겠다고 약속해 주셨을지라도, 우리가 획득한 선행은 아무것도 아닙니까?[1]**

답: 이 보상은 획득하는 것이 아니라 은혜로 주시는 선물입니다.[2]

[1] 마 5:12; 히 11:6. [2] 눅 17:10; 딤후 4:7,8.

64문: **이런 가르침은 사람들을 무관심하고 사악하게 만들지**

않겠습니까?

답: 그렇지 않습니다. 참된 믿음으로 그리스도께 접붙여진 사람들이 감사의 열매를 맺지 않는 것은 불가능합니다.[1]

[1] 마 7:18; 눅 6:43-45; 요 15:5.

말씀과 성례
제 25 주일

65문: 오직 믿음만이 우리가 그리스도와 그의 모든 은덕에 참여하게 한다면, 이 믿음은 어디로부터 오는 것입니까?

답: 성령께로부터 옵니다.[1] 성령께서는 복음의 설교로 우리 마음에 믿음을 일으키시며,[2] 성례의 사용으로 믿음을 굳세게 하십니다.[3]

[1] 요 3:5; 고전 2:10-14; 엡 2:8; 빌 1:29. [2] 롬 10:17; 벧전 1:23-25. [3] 마 28:19,20; 고전 10:16.

66문: 성례란 무엇입니까?

답: 성례는 거룩하고, 눈에 보이는 표와 인입니다. 성례는 하나님께서 그것의 사용으로 복음의 약속을 우리에게 더 충분히 선언하고 인치시기 위하여 제정하신 것입니다.[1] 이 약속은 그리스도께서 십자가 위에서 이루신 단번의 제사 때문에, 하나님께서 우리에게 죄의 용서와 영원한 생명을 은혜로 주

신다는 것입니다.[2]

[1] 창 17:11; 신 30:6; 롬 4:11. [2] 마 26:27,28; 행 2:38; 히 10:10.

67문: 그렇다면 말씀과 성례 둘 다 우리 구원의 유일한 근거로서 십자가에서 죽으신 예수 그리스도의 희생 제사를 믿는 믿음에 초점을 맞추도록 의도되어 있습니까?

답: 정말로 그렇습니다. 우리의 전체 구원이 우리를 위해 십자가에서 이루신 그리스도의 단번의 제사에 달려있다는 것을 성령께서는 복음으로 가르치고 성례로 확증하십니다.[1]

[1] 롬 6:3; 고전 11:26; 갈 3:27.

68문: 새 언약에서 그리스도께서 제정하신 성례는 몇 가지입니까?

답: 거룩한 세례와 성찬, 두 가지입니다.[1]

[1] 마 28:19,20; 고전 11:23-26.

거룩한 세례
제 26주일

69문: 그리스도께서 십자가 위에서 이루신 단번의 제사가 당신에게 유익이 됨을 거룩한 세례에서 어떻게 표하고 인칩니까?

답: 다음과 같은 방식으로 됩니다. 즉 그리스도께서 이 외적인 씻음의 의식을 제정하시고[1] 이 의식과 함께 물이 몸의 더러운 것을 씻는 것이 확실한 것처럼, 확실하게 그리스도의 피와 성령께서 나의 영혼의 부정함, 곧 나의 모든 죄를 씻는다는 약속을 주신 것입니다.[2]

[1] 마 28:19. [2] 마 3:11; 막 16:16; 요 1:33; 행 2:38; 롬 6:3,4; 벧전 3:21.

70문: 그리스도의 피와 성령으로 씻겨진다는 것은 무슨 뜻입니까?

답: 그리스도의 피로 씻겨짐은 십자가의 제사에서 우리를 위해 흘리신 그리스도의 피로 말미암아 은혜로 하나님으로부터 죄의 용서를 받았다는 뜻입니다.[1] 그리스도의 성령으로 씻겨짐은 우리가 성령으로 새롭게 되고 그리스도의 지체로 거룩하게 되어, 점점 더 죄에 대하여 죽고 거룩하고 흠이 없는 삶을 사는 것을 의미합니다.[2]

[1] 겔 36:25; 슥 13:1; 엡 1:7; 히 12:24; 벧전 1:2; 계 1:5; 7:14. [2] 요 3:5-8; 롬 6:4; 고전 6:11; 골 2:11,12.

71문: 우리가 세례의 물로 씻는 것처럼 확실하게 그리스도께서 그리스도의 피와 성령으로 씻으신다는 약속을 어디에서 하셨습니까?

답: 세례를 제정하실 때, 그리스도께서는 이렇게 말씀하셨습니

다. 그러므로 가서 모든 족속으로 제자를 삼아 아버지와 아들과 성령의 이름으로 세례를 주라.마 28:19 믿고 세례를 받는 사람은 구원을 얻을 것이요. 믿지 않는 사람은 정죄를 받으리라.막 16:16 이 약속은 성경에서 세례를 중생의 씻음과 죄를 씻음이라고 부른 곳에서도 반복됩니다.딛 3:5;행 22:16

제27주일

72문: 물로 씻는 외적인 씻음 그 자체가 죄 씻음입니까?

답: 아닙니다. 오직 예수 그리스도의 피와 성령만이 우리를 모든 죄로부터 깨끗하게 합니다.[1]

[1] 마 3:11; 벧전 3:21; 요일 1:7.

73문: 그렇다면 왜 성령께서는 세례를 중생의 씻음과 죄를 씻음이라고 부릅니까?

답: 하나님께서는 다음과 같은 선한 이유로 이렇게 말씀하십니다. 즉 하나님께서는 물이 우리 몸에서 더러운 것을 씻어 주듯이 그리스도의 피와 영이 우리 죄를 제거해 주신다는 것을 우리에게 가르치려 하셨습니다.[1] 그러나 이보다 더 중요한 것은 하나님께서 이러한 신적 보증과 표로 우리가 물로 몸을 씻는 것처럼 우리의 죄가 영적으로 씻겨지는 것이 매우 실제적이라는 점을 우리에게 확신시키기 원하신다는 것

입니다.[2]

[1] 고전 6:11; 계 1:5; 7:14. [2] 막 16:16; 행 2:38; 롬 6:3,4; 갈 3:27.

74문: 유아들도 세례를 받아야 합니까?

답: 그렇습니다. 어른들뿐만 아니라 유아들도 하나님의 언약과 교회에 속합니다.[1] 어른들 못지않게 유아들도 그리스도의 피를 통한 죄로부터 구속과 믿음을 일으키시는 성령을 약속받았습니다.[2] 그러므로 유아들도 언약의 표인 세례로 그리스도의 교회에 접붙여지고 불신자들의 자녀들과 구별되어야 합니다.[3] 이런 일이 옛 언약에서는 할례로 이루어졌으나,[4] 새 언약에서는 할례 대신 세례가 제정되었습니다.[5]

[1] 창 17:7; 마 19:14. [2] 시 22:10; 사 44:1-3; 행 2:38,39; 16:31. [3] 행 10:47; 고전 7:14. [4] 창 17:9-14. [5] 골 2:11-13.

주의 만찬
제 28 주일

75문: 그리스도께서 십자가 위에서 이루신 단번의 제사와 그의 모든 은덕에 당신이 참여하고 있음을 주의 만찬이 어떻게 표하고 인칩니까?

답: 다음과 같은 방식으로 그렇게 됩니다. 그리스도께서는 나와 모든 신자들에게 당신님을 기념하면서 이 뗀 떡을 먹고 이

잔을 마시라고 명령하셨습니다. 그리스도께서는 이 명령과 함께 다음과 같은 약속들을 주셨습니다.[1] 첫째, 내가 주님의 떡이 나를 위해 떼어지고 잔이 나에게 주어지는 것을 내 눈으로 보는 것이 확실한 것처럼, 주님의 몸이 나를 위해 드려지고 주님의 피도 나를 위해 십자가에서 흘리신 것이 분명합니다. 둘째, 내가 그리스도의 몸과 피의 확실한 표로서 주님의 떡과 잔을 목사의 손에서 받아서 입으로 맛보는 것이 확실하듯이, 그리스도께서 친히 십자가에 달리신 몸과 흘리신 피로 영원한 생명에 이르도록 나의 영혼을 먹이시고 새롭게 하시는 것이 분명합니다.

[1] 마 26:26-28; 막 14:22-24; 눅 22:19,20; 고전 11:23-25.

76문: 십자가에 달리신 그리스도의 몸을 먹고 그리스도의 흘리신 피를 마신다는 것은 무슨 뜻입니까?

답: 첫째, 그리스도의 고난과 죽음을 믿는 마음으로 받아들이므로 죄의 용서와 영원한 생명을 얻는다는 것입니다.[1] 둘째, 그리스도 안에, 또한 우리 안에 사시는 성령님을 통하여 당신님의 거룩한 몸에 더욱더 연합됨을 의미합니다.[2] 그러므로 비록 그리스도께서는 하늘에 계시고[3] 우리는 땅에 있을지라도, 여전히 우리는 그리스도의 살 중의 살이요 **뼈 중에 뼈이며**,[4] 마치 우리 몸의 지체들이 한 영혼에 의해서 살고 다스림을 받는 것처럼, 우리도 한 성령에 의해서 영원히 살

고 다스림을 받는다는 것을 뜻합니다.⁵

[1]요 6:35,40,50-54. [2]요 6:55,56; 고전 12:13. [3]행 1:9-11; 3:21; 고전 11:26; 골 3:1. [4]고전 6:15,17; 엡 5:29,30; 요일 4:13. [5]요 6:56-58; 15:1-6; 엡 4:15,16; 요일 3:24.

77문: 믿는 자들이 이 뗀 떡을 먹고 이 잔을 마시는 것이 분명한 것처럼, 그리스도께서 당신의 몸과 피로 믿는 자들을 먹이시고 새롭게 한다고 하는 약속은 어디에 있습니까?

답: 성찬을 제정하실 때 이렇게 말씀하셨습니다. 주 예수께서 잡히시던 밤에 떡을 가지사 축사하시고 떼어 가라사대, "이것은 너희를 위하는 내 몸이니 이것을 행하여 나를 기념하라." 하시고, 식후에 또한 이와 같이 잔을 가지시고 이르시되, "이 잔은 내 피로 세운 새 언약이니 이것을 행하여 마실 때마다 나를 기념하라" 하셨으니 너희가 이 떡을 먹으며 이 잔을 마실 때마다 주의 죽으심을 오실 때까지 전하는 것이니라.고전 11:23-26 이 약속은 바울이 다음과 같이 말하는 곳에서 반복되었습니다. 우리가 축복하는바 축복의 잔은 그리스도의 피에 참예함이 아니며 우리가 떼는 떡은 그리스도의 몸에 참예함이 아니냐? 떡이 하나요 많은 우리가 한 몸이니 이는 우리가 다 한 떡에 참예함이라.고전 10:16,17

제 29 주일

78문: 그렇다면 떡과 포도주는 그리스도의 실제 몸과 피로 변합니까?

답: 그렇지 않습니다. 세례의 물이 그리스도의 피로 변하는 것도 아니고, 그 자체가 죄를 씻음도 아니며 단지 하나님께서 주신 상징이요 보증인 것처럼,[1] 비록 주의 만찬에서 사용되는 떡이 그 성례의 성격과 용어상[2] 그리스도의 몸이라고 불릴지라도,[3] 그 떡이 그리스도의 실제 몸이 되는 것은 아닙니다.[4]

[1] 엡 5:26; 딛 3:5. [2] 창 17:10,11; 출 12:11,13; 고전 10:3,4; 벧전 3:21.
[3] 고전 10:16,17; 11:26-28. [4] 마 26:26-29.

79문: 그렇다면 왜 그리스도께서는 떡을 당신의 몸이라고 하시고 잔을 당신의 피 혹은 새 언약의 피라고 부르셨습니까?
또한 왜 바울도 그리스도의 몸과 피에 참여하는 것에 대해 말합니까?

답: 그리스도께서 이런 방식으로 말씀하신 데는 선한 이유가 있습니다. 즉 그리스도께서는 떡과 포도주가 이 현세적인 삶에서 우리를 유지시키는 것처럼, 십자가에 달리신 당신님의 몸과 흘리신 피가 우리 영혼을 영원한 생명으로 이끄는 참된 양식과 음료라는 사실을 우리에게 가르치기 원하셨던

것입니다.[1] 그러나 더욱더 중요한 것은 그리스도께서 이 눈으로 볼 수 있는 표와 보증으로 우리에게 다음과 같은 사실을 확신시키기 원하셨다는 것입니다. 첫째, 우리가 그리스도를 기념하면서 이 거룩한 표를 우리 입으로 받아먹는 것이 확실한 것처럼, 성령의 사역을 통하여 그리스도의 실제 몸과 피에 참여한다는 것이 분명합니다.[2] 둘째, 마치 우리가 개인적으로 고난을 당하고 죗값을 치른 것처럼, 그리스도의 모든 고난과 순종이 확실하게 우리의 것이 되었다는 것입니다.[3]

[1] 요 6:51,55. [2] 고전 10:16,17; 11:26. [3] 롬 6:5-11.

제 30 주일

80문: 주의 만찬과 로마교의 미사는 어떻게 다릅니까?

답: 주의 만찬은 우리에게 다음과 같은 내용을 증거해 줍니다. 첫째, 우리는 그리스도께서 친히 십자가 위에서 단번에 이루신 예수 그리스도의 한 번의 제사를 통하여 우리의 모든 죄를 완전히 용서받았다는 것입니다.[1] 둘째, 성령을 통하여 우리가 그리스도께 접붙여졌으며[2] 그의 참된 몸을 가지고 그리스도께서는 지금 하늘에서 성부의 오른편에 계시고,[3] 이 하늘은 그리스도께서 예배를 받기 원하시는 곳입니다.[4] 그러나 미사는 다음과 같은 내용을 가르칩니다. 첫째, 그리

스도께서 사제들에 의해 날마다 산 자들과 죽은 자들을 위하여 드려지지 않는다면, 그들은 그리스도의 고난을 통하여 죄의 용서를 받을 수 없다는 것입니다. 둘째, 그리스도께서 떡과 포도주의 형체 속에서 몸으로 존재하시며 그 속에서 경배를 받아야 한다는 것입니다. 그러므로 미사라는 것은 근본적으로 예수 그리스도의 단번의 제사와 고난을 부인하는 것이며 저주받을 우상숭배입니다.

[1] 마 26:28; 요 19:30; 히 7:27; 9:12,25,26; 10:10-18. [2] 고전 6:17; 10:16,17. [3] 요 20:17; 행 7:55,56; 히 1:3; 8:1. [4] 요 4:21-24; 빌 3:20; 골 3:1; 살전 1:10.

81문: 누가 주의 상에 나아와야 합니까?

답: 진실로 자기 죄 때문에 자기를 미워하면서도, 자기 죄가 용서함을 받았고, 자기의 남아있는 연약함이 그리스도의 죽음과 고난으로 가려졌음을 믿으며, 자신의 믿음이 더욱더 강해져서 생활이 변화되기를 바라는 사람들입니다. 그러나 위선자들과 회개하지 않는 자들은 자신에게 내릴 심판을 먹고 마시는 것입니다.[1]

[1] 고전 10:19-22; 11:26-32.

82문: 자신의 고백과 생활에서 불신앙과 불경건을 드러내는 자들도 이 성찬에 참여시킬 수 있습니까?

답: 그럴 수 없습니다. 왜냐하면 그렇게 할 때 하나님의 언약이

더럽혀져서 하나님의 진노가 전체 교회에게 불붙게 될 것이기 때문입니다.[1] 그러므로 그리스도의 교회는 그리스도와 사도들의 명령에 따라 그런 사람들이 생활을 돌이킬 때까지는 천국의 열쇠를 사용하여 성찬에서 제외시킬 의무가 있습니다.

[1] 시 50:16; 사 1:11-17; 고전 11:17-34.

제31주일

83문: 천국 열쇠란 무엇입니까?

답: 거룩한 복음 설교와 교회의 권징입니다. 이 두 가지를 통하여 천국이 믿는 자들에게는 열리고, 믿지 않는 자들에게는 닫힙니다.[1]

[1] 마 16:19; 요 20:21-23.

84문: 복음 설교를 통하여 천국이 어떻게 열리고 닫힙니까?

답: 그리스도의 명령에 따라 하나님께서 정말로 그리스도의 공로 때문에 신자들이 참된 믿음으로 이 복음의 약속을 받아들일 때마다 모든 신자들의 죄를 용서해 주셨다는 사실이 신자들 전체나 개개인에게 선포되고 공적으로 증거될 때 천국이 열리게 됩니다. 모든 믿지 않는 자와 위선자에게 하나님의 진노와 영원한 정죄가, 그들이 회개하지 않는 한, 그들

위에 머문다는 사실이 선포되고 증거될 때마다 천국이 닫힙니다. 이러한 복음의 증거에 따라서 하나님께서는 이 세상과 오는 세상에서 심판하실 것입니다.[1]

[1] 마 16:19; 요 3:31-36; 20:21-23.

85문: 천국이 어떻게 교회의 권징을 통하여 닫히고 열립니까?

답: 그리스도의 명령에 따라, 스스로 기독교인이라고 자처하지만, 교리와 생활에 있어서 기독교인이 아닌 사람들처럼 행동하는 사람들은 먼저 거듭거듭 형제로서 권면을 받아야 합니다. 이런 사람들이 자기의 잘못이나 악행을 중지하지 않는다면, 교회, 곧 장로들에게 보고되어야 합니다. 또한 이런 사람들이 장로들의 권면도 무시한다면, 성례에 참여함을 금지당하고, 장로들에 의해서 그리스도인의 회중으로부터 제외됩니다. 하나님께서도 친히 그런 사람들을 그리스도의 왕국으로부터 제외시키십니다.[1] 이런 사람들이 참된 회심을 약속하고 증명할 때, 그리스도의 지체와 교회의 회원으로 다시 받아들여지게 됩니다.[2]

[1] 마 18:15-20; 고전 5:3-5;11-13; 살후 3:14,15. [2] 눅 15:20-24; 고후 2:6-11.

제 3부 우리의 감사

제 32주일

86문: 우리가 우리 자신의 어떤 공로도 없이 그리스도를 통하여 오직 하나님의 은혜로 우리의 비참에서 구원받았다면, 우리는 왜 여전히 선행을 해야 합니까?

답: 당신님의 피로 우리를 구속하셨을 뿐 아니라 당신님의 성령으로 우리를 새롭게 하여 당신님의 형상이 되도록 하신 그리스도 때문에, 우리는 우리의 전체 삶으로써 그리스도의 은덕에 대해 하나님께 감사드리고,[1] 우리를 통해 하나님께서 찬양받으시게 하기 위함입니다.[2] 또한, 우리 각 사람이 그 열매로써 자신의 믿음을 확신하게 되고,[3] 경건한 삶으로써 우리 이웃을 그리스도께로 인도하기 위함입니다.[4]

[1] 롬 6:13; 12:1,2; 벧전 2:5-10. [2] 마 5:16; 고전 6:19,20. [3] 마 7:17,18; 갈 5:22-24; 벧후 1:10,11. [4] 마 5:14-16; 롬 14:17-19; 벧전 2:12; 3:1,2.

87문: 감사하지도 않고 회개하지도 않는 삶을 계속 살면서 하나님께로 돌이키지 않는 사람들도 구원을 받을 수 있습니까?

답: 결코 구원받을 수 없습니다. 성경은 음란한 자, 우상숭배자, 간음하는 자, 도둑질하는 자, 탐욕을 부리는 자, 술주정

뱅이, 중상하는 자, 강도질하는 자, 혹은 그와 같은 자들은 하나님 나라를 유업으로 받지 못한다고 말씀합니다.[1]

[1] 고전 6:9,10; 갈 5:19-21; 엡 5:5,6; 요일 3:14.

제33주일

88문: 사람의 참된 회개 혹은 회심은 무엇입니까?

답: 옛 본성이 죽는 것과 새 본성으로 사는 것입니다.[1]

[1] 롬 6:1-11; 고전 5:7; 고후 5:17; 엡 4:22-24; 골 3:5-10.

89문: 옛 본성이 죽는다는 것은 무엇입니까?

답: 하나님을 진노하게 한 우리의 죄를 진정한 슬픔으로 탄식하고 더욱더 미워하고 피하는 것입니다.[1]

[1] 시 51:3,4,17; 욜 2:12,13; 롬 8:12,13; 고후 7:10.

90문: 새로운 본성으로 사는 것은 무엇입니까?

답: 그리스도를 통하여 하나님 안에서 진정으로 즐거워하고,[1] 모든 선을 행함으로 하나님의 뜻에 따라 사는 것을 사랑하고 기뻐하는 것입니다.[2]

[1] 시 51:8,12; 사 57:15; 롬 5:1; 14:17. [2] 롬 6:10,11; 갈 2:20.

91문: 그러면 선행이란 무엇입니까?

답: 참된 믿음으로[1] 하나님의 율법에 따라서,[2] 하나님의 영광을

위하여[3] 행한 것만을 선행이라 하며, 우리 자신의 견해나 인간이 만든 규정에 따라 행하는 것은 선행이 아닙니다.[4]

[1] 요 15:5; 롬 14:23; 히 11:6. [2] 레 18:4; 삼상 15:22; 엡 2:10. [3] 고전 10:31. [4] 신 12:32; 사 29:13; 겔 20:18,19; 마 15:7-9.

십계명
제 34 주일

92문: 여호와의 율법이 무엇입니까?

답: 하나님이 이 모든 말씀으로 이르시기를, 나는 너를 애굽 땅, 종 되었던 집에서 인도하여 낸 너의 하나님 여호와로라.

1. 너는 나 외에는 다른 신들을 네게 있게 말지니라.
2. 너를 위하여 새긴 우상을 만들지 말고 또 위로 하늘에 있는 것이나 아래로 땅에 있는 것이나 땅 아래 물속에 있는 것의 아무 형상이든지 만들지 말며 그것들에게 절하지 말며 그것들을 섬기지 말라. 나 여호와 너의 하나님은 질투하는 하나님인즉 나를 미워하는 자의 죄를 갚되 아비로부터 아들에게로 삼 사대까지 이르게 하거니와 나를 사랑하고 내 계명을 지키는 자에게는 천대까지 은혜를 베푸느니라.
3. 너는 너의 하나님 여호와의 이름을 망령되이 일컫지 말라. 나 여호와는 나의 이름을 망령되이 일컫는 자를 죄

없다 하지 아니하리라.
4. 안식일을 기억하여 거룩히 지키라. 엿새 동안은 힘써 네 모든 일을 행할 것이나 제 칠일은 너의 하나님 여호와의 안식일인즉 너나 네 아들이나 네 딸이나 네 남종이나 네 여종이나 네 육축이나 네 문안에 유하는 객이라도 아무 일도 하지 말라. 이는 엿새 동안에 나 여호와가 하늘과 땅과 바다와 그 가운데 모든 것을 만들고 제 칠일에 쉬었음이라. 그러므로 나 여호와가 안식일을 복되게 하여 그 날을 거룩하게 하였느니라.
5. 네 부모를 공경하라. 그리하면 너의 하나님 나 여호와가 네게 준 땅에서 네 생명이 길리라.
6. 살인하지 말지니라.
7. 간음하지 말지니라.
8. 도둑질하지 말지니라.
9. 네 이웃에 대하여 거짓 증거하지 말지니라.
10. 네 이웃의 집을 탐내지 말지니라. 네 이웃의 아내나 그의 남종이나 그의 여종이나 그의 소나 그의 나귀나 무릇 네 이웃의 소유를 탐내지 말지니라.[1]

[1] 출 20:1-17; 신 5:6-21.

93문: 이 계명들은 어떻게 나뉩니까?

답: 이 계명들은 두 부분으로 나뉩니다. 첫 번째 부분은 하나님

과 관계를 가지고 살아가는 방법을 우리에게 가르칩니다. 두 번째 부분은 우리가 우리의 이웃에게 가지는 의무가 무엇인가를 가르칩니다.[1]

[1] 마 22:37-40.

94문: 여호와께서 제 1계명에서 요구하는 것은 무엇입니까?

답: 바로 나의 구원을 위하여 모든 우상숭배,[1] 마술, 미신적 습관,[2] 성인들이나 다른 피조물에게 기도하는 것을 피하고 멀리해야 한다는 것입니다.[3] 더 나아가 유일하신 참 하나님을 바르게 알고,[4] 오직 그분만 신뢰해야 하며,[5] 모든 겸손과[6] 인내로[7] 그분께 복종하고, 오직 그분으로부터 모든 선을 기대하며,[8] 그분을 전심으로 사랑하고[9] 두려워하며[10] 그분께 영광을 돌려야 한다는 것입니다.[11] 간단히 말해서 지극히 작은 일이라도 하나님의 뜻을 거슬러 행하기보다는 차라리 모든 피조물을 포기해야 한다는 것입니다.[12]

[1] 고전 6:9,10; 10:5-14; 요일 5:21. [2] 레 19:31; 신 18:9-12. [3] 마 4:10; 계 19:10; 22:8,9. [4] 요 17:3. [5] 렘 17:5, 7. [6] 벧전 5:5,6. [7] 롬 5:3,4; 고전 10:10; 빌 2:14; 골 1:11; 히 10:36. [8] 시 104:27,28; 사 45:7; 약 1:17. [9] 신 6:5(마 22:37). [10] 신 6:2; 시 111:10; 잠 1:7; 9:10; 마 10:28; 벧전 1:17. [11] 신 6:13(마 4:10); 신 10:20. [12] 마 5:29, 30; 10:37-39; 행 5:29.

95문: 우상숭배란 무엇입니까?

답: 우상숭배는 말씀에서 당신님 자신을 계시하신 유일하신 참 하나님을 대신하여, 혹은 그 하나님에 더하여 우리의 신뢰

를 둘 무엇인가를 소유하거나 만들어내는 것입니다.[1]

[1] 대상 16:26; 갈 4:8,9; 엡 5:5; 빌 3:19.

제 35 주일

96문: 하나님께서 제 2계명에서 요구하시는 것은 무엇입니까?

답: 우리가 어떠한 방식으로도 하나님의 형상을 만들지 않아야 하고,[1] 하나님께서 당신님의 말씀에서 명하신 것 이외에 어떤 다른 방식으로 하나님을 예배하지 않아야 한다는 것입니다.[2]

[1] 신 4:15-19; 사 40:18-25; 행 17:29; 롬 1:23. [2] 레 10:1-7; 신 12:30; 삼상 15:22,23; 마 15:9; 요 4:23,24.

97문: 그렇다면 우리가 일체 어떤 형상도 만들면 안 됩니까?

답: 하나님은 눈에 보이는 어떤 방식으로도 표현될 수 없고 표현해서도 안 됩니다. 피조물은 묘사될 수 있습니다. 그러나 하나님께서는 우리가 이 피조물을 경배하기 위해 혹은 이 피조물을 통하여 하나님께 예배하기 위해 피조물의 어떤 형상을 만들거나 소유하는 것을 금하셨습니다.[1]

[1] 출 34:13,14,17; 민 33:52; 왕하 18:4,5; 사 40:25.

98문: 그러면 그 형상들이 '평신도를 위한 책'으로서 교회 안에서 허용되어도 안 됩니까?

답: 그렇습니다. 우리가 하나님보다 더 지혜로운 체해서는 안 됩니다. 하나님께서는 당신님의 백성들이 말을 못하는 우상을 통해서가 아니라,[1] 당신님의 말씀의 살아있는 설교를 통하여 가르침 받기를 원하십니다.[2]

[1] 렘 10:8; 합 2:18-20. [2] 롬 10:14,15,17; 딤후 3:16,17; 벧후 1:19.

제 36 주일

99문: 제 3계명에서 요구하는 것이 무엇입니까?

답: 우리는 저주나[1] 위증,[2] 또는 불필요한 맹세로[3] 하나님의 이름을 모독하거나 잘못 사용하지 않아야 하고, 침묵하는 방관자로 있다가 그런 무서운 죄악에 참여해서도 안 된다는 것입니다.[4] 오히려 우리는 오직 두려움과 경외하는 마음으로 하나님의 거룩한 이름을 사용하여,[5] 우리가 하나님을 바르게 고백하고,[6] 하나님을 부르며[7] 우리의 모든 말과 행실로 하나님을 찬양하여야 한다는 것입니다.[8]

[1] 레 24:10-17. [2] 레 19:12. [3] 마 5:37; 약 5:12. [4] 레 5:1; 잠 29:24. [5] 시 99:1-5; 사 45:23; 렘 4:2. [6] 마 10:32, 33; 롬 10:9,10. [7] 시 50:14, 15; 딤전 2:8. [8] 롬 2:24; 골 3:17; 딤전 6:1.

100문: 맹세와 저주로 하나님의 이름을 모독하는 것이 중대한 죄이므로 하나님께서는 또한 최선을 다해서 이런 죄를 막거나 금하지 않는 사람들에게도 진노하십니까?

답: 진실로 그렇습니다.¹ 하나님의 이름을 모독하는 것보다 더 크고 하나님을 진노하게 하는 죄는 없습니다. 그래서 하나님께서는 이 죄에 대해 죽음의 형벌을 내리라고 명하셨습니다.²

¹레 5:1. ²레 24:16.

제 37 주일

101문: 그러나 우리가 경건한 태도를 가지고 하나님의 이름으로 맹세해도 좋습니까?

답: 그렇습니다. 국가가 국민에게 맹세를 요구하거나, 하나님의 영광과 이웃의 선을 위하여 신뢰와 진리를 보존하고 증진시키는 데 필요한 경우에 우리는 맹세할 수 있습니다. 이러한 맹세는 하나님의 말씀에 근거한 것입니다.¹ 그러므로 구약과 신약에서 성도들은 맹세를 정당하게 사용해 왔습니다.²

¹신 6:13; 10:20; 렘 4:1,2; 히 6:16. ²창 21:24; 31:53; 수 9:15; 삼상 24:22; 왕상 1:29,30; 롬 1:9; 고후 1:23.

102문: 우리가 성자나 다른 피조물로도 맹세할 수 있습니까?

답: 할 수 없습니다. 합법적인 맹세는 오직 마음을 아시는 하나님을 불러, 진리에 대해 증인이 되어 주시며, 내가 거짓으로

맹세할 때 나에게 벌을 내려 달라고 구하는 것입니다.[1] 어떤 피조물에게도 이런 영광이 돌아갈 수 없습니다.[2]

[1]롬 9:1; 고후 1:23. [2]마 5:34-37; 23:16-22; 약 5:12.

제 38 주일

103문: 제 4계명에서 하나님께서 요구하시는 것이 무엇입니까?

답: 첫째, 복음의 사역과 학교가 유지되게 하는 것과[1] 특별히 내가 휴식의 날에 하나님의 교회에 부지런히 참석하여,[2] 하나님의 말씀을 듣고,[3] 성례에 참여하며,[4] 공적으로 여호와를 부르고,[5] 가난한 자들을 위한 기독교적 헌금을 하는 것입니다.[6] 둘째, 나의 일생 동안에 내가 악한 행위를 중지하고, 여호와께서 당신님의 성령을 통하여 내 안에 역사하시도록 하여 이 세상에서 영원한 안식이 시작되게 하는 것입니다.[7]

[1]신 6:4-9;20-25; 고전 9:13,14; 딤후 2:2; 3:13-17; 딛 1;5. [2]신 12:5-12; 시 40:9,10; 68:26; 행 2:42-47; 히 10: 23-25. [3]롬 10:14-17; 고전 14:26-33; 딤전 4:13. [4]고전 11:23,24. [5]골 3:16; 딤전 2:1. [6]시 50:14; 고전 16:2; 고후 8,9. [7]사 66:23; 히 4:9-11.

제 39 주일

104문: 하나님께서 제 5계명에서 요구하시는 것이 무엇입니까?

답: 내가 나의 아버지와 어머니, 그리고 내 위에 있는 권위를 가

진 모든 자들에게 공경과 사랑과 성실성을 보여주고, 마땅히 그들의 선한 가르침과 훈계에 순종함으로 복종해야 하며,[1] 또한 그들의 연약함과 단점도 인내해야 하는 것입니다.[2] 왜냐하면 그들의 손을 통해 우리를 다스리시는 것이 하나님의 뜻이기 때문입니다.[3]

[1] 출 21:17; 잠 1:8; 4:1; 롬 13:1,2; 엡 5:21,22; 6:1-9; 골 3:18-4:1. [2] 잠 20:20; 23:22; 벧전 2:18. [3] 마 22:21, 롬 13:1-8; 엡 6:1-9; 골 3:18-21.

제 40 주일

105문: 하나님께서 제 6계명에서 요구하시는 것이 무엇입니까?

답: 내가 개인적으로나 혹은 다른 사람을 통해서든지, 생각이나 말이나 태도로나 더더욱 행동으로 내 이웃을 모욕하거나 미워하거나 해치거나 죽여서는 안 되고[1] 오히려 모든 복수심을 버려야 한다는 것입니다.[2] 더 나아가서 내가 나 자신을 상하게 하거나 무모하게 위험에 빠뜨려서도 안 된다는 것입니다.[3] 그러므로 살인을 방지하기 위하여 국가는 또한 칼을 가지고 있습니다.[4]

[1] 창 9:6; 레 19:17,18; 마 5:21,22; 26:52. [2] 잠 25:21,22; 마 18:35; 롬 12:19; 엡 4:26. [3] 마 4:7; 26:52; 롬 13:11-14. [4] 창 9:6; 출 21:14; 롬 13:4.

106문: 그런데 이 계명에서는 오직 살인에 대해서만 말합니까?

답: 하나님께서는 살인을 금하심으로써 살인의 뿌리, 곧 질투,

미움, 분노, 복수심[1] 등을 미워하시며, 이 모든 것들을 살인으로 여기신다고 가르치십니다.[2]

[1]잠 14:30; 롬 1:29; 12:19; 갈 5:19-21; 약 1:20; 요일 2:9-11. [2]요일 3:15

107문: 그러면 우리가 그런 방식으로 우리 이웃을 살인하지 않으면 그것으로 충분합니까?

답: 아닙니다. 하나님께서 시기와 미움과 분노에 대해 정죄하실 때, 하나님께서는 우리가 이웃을 내 몸과 같이 사랑하여,[1] 이웃에게 인내와 화평과 온유와 자비와 친절을 보이고,[2] 우리가 할 수 있는 한 그들을 위험으로부터 보호하며, 심지어 우리의 원수에게까지 선을 행하라고 명령하십니다.[3]

[1]마 7:12; 22:39; 롬 12:10. [2]마 5:5; 눅 6:36; 롬 12:10,18; 갈 6:1,2; 엡 4:2; 골 3:12; 벧전 3:8. [3]출 23:4,5; 마 5:44,45; 롬 12:20.

제41주일

108문: 제 7계명에서 우리에게 가르치는 것은 무엇입니까?

답: 하나님께서 모든 부정不貞:음란을 저주하신다는 것입니다.[1] 그러므로 우리는 진심으로 모든 부정不貞:음란을 미워해야 하고,[2] 거룩한 혼인생활이나 독신생활에서, 순결하고 단정한 생활을 해야 한다는 것입니다.[3]

[1]레 18:30; 엡 5:3-5. [2]유 1:22,23. [3]고전 7:1-9; 살전 4:3-8; 히 13:4.

109문: 이 7계명에서 하나님께서는 간음과 이와 유사한 부끄러운 죄만을 금하십니까?

답: 우리의 몸과 영혼이 성령의 전이기 때문에 우리가 우리 자신을 순결하고 거룩하게 지키는 것이 바로 하나님의 뜻입니다. 그러므로 하나님께서는 모든 부정(不貞:음란)한 행동이나 몸짓, 말이나 생각이나 욕망과[1] 우리를 부정(不貞:음란)에 빠지도록 유혹하는 모든 것을 금하십니다.[2]

[1] 마 5:27-29; 고전 6:18-20; 엡 5:3,4. [2] 고전 15:33; 엡 5:18.

제 42 주일

110문: 하나님께서 제 8계명에서 금하신 것이 무엇입니까?

답: 하나님께서는 명백한 도적질과 강도질만을 금하신 것이 아니라,[1] 무게를 조작하여 측정하거나, 속여서 물건을 팔거나, 돈을 위조하거나, 비싼 이자를 받는 것과 같은 악한 음모와 의도도 금하십니다.[2] 우리는 우리의 이웃에게 힘으로나 권력으로나 다른 어떤 방식으로도 속여 빼앗으려고 해서는 안 됩니다.[3] 또한 하나님께서는 모든 탐심과[4] 당신님이 주신 선물을 악용하거나 낭비하는 것을 금하십니다.[5]

[1] 출 22:1; 고전 5:9,10; 6:9,10. [2] 신 25:13-16; 시 15:5; 잠 11:1; 12:22; 겔 45:9-12; 눅 6:35. [3] 미 6:9-11; 눅 3:14; 약 5:1-6. [4] 눅 12:15; 엡 5:5. [5] 잠 21:20; 23:20,21; 눅 16:10-13.

111문: 하나님께서 이 계명에서 요구하시는 것은 무엇입니까?

답: 내가 할 수 있고 해도 좋을 경우에는 내 이웃의 유익을 증진시키며, 내가 남에게 대접을 받고 싶은 대로 남에게 대접해 주고, 가난한 사람들을 도와줄 수 있도록 성실하게 일해야 합니다.[1]

[1] 사 58:5-10; 마 7:12; 갈 6:9,10; 엡 4:28.

제 43 주일

112문: 제 9계명에서 요구하는 것은 무엇입니까?

답: 나는 누구에게도 거짓 증언을 하지 않고, 다른 사람의 말을 왜곡시키지 않고, 험담하거나 비방하지 않으며, 들어보지도 않고 성급하게 다른 사람을 정죄하는 일에 참여하지 않아야 합니다.[1] 오히려 나는 모든 거짓말과 속임을 하나님의 무서운 형벌을 마땅히 받아야 하는 마귀의 일로 생각하고 피해야 합니다.[2] 나는 법정에서나 다른 일에서도 항상 진리를 사랑하고,[3] 정직하게 말하고 고백해야 하며, 이웃의 명예와 평판을 지켜주고 높여야 합니다.[4]

[1] 시 15; 잠 19:5,9; 21:28; 마 7:1; 눅 6:37; 롬 1:28-32. [2] 레 19:11,12; 잠 12:22; 13:5; 요 8:44; 계 21:8. [3] 고전 13:6; 엡 4:25. [4] 벧전 3:8,9; 4:8.

제 44주일

113문: 제 10계명에서 하나님께서 우리에게 요구하시는 것이 무엇입니까?

답: 우리가 하나님의 계명 어느 하나에도 어긋나는 지극히 작은 생각이나 욕망이라도 마음에 품지 않아야 하고, 항상 온 마음을 다하여 모든 죄를 미워하고 모든 의를 즐거워해야 한다는 것입니다.[1]

[1] 시 19:7-14; 139:23,24; 롬 7:7,8.

114문: 그런데 하나님께 회심한 사람은 이 계명들을 완벽하게 지킬 수 있습니까?

답: 아닙니다. 가장 거룩한 사람이라도 이 세상에서는 이 순종을 겨우 시작했을 뿐입니다.[1] 그럼에도 불구하고 그들은 진정으로 하나님의 계명의 일부만이 아니라 모든 계명에 따라 살기 시작합니다.[2]

[1] 전 7:20; 롬 7:14,15; 고전 13:9; 요일 1:8. [2] 시 1:1,2; 롬 7:22-25; 빌 3:12-16.

115문: 아무도 이 세상에서 십계명을 완벽하게 지킬 수 없다면 하나님께서는 왜 십계명을 그렇게 엄격하게 설교하게 하십니까?

답: 첫째, 우리가 일평생 동안 우리의 죄악된 본성을 더욱 알게

되고, 그리하여 그리스도 안에서 죄의 용서와 의를 더욱더 간절히 추구하도록 하기 위한 것입니다.[1] 둘째, 우리가 성령의 은혜를 얻기 위하여 하나님께 기도하면서 이 세상의 삶을 끝내고 완전의 목적에 이를 때까지 하나님의 형상으로 더욱더 새롭게 되기 위해 끊임없이 노력하기 위한 것입니다.[2]

[1] 시 32:5; 롬 3:19-26; 7:7,24,25; 요일 1:9. [2] 고전 9:24; 빌 3:12-14; 요일 3:1-3.

기도
제45주일

116문: 그리스도인에게 왜 기도가 필요합니까?

답: 기도는 하나님께서 우리에게 요구하시는 감사의 가장 중요한 부분이기 때문입니다.[1] 더욱이 하나님께서는 이러한 은사를 오직 끊임없이 간절한 마음으로 당신님께 구하고 감사하는 자들에게만 당신님의 은혜와 성령을 주실 것이기 때문입니다.[2]

[1] 시 50:14,15; 116:12-19; 살전 5:16-18. [2] 마 7:7,8; 눅 11:9-13.

117문: 하나님께서 기뻐하시고 들으시는 기도는 어떠한 것입니까?

답: 첫째, 우리는 당신님의 말씀에서 당신님 자신을 계시하신

유일하신 참 하나님만을 마음으로 부르며, 그분께서 우리에게 기도하라고 명하신 모든 것을 간구해야 합니다.[1] 둘째, 우리는 우리의 곤경과 비참을 철저하게 깨달아 하나님 앞에서 겸손해야 합니다.[2] 셋째, 비록 무가치한 존재일지라도, 우리는 하나님께서 당신님의 말씀을 통하여 약속해 주신 대로 우리 주 예수 그리스도 때문에 우리의 기도를 분명히 들어주신다는 이 확고한 근거를 가지고 있어야 합니다.[3]

[1] 시 145:18-20; 요 4:22-24; 롬 8:26,27; 약 1:5; 요일 5:14,15; 계 19:10.
[2] 대하 7:14; 20:12; 시 2:11; 34:18; 62:8; 사 66:2; 계 4. [3] 단 9:17-19; 마 7:8; 요 14:13,14; 16:23; 롬 10:13; 약 1:6.

118문: 하나님께서는 당신께 무엇을 구하라고 우리에게 명하셨습니까?

답: 우리 주 예수 그리스도께서 우리에게 친히 가르쳐 주신 기도에 포함되어 있는 것처럼 몸과 영혼에 필요한 모든 것을 구하라고 하셨습니다.[1]

[1] 마 6:33; 약 1:17.

119문: 주께서 가르쳐 주신 기도는 무엇입니까?

답: 하늘에 계신 우리 아버지여, 이름이 거룩히 여김을 받으시오며, 나라이(가) 임하옵시며, 뜻이 하늘에서 이루어진 것 같이 이 땅에서도 이루어지이다. 오늘날 우리에게 일용할 양식을 주옵시고, 우리가 우리에게 죄 지은 자를 사하여 준 것

같이 우리 죄를 사하여 주옵시고, 우리를 시험에 들게 하지 마옵시고, 다만 악에서 구하옵소서. 나라와 권세와 영광이 아버지께 영원히 있사옵나이다. 아멘.[1]

[1] 마 6:9-13; 눅 11:2-4.

제46주일

120문: 그리스도께서는 왜 우리에게 하나님을 우리 아버지라고 부르도록 명하셨습니까?

답: 우리 기도의 맨 처음부터 우리 기도의 기초가 되는 하나님께 대한 어린아이와 같은 공경심과 신뢰를 우리 가운데서 불러일으키기 위함입니다. 하나님께서는 그리스도를 통하여 우리의 아버지가 되셨으며 우리 부모가 지상의 것들을 거절하지 아니하는 것보다 훨씬 더 우리가 믿음으로 구하는 것을 거절하지 않으실 것입니다.[1]

[1] 마 7:9-11; 눅 11:11-13.

121문: 하늘에 계신이란 말이 왜 덧붙여졌습니까?

답: 이 말씀은 하나님의 천상적인 위엄을 지상적인 방식으로 생각하지 않아야 하며,[1] 몸과 영혼에 필요한 모든 것을 하나님의 전능하신 능력으로부터 기대하도록 하기 위함입니다.[2]

[1] 렘 23:23,24; 행 17:24,25. [2] 마 6:25-34; 롬 8:31,32.

제 47 주일

122문: 첫 번째 간구는 무엇입니까?

답: 이름이 거룩히 여김을 받으시옵소서로, 다음과 같은 간구입니다. 무엇보다도 먼저 우리가 당신님을 바르게 알게 하여 주옵시며,[1] 당신님께서 행하시는 모든 사역에서 당신님을 거룩히 여기고 영광을 돌리고 찬양하게 하옵소서. 당신님께서 행하시는 사역에는 당신님의 전능하신 능력과 지혜와 선하심과 의와 자비와 진리가 밝히 빛나옵나이다.[2] 또한 당신님의 이름이 우리 때문에 더럽혀지지 않고 항상 영예롭게 되고 찬양받으실 수 있도록 우리가 우리의 모든 삶, 곧 우리의 생각과 말과 행동을 다스리도록 하여 주옵소서.[3]

[1] 렘 9:23,24; 31:33,34; 마 16:17; 요 17:3. [2] 출 34:5-8; 시 145; 렘 32:16-20; 눅 1:46-55,68-75; 롬 11:33-36. [3] 시 115:1; 마 5:16.

제 48 주일

123문: 두 번째 간구는 무엇입니까?

답: 나라이 (가) 임하옵소서로, 다음과 같은 간구입니다. 우리가 당신님께 더욱 더 복종할 수 있도록 당신님의 말씀과 성령으로 우리를 다스려 주옵소서.[1] 당신님의 교회를 보존하시고, 흥왕하게 하옵소서.[2] 마귀의 공작과 당신님께 대항하여

스스로를 높이는 모든 세력과 당신님의 말씀에 거역하는 모든 음모를 멸하여 주옵소서.[3] 당신님의 나라가 온전히 이루어져 당신님께서 만유의 주가 되실 때까지 이 모든 일을 행하옵소서.[4]

[1] 시 119:5,105; 143:10; 마 6:33. [2] 시 51:18; 122:6-9; 마 16:18; 행 2:42-47.
[3] 롬 16:20; 요일 3:8. [4] 롬 8:22,23; 고전 15:28; 계 22:17,20.

제 49 주일

124문: 세 번째 간구는 무엇입니까?

답: 뜻이 하늘에서 이루어진 것 같이 이 땅에서도 이루어지이다로, 다음과 같은 간구입니다. 당신님의 뜻만이 선하기 때문에 우리와 모든 사람들이 자신의 뜻을 부인하고, 어떤 불평도 없이 당신님의 뜻을 순종하게 하옵소서.[1] 모든 사람들이 각각 자신의 직분과 소명을[2] 하늘의 천사들처럼 자발적이며 신실하게 감당하게 해 주옵소서.[3]

[1] 마 7:21; 16:24-26; 눅 22:42; 롬 12:1,2; 딛 2:11,12. [2] 고전 7:17-24; 엡 6:5-9.
[3] 시 103:20-21.

제 50 주일

125문: 네 번째 간구는 무엇입니까?

답: 오늘날 우리에게 일용할 양식을 주옵소서로, 다음과 같은

간구입니다. 우리의 모든 육신적인 필요를 채워주셔서,[1] 오직 당신님만이 모든 선의 유일한 근원이라는 것과[2] 당신님의 복 주심이 없이는 우리의 노력과 염려, 심지어 당신님의 선물조차도 우리에게 아무런 유익이 될 수 없음을 깨닫게 하여 주옵소서.[3] 그러므로 우리가 어떤 피조물도 의지하지 않고 오직 당신님만 신뢰하게 하옵소서.[4]

[1]시 104:27-30; 145:15,16; 마 6:25-34. [2]행 14:17; 17:25; 약 1:17. [3]신 8:3; 시 37:16; 127:1,2; 고전 15: 58. [4]시 55:22;62;146; 렘 17:5-8; 히 13:5,6.

제51주일

126문: 다섯 번째 간구는 무엇입니까?

답: 우리가 우리에게 죄 지은 자를 사하여 준 것 같이 우리 죄를 사하여 주옵소서로, 다음과 같은 간구입니다. 당신님의 은혜에 대한 증거가 우리 안에 있어서 우리가 이웃을 전심전력을 다하여 용서하기로 굳게 결심하는 것처럼,[1] 그리스도의 피로 말미암아 우리의 모든 죄과와 여전히 우리 안에 남아 있는 부패를 불쌍한 죄인인 우리에게 전가시키지 마옵소서.[2]

[1]마 6:14,15; 마 18:21-35. [2]시 51:1-7; 시 143:2; 롬 8:1; 요일 2:1,2.

제52주일

127문: 여섯 번째 간구는 무엇입니까?

답: 우리를 시험에 들게 하지 마옵시고 다만 악에서 구하옵소서로, 다음과 같은 간구입니다. 우리 자신만으로는 너무나 연약하여서 우리는 스스로의 힘으로 한순간도 서 있을 수 없사옵니다.[1] 또한 우리의 불구대천의 원수인 마귀와[2] 세상과[3] 우리 자신의 육신이[4] 끊임없이 우리를 공격하나이다. 그러므로 당신님께서 성령의 능력으로 우리를 붙드시고 강하게 하셔서, 우리가 이 영적 전쟁에서[5] 최종적으로 완전한 승리를 얻을 때까지 패하지 않고 항상 우리의 원수를 확고하게 대항하게 하옵소서.[6]

[1]시 103:14-16; 요 15:1-5. [2]고후 11:14; 엡 6:10-13; 벧전 5:8. [3]요 15:18-21. [4]롬 7:23; 갈 5:17. [5]마 10:19,20; 26:41; 막 13:33; 롬 5:3-5. [6]고전 10:13; 살전 3:13; 5:23.

128문: 당신은 이 기도를 어떻게 마칩니까?

답: 나라와 권세와 영광이 아버지께 영원히 있사옵나이다로, 다음과 같은 간구입니다. 당신님께서는 우리의 왕이시고 모든 것을 다스리는 능력을 가지고 계신 분으로서 우리에게 모든 좋은 것을 주기 원하시며, 또한 주실 수 있는 분이기 때문에,[1] 그리고 우리가 아니라 당신님의 거룩한 이름이 영원히

모든 영광을 받아야 하기 때문에,² 우리가 이 모든 것을 당신님께 구하옵나이다. (We have made all these petitions of you).

¹롬 10:11-13; 벧후 2:9. ²시 115:1; 렘 33:8,9; 요 14:13.

129문: 아멘이란 말은 무엇을 뜻합니까?

답: 아멘이란 말은 참되고 확실하다는 뜻입니다. 왜냐하면 내가 마음으로 하나님께 이런 것들을 소원하는 것보다 더 확실하게 하나님께서 나의 기도를 들어주시기 때문입니다.¹

¹사 65:24; 고후 1:20; 딤후 2:13.

도르트 신경

Canons of Dort

우리 교리표준의 세 번째는 '도르트 신경', 즉 '항의자들에 반대하는 다섯 조항'이라고 부릅니다. 이 조항들은 1618-1619년에 열린 개혁교회의 위대한 총회인 도르트 총회에 의해 채택된 교리의 진술입니다. 이 총회는 국제적인 중요성이 있습니다. 왜냐하면 이 총회는 화란 개혁교회의 대표자들로만 구성된 것이 아니라 다른 나라의 교회들의 27명의 대표자들도 참석했기 때문입니다.

    도르트 총회는 아르미니우스주의의 생성과 확장으로 인해 개혁교회들 내부에서 일어난 심각한 논란을 고려하여 개최되었습니다. 레이던Leyden 대학의 신학 교수인 아르미니우스와 그의 추종자들은 다섯 가지 중요한 요점에 대한 그들의 가르침에 있어서 개혁교회의 신앙에서 이탈했습니다. 즉 그들은 미리 아신 믿음에 근거한 조건적인 선택, 보편적인 속죄, 부분적 타락, 저항할 수 있는 은혜, 은혜로부터 타락할 수 있는 가능성을 가르쳤습니다. 이 견해들은 총회에서 거부되었고, 이 견해의 반대자들의 입장은 현재 '도르트 신경' 혹은

'항의자들에 반대하는 다섯 조항'이라고 불리는 문서에 구체적으로 표현되어 있습니다. 이 총회는 항의자들에 반대하여 개혁교회의 교리, 즉 무조건적인 선택, 제한 속죄, 전적 타락, 불가항력적 은혜, 성도의 견인을 이 신경에서 고백했습니다.

    이 신경은 각각 긍정적인 면과 부정적인 면이 있는데, 긍정적인 면은 그 각각의 주제에 관한 개혁 신앙의 교리를 설명하는 것이요, 부정적인 면은 이에 대한 아르미니우스주의의 잘못을 지적하고 거부하는 것입니다. 비록 그 형태에 있어서는 세 번째 단락과 네 번째 단락이 하나로 되어 단지 네 장이지만, 우리는 마땅히 다섯 개의 장으로 된 신경이라고 말해야 하고, Ⅲ장은 항상 Ⅲ/Ⅳ장이라고 불러야 합니다. 우리 교회들의 모든 직분자들은 벨직 신앙고백과 하이델베르크 교리문답뿐만 아니라 이 신경에도 서명하도록 요청받습니다.

제 I 장 하나님의 선택과 유기

1조. 모든 인류는 하나님 앞에서 정죄 받아야 마땅합니다
사도의 말씀에 따르면, 모든 사람이 아담 안에서 죄를 범하여 저주 아래 놓이게 되었고, 영원한 죽음을 당해야 마땅하기 때문에,롬 5:12 하나님께서는 모든 사람을 죄 가운데, 그리고 저주 아래 버려두시고 그 죄 때문에 정죄하는 것이 당신님의 뜻이라고 할지라도, 어느 누구도 하나님께서 행하시는 일을 불공평하다고 할 수 없습니다. 사도의 말씀은 이러합니다. 온 세상이 하나님의 심판 아래 있게 되었다. 모든 사람이 죄를 범하였으매 하나님의 영광에 이르지 못하더라.롬 3:19,23 죄의 삯은 사망이니라.롬 6:23

2조. 하나님의 아들을 보내심
그러나 이런 가운데서 하나님의 사랑이 나타난 바 되었으니요일 4:9 하나님께서 당신님의 독생자를 세상에 보내셔서, 그를 믿는 사람마다 멸망치 않고 영생을 얻게 하셨습니다.요 3:16

3조. 복음의 설교
하나님께서는 자비롭게도 사람들이 믿도록 당신님이 원하시는 때에, 그리고 당신님이 원하시는 사람들에게 이 가장 즐거운 소식을 전하는 사자를 보내 주십니다.사 52:7 이 사자들의 사역으로, 사람들은 회개와 십자가에 못 박히신 그리스도를 믿는 신앙으로 부름 받습니다.고전 1:23,24 그런즉 저희가 믿지 아니하는 이를 어찌 부르리요, 듣지도 못한 이를 어찌 믿으리요, 전파하는 자가 없이 어찌 들으리요, 보내심을 받지 아니하였으면 어찌 전파하리요?롬 10:14,15

4조. 이중의 결과
하나님의 진노가 이 복음을 믿지 않는 모든 사람들 위에 머물러 있습니다.요 3:36 그러나 이 복음을 받고 참되고 살아있는 믿음으로 구주 예수를 받아들이는 모든 사람들은 구주 예수로 인하여 하나님의 진노와 멸망으로부터 구원을 받고 영생을 얻게 됩니다.막 16:16; 롬 10:9

5조. 불신앙의 원인, 믿음의 원천
다른 모든 죄들과 마찬가지로 이 불신앙의 원인과 책임은 결코 하나님께 있지 않고, 인간 그 자신에게 있습니다.히 4:6 그러나 다음의 말씀과 같이, 예수 그리스도를 믿는 믿음과 그분을 통한 구원은 하나님께서 값없이 주신 선물입니다. 너희가 그 은혜를 인하여 믿음으로 말미암아 구원을 얻었나니 이것이 너희에게서 난 것이 아니요 하나님의 선물이라.엡 2:8 그리스도를 위하여 너희에게 은혜를 주신 것은 다만 그를 믿을 뿐 아니라 또한 그를 위하여 고난도 받게 하려 하심이라.빌 1:29

6조. 하나님의 영원하신 작정

하나님께서는 때를 맞춰 일부 사람들에게 믿음의 선물을 주시고, 다른 사람들에게는 믿음의 선물을 주시지 않으시는데, 이는 영원하신 작정으로부터 진행하십니다. 행 13:48; 벧전 2:8 왜냐하면 하나님께서는 영원으로부터 당신님의 모든 사역을 아시고 당신님의 뜻의 경륜에 따라 모든 일을 성취하시기 때문입니다. 엡 1:11 택자들이 제아무리 완고하다고 할지라도 이 작정에 따라 하나님께서는 은혜롭게 그들의 마음을 부드럽게 하시어 믿도록 해 주십니다. 그러나 하나님께서는 택하지 않은 자들을 공정한 판단으로 그들 자신의 사악함과 완고함 가운데 내버려 두십니다. 특별히 여기에서 심오하고 자비로우심이 드러나고 동시에 정죄 받아 마땅한 사람들 사이에 공정한 구별, 즉 하나님의 말씀에서 계시된 선택과 유기의 작정이 나타납니다. 비록 사악하고 불순하고 변하기 쉬운 사람들이 이 작정을 그들 자신의 파멸로 왜곡시킬지라도 이 작정은 거룩하고 하나님을 경외하는 영혼들에게는 말할 수 없는 위로입니다.

7조. 제한된 선택

선택은 하나님께서 세상의 기초가 놓이기 전에 원래 완전한 상태에서 그들 자신의 잘못으로 죄와 멸망에 떨어지게 된 전체 인류로부터 당신님의 뜻의 주권적인 선하신 기쁨에 따라 오직 은혜로 제한된 특정한 수의 사람들, 곧 다른 사람들보다 더 나은 사람이거나 가치 있는 사람이 아니라 다른 사람들과 같은 비참 가운데 있는 자들을 그리스도 안에서 구원으로 택하신 하나님의 변하지 않으시는 목적입니다. 엡 1:4,11; 요 17:2,12,24 하나님께서는 또한 영원으로부터 그리스도를 중보자와 모든 택자들의 머리와 구원의 근거가 되도록 임명하셨습니다. 이렇게 하여 하나님께서는 구원받을 모든 자들을 그리스도께 주시기로 작정하셨고, 실제로 당신님의 말씀과 성령을 통하여 당신님의 교통으로 그들을 부르시고 끌어들이십니다. 요 6:37,44; 고전 1:9 즉 하나님께서는 그들에게 그리스도를 믿는 참 믿음을 주시고, 의롭게 하시고, 거룩하게 하시고, 당신님의 아들과의 교제 안에서 능력있게 지키시면서 결국 영화롭게 하실 것을 작정하셨습니다. 이는 하나님의 자비를 드러내고 당신님의 영광스러운 은혜의 부요함을 찬양하게 하기 위함입니다. 이는 성경에 다음과 같이 기록되어 있습니다. 곧 창세 전에 그리스도 안에서 우리를 택하사 우리로 사랑 안에서 그 앞에 거룩하고 흠이 없게 하시려고 그 기쁘신 뜻대로 우리를 예정하사 예수 그리스도로 말미암아 자기의 아들들이 되게 하셨으니 이는 그의 사랑하시는 자 안에서 우리에게 거저 주시는 바 그의 은혜의 영광을 찬미하게 하려는 것이라. 엡 1:4-6 성경 다른 곳에는 이렇게 기록되어 있습니다. 또 미리 정하신 그들을 또한 부르시고 부르신 그들을 또한 의롭다 하시고 의롭다 하신 그들을 또한 영화롭게 하셨느니라. 롬 8:30

8조. 선택에 대한 하나의 작정

이 선택에는 다양한 작정이 있지 않고 구약과 신약 모두에서 구원받을 모든 사람들에 관한 하나이고 동일한 작정이 있습니다. 왜냐하면 성경에서는 하나님의 선하신 기쁨과 목적과 뜻의 경륜이 하나라고 선언하기 때문입니다.신 7:7;9:6 이 목적에 따라 하나님께서는 은혜와 영광에 이르도록, 구원과 구원의 길에 이르도록 영원으로부터 우리를 선택하셨습니다.엡 1:4,5 이 길은 하나님께서 우리가 그 가운데 걷도록 우리를 위하여 준비하신 것입니다.엡 2:10

9조. 선택은 미리 아신 믿음에 근거하지 않습니다

이 선택은 사람 안에 있는 선택되는 데 필요한 원인 혹은 조건으로서 보이는 미리 아신 믿음, 믿음의 순종, 거룩, 혹은 사람 안에 있는 어떤 선한 자질이나 기질에 근거하는 것이 아니라, 사람들이 선택되어 믿음과 믿음의 순종과 거룩함 등등에 이르는 것입니다. 그러므로 선택은 모든 구원을 이루는 선의 원천이고, 그 선택의 열매와 효력으로서 믿음과 거룩과 다른 구원의 은사들, 그리고 최종적으로 영원한 생명 그 자체가 흘러나옵니다.롬 8:30 사도가 말할 때 사도는 우리가 지금 그러하기 때문이 아니라 하나님께서 우리로 당신님 앞에서 거룩하고 흠이 없게 하시려고 우리를 선택하셨다고 가르칩니다.엡 1:4

10조. 선택은 하나님의 선하신 기쁨에 근거합니다

이 은혜로우신 선택의 이유는 오직 하나님의 선하신 기쁨입니다. 이 선하신 기쁨은 하나님께서 모든 가능한 조건들 중에서 사람들의 어떤 특정한 자질들과 행위들을 구원의 조건으로 선택하심에 있는 것이 아니라, 하나님께서 모든 죄인들로부터 특정한 사람들을 당신님 자신의 소유로 택정하심에 있는 것입니다. 다음과 같이 성경에 기록된 바와 같습니다. 그 자식들이 아직 나지도 아니하고 무슨 선이나 악을 행하지 아니한 때에 택하심을 따라 되는 하나님의 뜻이 행위로 말미암지 않고 오직 부르시는 이에게로 말미암아 서게 하려 하사 리브가에게 이르시되 큰 자가 어린 자를 섬기리라 하셨나니 기록된 바 내가 야곱은 사랑하고 에서는 미워하였다 하심과 같으니라.롬 9:11-13; 창 25:23; 말 1:2,3 그리고 다른 곳에서 이렇게 말합니다. 영생을 주시기로 작정된 자는 다 믿더라.행 13:48

11조. 변하지 않는 선택

하나님 당신님께서 가장 지혜로우시고 변하지 않으시고 전지하시고 전능하신 것처럼, 하나님의 선택도 파기되거나 고쳐지거나 변경되거나 철회되거나 무효화되지 않습니다. 마찬가지로 택자들도 버림받거나 그 수가 줄어들지 않습니다.요 6:37; 10:28

12조. 선택의 확신

택자들은 비록 시기가 다양하고 그 정도가 다르다 할지라도 때가 되면 자신이 구원에 이르는 영원하고 변하지 않는 선택을 받았음을 확신하게 됩니다. 그러나 그들이 이 확신을 얻는 것은 하나님의 감추어져 있고 깊은 것들을 호기심으로 엿봄으로서가 아닙니다. 신 29:29, 고전 2:10,11 그들은 영적인 기쁨과 거룩한 즐거움으로 자신 안에서 하나님의 말씀이 지시하는 선택의 확실한 열매들, 예를 들면 그리스도를 믿는 참된 믿음, 어린아이처럼 하나님을 경외함, 죄에 대한 경건한 슬픔, 의에 주리고 목마름 같은 것을 발견함으로써 이 확신을 얻습니다. 고후 13:5; 7:10; 마 5:6

13조. 이 확신의 가치

하나님의 자녀들이 이 선택을 깨닫고 확신할 때, 그들은 날마다 하나님 앞에서 겸손하고, 하나님의 깊고 깊은 자비를 찬양하며, 자기 자신을 정결하게 하고, 자신을 먼저 지극히 사랑하신 분을 열렬하게 사랑해야 할 더 큰 이유를 가지게 됩니다. 요일 3:3; 4:19 그러므로 이 선택의 교리와 그 교리를 숙고하는 것이 택자들로 하여금 하나님의 계명들을 지키는 일을 게을리하고 거짓된 안정을 추구하게 만든다고 하는 것은 잘못된 생각입니다. 오히려 하나님의 공정한 심판 안에서 이런 일은 선택의 은혜를 경솔하게 생각하는 사람들에게 또는 이 교리에 대해 빈둥거리며 대담하게 조잘거리지만 택자들의 길로 걷기를 거부하는 자들에게 일어납니다.

14조. 선택이 가르쳐져야 하는 방식

하나님의 가장 지혜로우신 경륜에 따라 이 하나님의 선택 교리를 선지자들이 설교하였고, 그리스도께서 친히 설교하셨고, 사도들이 설교했고, 신약뿐만 아니라 구약 시대에도 이 선택의 교리가 성경에 기록되었습니다. 그러므로 만약 지극히 존귀하신 분의 길을 호기심으로 엿보는 것이 아니라 욥 36:23-26; 롬 11:33; 12:3; 고전 4:6 경건하고 거룩한 자세로 분별의 영을 가지고 가르친다면, 하나님의 가장 거룩하신 이름의 영광을 위해, 그리고 그의 백성들에게 살아있는 위로를 주기 위해 오늘도 이 교리는 하나님의 교회 안에서 적절한 때와 장소에서 가르쳐져야 합니다. 행 20:27 이 교리는 특별히 교회를 위해서 의도된 것입니다.

15조. 유기가 기술되었습니다

특별히 성경에서 모든 사람들이 선택받은 것이 아니라 일부 사람들은 선택받지 못하고 하나님의 영원하신 선택에서 제외되었다는 사실을 선언할 때, 성경은 이 영원하고 값없이 주시는 은혜인 우리의 선택에 대해 우리에게 설명해 주고 권고합니다. 롬 9:22; 벧전 2:8 하나님께서는 당신님의 가장 자유로우시고 가장 공의로우시고 흠 없으시고 변치 않으시는 선하신 기쁨으로, 버림받은 자들이 스스로 자기 잘못으로 인해 빠지게 된 공통의 비참함에 머물러 있게 하시고, 그들에게 구원하는 믿음과 회심의 은혜를 제공하지 않으시기로 작정하셨다고 선언하십니다. 하나님께서는 자기 자신의 길을 다니고^{행 14:16} 하나님의 심판 아래 있는 이 사람들을 그들의 불신앙뿐만 아니라 그들의 다른 모든 죄 때문에 하나님의 공의를 나타내도록 최종적으로 정죄하시고 영원히 심판하신다고 선언하십니다. 이는 유기의 작정입니다. 이 유기는 하나님을 죄의 조성자로 만들지 않으며[그런 생각은 신성모독입니다!], 하나님을 두렵고 흠이 없으시며 공의로운 심판주와 보수자로 선언하는 것입니다.

16조. 유기의 교리에 대한 반응

일부 사람들은 아직 그들 자신에게서 그리스도를 믿는 산 믿음, 마음의 확고한 확신, 양심의 평강, 아이처럼 순종하는 열심, 그리스도를 통하여 하나님을 자랑하는 것을 분명하게 발견하지 못합니다.^{약 2:26; 고후 1:12; 롬 5:11; 빌 3:3} 그럼에도 불구하고, 그들은 하나님께서 우리 안에서 이 일들을 행하시리라 약속하신 방편을 사용합니다. 그들은 유기가 언급될 때 불안해하지 않아야 하며, 자신을 유기자들로 간주하지도 말아야 합니다. 오히려 그들은 이 방편들을 열심히 계속해서 사용하고 열정적으로 더 풍성한 은혜의 때를 바라며 경외와 겸손함으로 고대해야 합니다. 또 어떤 사람들은 하나님께로 돌아서고 오직 하나님만을 기뻐하고 사망의 몸으로부터 구원받기를 간절히 바랍니다.^{롬 7:24} 그러나 그들은 경건과 믿음의 길에서 자신들이 사모하는 지점에까지 이를 수 없습니다. 그들은 유기의 교리에 대해 조금도 두려워할 필요가 없습니다. 왜냐하면 자비로우신 하나님께서 꺼져가는 심지를 끄지 않으시고 상한 갈대를 꺾지 않으시겠다고 약속하셨기 때문입니다.사 42:3; 마 12:20 그러나 또 다른 사람들은 하나님과 구주 예수 그리스도를 무시하고 세상의 염려와 육신의 정욕에 자기 자신을 전적으로 내어줍니다.마 13:22 그들에게 있어서 이 유기의 교리는 그들이 하나님께로 진지하게 돌아서지 않는 한 마땅히 두려운 것입니다.히 12:29

17조. 유아 때에 죽은 신자들의 자녀들

우리는 하나님의 말씀을 가지고 하나님의 뜻에 대해 판단해야 하는데, 그 말씀에서는 신자의 자녀들이 본성으로가 아니라 은혜언약으로 인하여 거룩하고 그 언약 안에서 자기 부모들에게 포함된다고 말합니다.창 17:7; 사 59:21; 행 2:39; 고전 7:14 그러므로 하나님을 경외하는 부모들은 하나님께서 유아 때에 이 세상에서 불러 가신 자기 자녀들의 선택과 구원을 의심하지 않아야 합니다.

18조. 항의하지 말고 찬양하라

우리는 이 분에 넘치는 선택의 은혜와 공의로운 유기의 엄격함에 대해 불평하는 자들욥 34:34-37에게 다음과 같은 사도의 말씀으로 항변합니다. 이 사람아 네가 뉘기에 감히 하나님을 힐문하느뇨?롬 9:20 내 것을 가지고 내 뜻대로 할 것이 아니냐?마 20:15고 하시는 우리 주님의 말씀으로 항변할 수 있습니다.

　　오히려 우리는 이 신비에 대해 경건한 찬양으로 사도와 함께 이렇게 외쳐야 합니다. 깊도다. 하나님의 지혜와 지식의 부요함이여, 그의 판단은 측량치 못할 것이며 그의 길은 찾지 못할 것이로다! 누가 주의 마음을 알았느뇨? 누가 그의 모사가 되었느뇨? 누가 주께 먼저 드려서 갚으심을 받겠느뇨? 이는 만물이 주에게서 나오고 주로 말미암고 주에게로 돌아감이라. 영광이 그에게 세세에 있으리로다. 아멘. 롬 11:33-36

잘못들에 대한 반박

총회는 선택과 유기의 참된 교리를 설명함으로써 다음과 같은 잘못들을 거부했습니다.

1

잘못: 믿음과 순종 안에서 믿고 견인하는 자들을 구원하시려는 하나님의 뜻은 구원으로 선택하시는 작정의 전부이고 전체입니다. 이 작정에 관한 다른 어떤 것도 하나님의 말씀에 계시되어 있지 않습니다.

반박: 이 잘못은 속이는 것이고 분명히 성경과 모순됩니다. 성경에서는 하나님께서 믿는 자들을 구원하신다는 것뿐만 아니라

하나님께서 영원으로부터 선택하신 특별한 사람들이 있으며, 시간이 흐름에 따라 하나님께서는 다른 사람들과 달리 이 택자들에게 그리스도를 믿는 믿음과 견인을 허락하신다고 선언합니다. 세상 중에서 내게 주신 사람들에게 내가 아버지의 이름을 나타내었나이다.요 17:6 영생을 주시기로 작정된 자는 다 믿더라.행 13:48 곧 창세 전에 그리스도 안에서 우리를 택하사 우리로 사랑 안에서 그 앞에 거룩하고 흠이 없게 하시려고 하셨나이다.엡 1:4

2

잘못: 영원한 생명에 이르도록 하는 하나님께서 하신 다양한 선택이 있습니다. 하나는 일반적이고 불명확한 선택이며, 또 다른 것은 특별하고 명확한 선택입니다. 거기에서 후자는 다시 불완전하고 폐지할 수 있으며 결정적이지 않고 조건적인 선택과 완전하고 취소할 수 없고 결정적이고 절대적인 선택이 있습니다. 동일한 방식으로 믿음에 이르는 선택과 구원에 이르는 선택이 있습니다. 그래서 구원받는 확정적 선택은 아니지만 의롭다 하는 믿음을 주시는 선택이 있을 수 있습니다.

반박: 이 모든 주장은 성경에 어떤 근거도 두지 않은 인간 지성이 만든 고안물입니다. 이런 식의 선택의 교리는 왜곡된 것이고 우리 구원의 황금 사슬을 의역한 귀중한 연결 고리를도 좋다고 생각됨 끊어버

리는 것입니다. 또 미리 정하신 그들을 또한 부르시고 부르신 그들을 또한 의롭다 하시고 의롭다 하신 그들을 또한 영화롭게 하셨느니라. 롬 8:30

3

잘못: 성경이 선택의 교리를 말하는 하나님의 선하신 기쁨과 목적은 하나님께서 어떤 특별한 사람들을 선택하시고 다른 사람들은 선택하지 않으신 것이 아니라 하나님께서 모든 가능한 조건들(율법의 행위도 포함하여)에서부터 그 자체로는 공로가 없는 믿음의 행위들뿐만 아니라 믿음의 불완전한 순종도 선택하거나 선정하셔서 구원의 조건이 되게 하신다는 것입니다. 하나님께서는 당신님의 은혜로 그런 믿음을 완전한 순종과 영원한 생명의 보상을 얻을 가치 있는 것으로 간주하기를 원하십니다.

반박: 이런 무례한 잘못은 하나님의 선하신 기쁨과 그리스도께서 이루신 모든 효력의 은덕들을 **빼앗아가고**, 무익한 질문들을 사용해서 사람들이 은혜로운 칭의의 진리로부터, 그리고 성경의 단순함으로부터 벗어나게 만듭니다. 이런 잘못은 다음과 같은 사도의 말씀과도 모순됩니다. 하나님이 우리를 구원하사 거룩하신 부르심으로 부르심은 우리의 행위대로 하심이 아니요, 오직 자기 뜻과 영원한 때 전부터 그리스도 예수 안

에서 우리에게 주신 은혜대로 하심이라. 딤후 1:9

4

잘못: 믿음으로 선택 받으려면 선수 조건으로서 사람이 본성의 빛을 합당하게 사용하는가 하는 것과 경건하고 겸손하며 온유하고 영생에 합당한 자가 되어야 하며 선택은 이런 것들에 어느 정도 의존합니다.

반박: 만일 이 잘못이 참된 것이라면, 선택은 사람에게 달린 것이 됩니다. 이 잘못은 펠라기우스의 가르침의 냄새가 납니다. 이 잘못은 다음과 같은 에베소서 2장 3-9절의 사도의 가르침과 충돌합니다. 전에는 우리도 다 그 가운데서 우리 육체의 욕심을 따라 지내며 육체와 마음의 원하는 것을 하여 다른 이들과 같이 본질상 진노의 자녀이었더니 긍휼에 풍성하신 하나님이 우리를 사랑하신 그 큰 사랑을 인하여 허물로 죽은 우리를 그리스도와 함께 살리셨고 (너희가 은혜로 구원을 얻은 것이라) 또 함께 일으키사 그리스도 예수 안에서 함께 하늘에 앉히시니 이는 그리스도 예수 안에서 우리에게 자비하심으로써 그 은혜의 지극히 풍성함을 오는 여러 세대에 나타내려 하심이니라. 너희가 그 은혜를 인하여 믿음으로 말미암아 구원을 얻었나니 이것이 너희에게서 난 것이 아니요 하나님의 선물이라. 행위에서 난 것이 아니니 이는 누구든지 자랑치 못하게 함이니라.

5

잘못: 특정한 사람들을 구원에 이르게 하는 불완전하고 결정적이지 않은 선택은 방금 시작했거나 잠시 동안 계속되는 믿음, 회심, 거룩함, 경건을 미리 아심으로써 이루어졌습니다. 그러나 완전하고 결정적인 선택은 믿음, 회심, 거룩함, 경건에 있어서 끝날까지 계속되는 견인을 미리 아심으로 이루어졌습니다. 더욱이 이것들은 은혜롭고 복음적인 가치를 가지며 이 덕분에 선택된 사람은 선택받지 못한 사람보다 더 가치가 있습니다. 그러므로 믿음, 믿음의 순종, 거룩함, 경건, 견인은 영광에 이르도록 변치 않을 선택의 열매나 효과가 아니라 완전히 선택될 자들에게 필요한 조건이며 그들에게 요구되고 성취될 것으로 미리 아신 근거들입니다.

반박: 이 잘못은 우리에게 계속해서 강조하는 다음과 같은 성경의 모든 말씀들을 반대하는 것입니다. 선택은 행위로 말미암지 않고 오직 부르시는 이에게로 말미암은 것입니다.롬 9:11 영생을 주시기로 작정된 자는 다 믿더라.행 13:48 창세 전에 그리스도 안에서 우리를 택하사 우리로 사랑 안에서 그 앞에 거룩하고 흠이 없게 하시려고 함이라.엡 1:4 너희가 나를 택한 것이 아니요 내가 너희를 택하여 세웠느니라.요 15:16 만일 은혜로 된 것이면 행위로 말미암지 않음이니 그렇지 않으면 은혜가 은혜되지 못하느니라.롬 11:6 사랑은 여기 있으니 우리가 하나님

을 사랑한 것이 아니요 오직 하나님이 우리를 사랑하사 그 아들을 보내셨음이니라. 요일 4:10

6

잘못: 구원에 이르는 모든 선택이 변치 않는 것은 아닙니다. 택자들 중 일부는 멸망 받을 수 있고 실제로 영원히 멸망 받는데, 하나님께서는 그 멸망을 막으려고 작정한 것이 아닙니다.

반박: 이 엄청난 잘못은 하나님을 변할 수 있는 분으로 만들고, 신자들이 선택의 확실성으로부터 얻는 위로를 파괴시키며 다음과 같은 성경과 모순됩니다. 택자들은 미혹될 수 없습니다. 마 24:24 나를 보내신 이의 뜻을 행하려 함이니라. 나를 보내신 이의 뜻은 내게 주신 자 중에 내가 하나도 잃어버리지 아니하는 것이라. 요 6:39 미리 정하신 그들을 또한 부르시고 부르신 그들을 또한 의롭다 하시고 의롭다 하신 그들을 또한 영화롭게 하셨느니라. 롬 8:30

7

잘못: 이 세상 삶 속에서 영광에 이르는 변치 않는 선택의 열매나 자각이나 확실성 같은 것이 없고, 다만 변할 수 있고, 불확실한 조건에 근거한 것들만 있습니다.

반박: 불확실한 확실성에 대해 말하는 것은 불합리할 뿐만 아니라

신자들의 경험과도 반대되는 것입니다. 선택을 자각한 결과로 그들은 사도들과 함께 이 하나님의 은혜에 영광을 돌립니다.엡1 그들은 그리스도의 제자들과 함께 하늘에 자신들의 이름이 기록된 것을 기뻐합니다.눅 10:20 그들은 마귀의 모든 유혹의 불화살을 소멸하며 자신들의 선택을 깨닫습니다. 그때 그들은 누가 능히 하나님의 택하신 자들을 송사하리요라고 말합니다.롬 8:33

8

잘못: 하나님께서는 오직 당신님의 의로우신 뜻에 따라 어떤 사람을 아담 안에서 타락 이후 지속된 공통적인 죄와 저주 아래 그냥 버려두시기로 결정하신 것도 아니고, 믿음과 회심을 위해서 필요한 은혜를 허용하심에 있어서 어떤 사람을 지나치기로 결정하신 것도 아닙니다.

반박: 그러나 성경에서는 확고하게 진술합니다. 하나님께서 하고자 하시는 자를 긍휼히 여기시고 하고자 하시는 자를 강퍅케 하시느니라.롬 9:18 성경에서는 또한 이렇게 선언합니다. 천국의 비밀을 아는 것이 너희에게는 허락되었으나 저희에게는 아니 되었느니라.마 13:11 또한 성경에서는 이렇게 말합니다. 천지의 주재이신 아버지여 이것을 지혜롭고 슬기 있는 자들에게는 숨기시고 어린아이들에게는 나타내심을 감사하나이다. 옳소

이다, 이렇게 된 것이 아버지의 뜻이니이다. 마 11:25,26

9

잘못: 하나님께서는 오직 당신님의 뜻의 선하신 기쁨 때문만이 아니라, 한 민족이 복음이 설교되는 것을 듣지 못한 다른 민족보다 더 낫고, 더 가치 있는 민족이기 때문에, 다른 민족이 아닌 그 민족에게 복음을 보내신 것입니다.

반박: 모세는 이스라엘 백성들에게 다음과 같이 말함으로 이 잘못을 부인했습니다. 하늘과 모든 하늘의 하늘과 땅과 그 위의 만물은 본래 네 하나님 여호와께 속한 것이로되 여호와께서 오직 네 열조를 기뻐하시고 그들을 사랑하사 그 후손 너희를 만민 중에서 택하셨음이 오늘날과 같으니라. 신 10:14,15 그리고 그리스도께서도 이렇게 말씀하셨습니다. 화가 있을진저 고라신아 화가 있을진저 벳새다야 너희에게서 행한 모든 권능을 두로와 시돈에서 행하였더면 저희가 벌써 베옷을 입고 재에 앉아 회개하였으리라. 마 11:21

제 II장
그리스도의 죽으심과 그 사역을 통한 사람의 구속

1조. 하나님의 공의가 요구하는 형벌
하나님께서는 한없이 자비로우실 뿐만 아니라 한없이 공의로우십니다. 출 34:6,7; 롬 5:16; 갈 3:10 또한 하나님께서 친히 당신님의 말씀에 계시하신 것처럼, 하나님의 공의는 하나님의 무한하신 위엄에 대항하여 우리가 범한 죄들이 이 세대뿐만 아니라 오는 세대에 몸과 영혼 둘 다 심판받아야 할 것을 요구합니다. 하나님의 공의가 만족되지 않는다면 우리는 이 형벌을 피할 수 없습니다.

2조. 그리스도께서 이루신 만족하게 하심
그러나 우리 스스로는 이 만족하게 하심을 이룰 수 없고 하나님의 진노로부터 자유롭게 될 수 없습니다. 그러므로 하나님께서는 무한하신 자비로써 당신님의 독생자를 우리의 보증으로 주셨습니다. 요 3:16 이 독생자께서 우리를 위하여 또 우리를 대신하여 십자가에서 죄를 담당하시고 저주를 받으심으로써 우리를 대신하여 만족하게 하심을 이루셨습니다. 롬 5:8; 고후 5:21; 갈 3:13

3조. 그리스도의 죽으심의 무한한 가치

이 하나님의 아들의 죽으심은 우리 죄를 위한 유일하고 가장 완전한 희생제사와 만족하게 하심이며, 히 9:26,28; 10:14 무한한 가치가 있고 전 세상의 죄를 속죄하기에 흘러넘칠 정도로 충분합니다. 요일 2:2

4조. 그리스도의 죽으심이 무한한 가치가 있는 이유

이 죽으심이 그런 무한한 가치가 있는 이유는 복종하신 그분이 참되고 완전하신 거룩한 사람일 뿐만 아니라 독생하신 하나님의 아들이시고 아버지와 성령과 동일한 영원하시고 무한하신 본질을 가지신 분이시기 때문입니다. 히 4:15; 7:26; 요일 4:9 왜냐하면 이런 조건들은 우리 구주가 되시기 위해서 필요한 것이기 때문입니다. 또한 이 죽으심이 그렇게 위대하고 가치가 있는 이유는 우리 죄로 인해 우리가 마땅히 받아야 할 하나님의 진노와 저주를 겪으셨기 때문입니다. 마 27:46

5조. 복음의 보편적 선포

복음은 십자가에 못 박히신 그리스도를 믿는 사람은 누구나 멸망치 않고 영생을 얻는다고 약속합니다. 요 3:16; 고전 1:23 이 약속은 회개하고 믿으라는 명령 행 2:38; 16:31과 더불어서, 하나님께서 당신님의 선하신 기쁨으로 복음을 보내시기로 하신 모든 민족과 모든 사람들에게 보편적으로 차별 없이 선포되고 공포되어야 합니다. 마 28:19

6조. 일부 사람들이 믿지 않는 이유

그러나 복음을 통하여 부름받은 많은 사람들이 회개하지도 않고 그리스도를 믿지도 않고 불신앙으로 멸망받을 수밖에 없게 되는 것은 그리스도께서 십자가에서 제공해 주신 희생제사에 결점이나 부족이 있기 때문이 아니라 그들 자신의 잘못 때문입니다. 마 22:14; 시 95:11; 히 4:6

7조. 다른 일부 사람들이 믿는 이유

그러나 진실로 믿고 그리스도의 죽음으로 인해 죄로부터 자유롭게 되며 파멸로부터 구원받은 자들에게 이 은덕은 오직 그리스도 안에서 영원으로부터 그들에게 주어진 하나님의 은혜를 통해서만 옵니다. 고후 5:18; 엡 2:8,9 하나님께서는 누구에게도 이 은혜의 공로를 돌리지 않으십니다.

8조. 그리스도의 죽으심이 갖는 효력

그리스도께서 죽으심은 성부 하나님의 최상의 자유로우신 경영이므로, 생명을 주시고 구원하시는 하나님의 아들의 가장 값진 죽으심의 효력은 모든 택자들에게 주어져야 합니다. 요 17:9; 엡 5:25-27 모든 택자들에게만 오직 믿음으로 의롭게 됨이 주어지고 그로 인하여 그들에게 확실히 구원이 임하게 된 것은 하나님의 최고의 은혜로우신 뜻과 목적입니다. 이것이 의미하는 바는 이러합니다. 하나님께서는 십자가의 피를 통하여 그리스도께서 이 십자가의 피를 통하여 그리스도께서는 새 언약을 확정하셨다. 모든 백성, 지파, 민족, 방언으로부터 모든 택자들 곧 영원으로부터 구원으로 택하시고 성부에 의해서 당신님께 주어진 자들만 효력있게 구속하시도록 의도하셨습니다.눅 22:20; 히 8:6; 계 5:9 더욱이 하나님께서는 그리스도께서 당신님의 죽으심으로 그들을 위하여 획득하신 믿음을 성령님의 다른 구원의 선물들과 함께 그들에게 주시고,빌 1:29 당신님의 피로 그들을 모든 죄들, 곧 원죄와 자범죄, 그리고 믿은 후에 범한 죄와 믿기 전에 범한 죄들로부터 깨끗하게 하시며,요일 1:7 마지막까지 신실하게 그들을 지키시어 마지막에 티나 주름잡힌 것이 없이 영광스러운 가운데 그들을 당신님 앞에 두시려고 의도하셨습니다.요 10:28; 엡 5:27

9조. 하나님의 경영의 성취

택자들을 향한 영원한 사랑에서 시작된 이러한 경영은 세상의 처음부터 지금까지 능력있게 성취되었고, 또한 계속해서 성취될 것입니다. 비록 음부의 문이 헛되이 이 경영을 무너뜨리려 할지라도 말입니다.마 16:18 때가 되면 택자들은 하나로 함께 모여서 그리스도의 피에 기초를 세운 신자들의 교회로 항상 있게 될 것입니다.요 11:52; 왕상 19:18 이 교회는 변함없는 사랑과 신실함으로 그리스도를 신랑으로서 당신님의 신부를 위하여 당신님의 생명을 십자가에서 내어 놓으신 구주로 섬기고,엡 5:25 지금 그리고 영원무궁토록 신랑이신 그리스도를 찬양할 것입니다.

잘못들에 대한 반박

총회는 그리스도의 죽으심과 이 죽으심으로 말미암은 사람의 구속에 대한 참된 교리를 설명함으로써 다음과 같은 잘못들을 거부했습니다.

1

잘못: 성부 하나님께서는 누군가를 구원하시려는 특별하고 분명한 작정 없이 당신님의 아들을 십자가에서 죽도록 정하셨습니다. 심지어 그리스도께서 획득하신 구속이 실제로 결코 어떤 사람에게도 적용되지 않는다고 할지라도, 그리스도께서 당신님의 죽으심으로 획득하신 구속은 필수적이고, 유익하고, 귀중하고, 모든 면에 있어서 완전합니다.

반박: 이 교리는 성부의 지혜와 그리스도의 공로를 공격하는 것이고 성경을 반대하는 것입니다. 우리 구주께서 이렇게 말씀하셨습니다. 나는 양을 위하여 목숨을 버리노라. 나는 저희를 안다.요 10:15,27 그리고 이사야 선지자는 구주에 대해 이렇게 말했습니다. 여호와께서 그로 상함을 받게 하시기를 원하사 질고를 당케 하셨은즉 그 영혼을 속건제물로 드리기에 이르면 그가 그 씨를 보게 되며 그 날은 길 것이요. 또 그의 손으로 여호와의 뜻을 성취하리로다.사 53:10 끝으로 이 주장은 보편적

기독교회에 대해 신앙의 조항을 부정하는 것입니다.

2

잘못: 그리스도의 죽으심의 목적은 당신님의 피로써 새로운 은혜언약을 확정하시려는 것이 아니었습니다. 그 목적은 다만 성부 하나님께서 사람과 은혜언약이든 행위언약이든 간에 당신님이 기뻐하시는 언약을 한 번 더 세울 수 있는 권리를 얻도록 하는 것일 뿐이었습니다.

반박: 이 주장은 성경과 다릅니다. 성경에서는 그리스도께서 더 나은, 곧 새 언약의 보증과 중보자가 되셨다는 것과, 유언은 유언한 자가 죽어야만 효력을 나타낸다는 것을 가르칩니다. 히 7:22, 9:15,17

3

잘못: 그리스도께서는 당신님의 만족하게 하심을 통하여 실제로 어느 누구에게도 구원 그 자체를 위한 공로나, 구원을 위한 그리스도의 만족하게 하심을 자신의 것으로 만드는 믿음을 받을만한 공로가 되시지 않으셨습니다. 그리스도께서는 오직 성부께서 다시 사람과 교제하시고 당신님의 원하시는 새로운 조건들을 정하기 위한 권위와 완전한 뜻만을 획득하셨습니다. 그러나 이 조건들을 이루는 것은 사람의 자유로운 뜻에

달려있습니다. 그러므로 아무도 그 조건들을 이루지 못할 수도 있고, 모든 사람들이 그 조건들을 이룰 수도 있습니다.

반박: 이런 잘못을 가르치는 자들은 그리스도의 죽으심을 오만방자하게 생각하고, 그리스도의 죽으심의 열매나 은덕들을 전혀 인정하지 않으며 지옥으로부터 펠라기우스의 잘못을 가지고 돌아온 것입니다.

4

잘못: 성부 하나님께서 그리스도의 죽음의 중재를 통하여 사람과 맺으신 새로운 은혜언약은 우리가 믿음으로 그리스도의 공로를 받아들임으로써 하나님 앞에서 의롭게 되고 믿음으로 구원받았다는 사실에 있지 않습니다. 오히려 새로운 은혜언약은 하나님께서 율법에 대한 완전한 순종의 요구를 폐지하시고 믿음을 율법에 대한 순종으로 간주하시며, 믿음의 순종이 불완전할지라도 율법에 대한 완전한 순종으로 간주하신다는 사실에 있습니다. 하나님께서는 은혜롭게도 그 믿음의 순종을 영원한 생명의 보상을 받을 가치가 있는 것으로 여기셨습니다.

반박: 이 교리는 성경과 모순됩니다. 그들은 그리스도 예수 안에 있는 구속으로 말미암아 하나님의 은혜로 값없이 의롭다 하심을 얻은 자 되었느니라. 이 예수를 하나님이 그의 피로 인하여 믿음으로 말미암는 화목제물로 세우셨느니라. 롬 3:24,25 이

잘못들을 가르치는 자들은 불경건한 소시니우스가 그랬던 것처럼 전체 교회가 동의하는 교리에 대항하여 하나님 앞에서 사람의 새롭고 이상한 칭의를 선포하고 있습니다.

5

잘못: 모든 사람은 화해의 상태와 언약의 은혜에 받아들여졌음으로 누구도 원죄로 인한 정죄를 받을 필요가 없고, 앞으로도 원죄 때문에 정죄받지 않을 것입니다. 오히려 모든 사람은 원죄의 죄책에서 해방되었습니다.

반박: 이 주장은 우리가 본질상 진노의 자녀들이다 엡 2:3라고 가르치는 성경과 모순됩니다.

6

잘못: 하나님께서는 모든 사람들에게 동등하게 그리스도의 죽으심의 은덕들을 주시기 원하십니다. 그러나 일부 사람들은 죄의 용서와 영원한 생명을 얻고 다른 사람들은 죄의 용서와 영원한 생명을 얻지 못합니다. 이런 차이는 차별 없이 제공되는 은혜에 그들 자신을 내어놓는 각자의 자유의지에 달려 있는 것이지, 그들 안에서 능력있게 역사하여 다른 이들이 아닌 그들에게 이 은혜가 적용되게 하는 자비의 특별한 선물에 달려 있는 것이 아닙니다.

반박: 이렇게 가르치는 자들은 구원의 획득과 구원의 적용 사이의 차이점을 오용하여 경솔하고 미숙한 사람들의 마음을 혼란스럽게 합니다. 그들은 건전한 의미에서 이런 구별을 제시하는 것처럼 가장하면서, 사람들의 마음속에 펠라기우스주의의 치명적인 독을 주입시키려고 합니다.

7

잘못: 그리스도께서는 하나님께서 가장 사랑하시고 영원한 생명으로 선택하신 자들을 위하여 죽으실 수도 없었고 죽으실 필요도 없으셨으며 죽으시지도 않으셨습니다. 왜냐하면 이런 자들에게는 그리스도의 죽으심이 필요하지 않기 때문입니다.

반박: 이 교리는 사도들과 모순됩니다. 사도들은 이렇게 선언합니다. 하나님의 아들이 나를 사랑하시어 나를 위하여 자기 몸을 주셨다.갈 2:20 또한 이렇게 선언합니다. 누가 능히 하나님의 택하신 자들을 송사하리요? 누가 정죄하리요? 죽으신 자는 그리스도시니라.롬 8:33,34 즉 그들을 위하여 죽으신 자는 그리스도이십니다. 그리고 구주께서 우리에게 확실하게 해 주십니다. 나는 양을 위하여 목숨을 버리노라.요 10:15 내 계명은 곧 내가 너희를 사랑한 것 같이 너희도 서로 사랑하라 하는 이것이니라. 사람이 친구를 위하여 자기 목숨을 버리면 이에서 더 큰 사랑이 없도다.요 15:12,13

III장과 IV장
사람의 타락, 하나님께로 회심, 그 회심이 이루어지는 방식

1조. 타락의 결과

태초에 사람은 하나님의 형상으로 창조되었습니다.창 1:26,27 사람의 지성은 자신의 창조주와 모든 영적인 것들에 대한 참되고 건전한 지식을 가지고 있었습니다. 사람의 의지와 마음은 의로웠고, 사람의 모든 감정은 순전했습니다. 그러므로 사람은 전인(全人)이 거룩했습니다.

그러나 사람은 마귀의 선동과 자신의 자유의지로 인해 하나님께 반역함으로써 이 탁월한 선물들을 상실하고,창 3:1-7 스스로 소경이 되어 무서운 어두움과 무익함에 빠졌고, 그의 지성이 왜곡된 판단에 이르렀고, 그의 의지와 마음은 악함과 반역과 완고함에 이르렀으며, 그의 모든 감정은 불순해졌습니다.엡 4:17-19

2조. 타락의 확장

사람이 타락한 후에 부패하게 되었기 때문에, 타락한 아버지로서 사람은 타락한 자녀들을 낳았습니다.욥 14:4; 시 51:7 이렇게 타락은 오래 전의 펠라기우스의 주장처럼 모방에 의해서가 아니라, 하나님의 의로운 심판에 따라, 왜곡된 본성의 전달에 의해서, 오직 예수 그리스도만 제외하고, 아담으로부터 그의 모든 세대들에게로 확장되었습니다. 롬 5:12; 히 4:15

3조. 사람의 전적 무능력

그러므로 모든 사람은 죄 가운데 잉태되어, 어떤 구원하는 선도 행할 수 없고, 악으로 기울어져 있으며, 죄 가운데 죽은 진노의 자녀와 죄의 종으로 태어납니다. 엡 2:1,3; 요 8:34; 롬 6:16,17 그리고 그들은 성령님의 중생시키시는 은혜가 없이는, 하나님께로 돌아오거나 자신의 타락한 본성을 고치거나, 본성을 고치기 위해서 스스로 준비하려고 하지도 않고 할 수도 없습니다. 요 3:3-6; 딛 3:5

4조. 본성의 빛은 불충분합니다

확실히, 타락 후에도 사람 안에 본성의 빛이 조금 남아 있고, 그것에 의해서 사람은 하나님에 대해, 자연 만물에 대해, 명예로운 것과 수치스러운 것의 다른 점에 대해 약간의 개념을 가지고 있고, 도덕과 외적 질서에 대해 어느 정도나마 존중을 보여줍니다. 롬 1:19,20; 2:14,15 그러나 이 본성의 빛은 사람이 하나님의 구원에 관한 지식과 참된 회개에 이르게 하기는커녕, 자연적 문제와 사회적인 문제들에 있어서조차도 합당하게 사용하지 못하게 합니다. 더욱이 이 빛이 무엇이든지 간에 사람은 자신의 죄악으로 인하여 이 본성의 빛을 왜곡하고 있으며 여러 면에서 이 빛을 불의로 억누르고 있습니다.롬 1:18,20 그렇게 함으로써, 사람은 스스로 하나님 앞에서 핑계할 수 없게 되었습니다.

5조. 율법의 불충분함

본성의 빛에 관한 이러한 사실은 또한 하나님께서 모세를 통하여 특별히 유대인들에게 주신 십계명에도 적용됩니다. 왜냐하면 비록 십계명이 죄가 얼마나 큰지를 나타내고 사람이 자기 죄를 점점 더 깨닫게 할지라도, 십계명은 사람에게 이 비참에서 벗어날 힘을 주거나 치료책을 지적해 주지 못하고,롬 3:19,20, 7:10,13 오히려 육신으로 말미암아 연약한 범죄자들을 저주 아래 남겨두고 있기 때문입니다.롬 8:3 그러므로 사람은 율법을 통하여 구원의 은혜를 획득할 수 없습니다.고후 3:6,7

6조. 복음의 필요

그러므로 본성의 빛이나 율법으로는 할 수 없는 것을 하나님께서 말씀, 곧 화해의 사역을 통한 성령의 능력으로 행하십니다.고후 5:18,19 이는 메시야에 관한 복음으로서, 그 복음을 통해서 옛 언약 시대와 새 언약 시대에 믿는 자들을 구원하시는 것이 하나님께서 기뻐하시는 것입니다.고전 1:21

7조. 복음이 일부 사람들에게는 전해지고 다른 사람들에게는 전해지지 않는 이유

옛 언약 시대에 하나님께서는 당신님의 이 비밀스러운 뜻을 소수의 민족들에게만 계시하셨지만 새 언약 시대에서는 민족들 사이의 구분을 제거하시고 당신님의 이 비밀스러운 뜻을 다수의 민족들에게 계시하셨습니다.엡 1:9; 2:14 골 3:11 이렇게 복음을 나누어주신 이유는 한 민족이 다른 민족보다 더 가치가 있어서도 아니고, 본성의 빛을 더 잘 사용해서도 아니며 하나님의 주권적인 선하신 기쁨과 무한하신 사랑에 기인한 것입니다.롬 2:11 그러므로 우리는 우리가 마땅히 받아야 할 모든 것에도 불구하고 무한하신 은혜를 허락하신 분께 겸손과 감사하는 마음으로 그 사실을 인정해야 합니다.마 11:26 그러나 이 은혜를 받지 못한 자들에 대해서도 우리는 사도들이 그랬듯이 하나님의 심판의 엄격함과 의로움에 대해 경의를 표해야 하며, 결코 그 심판에 대해 호기심으로 따지지 않아야 합니다.롬 11:22,23; 계 16:7; 신 29:29

8조. 복음을 통한 진정한 부르심

그러나 복음을 통하여 부르심을 받은 사람들은 모두 진정으로 부르심을 받습니다.사 55:1; 마 22:4 왜냐하면 하나님께서 부르심을 받은 자들이 당신님께로 나아오는 것이 당신님을 기쁘시게 한다는 사실을 당신님의 말씀에서 진지하고도 아주 신실하게 계시하셨기 때문입니다.계 22:17; 요 6:37 하나님께서는 또한 당신님께로 나아와서 믿는 모든 자들에게 그들의 영혼에 대한 안식과 영생을 진정으로 약속하셨습니다.마 11:28,29

9조. 부르심을 받은 일부 사람들이 나아오지 않는 이유

복음을 통하여 부르심을 받은 많은 사람들이 나아와서 회심하지 않는 것은 복음의 결함이나 복음에 제시된 그리스도의 잘못도 아니고, 복음을 통하여 사람들을 부르시고, 심지어 여러 가지 선물들을 주시기까지 하신 하나님의 잘못도 아닙니다. 그 잘못은 부르심을 받은 그들 자신에게 있습니다. 그들 중 일부 사람들은 생명의 말씀에 주의하지도 않고, 그 말씀을 받아들이지도 않습니다.마 11:20-24; 22:1-8; 23:37 다른 사람들은 실로 생명의 말씀을 받아들이기는 하지만, 진심으로 받아들이지 않습니다. 그러므로 일시적인 믿음에서 오는 기쁨이 사라지고 나면, 그들은 돌아서게 됩니다. 또 다른 사람들은 근심과 이 세상의 기쁨이라는 가시가 말씀의 씨를 억눌러서 열매를 맺지 못합니다. 이것은 우리 구주께서 씨의 비유에서 가르치신 바입니다.마 13장

10조. 부르심을 받은 다른 사람들이 나아오는 이유

복음의 사역을 통하여 부르심을 받은 다른 사람들은 나아와서 회심합니다. 이것은 사람에 기인한 것이 아닙니다. 그런 사람은 거만한 펠

라기우스 이단이 주장했던 것처럼 자유의지라는 것을 가지고 믿음과 회심을 이루기에 동일한 혹은 충분한 은혜를 부여받은 다른 사람들보다 자기 자신을 우위에 두어 구별하지 않습니다. 그것은 하나님으로부터 기인한 것입니다.롬 9:16 하나님께서는 영원 전부터 그리스도 안에서 당신님의 백성을 택하셨고 적당한 때에 효력있게 부르십니다. 하나님께서는 그들에게 믿음과 회개를 주십니다. 하나님께서는 흑암의 권세로부터 그들을 구원하시어 당신님의 아들의 나라로 옮기십니다.골 1:13; 갈 1:4 이 모든 것들로 하나님께서는 그들이 자신들을 흑암으로부터 당신님의 놀라운 빛으로 인도하신 놀라운 행동을 선언하고 여러 곳에서 사도들이 증언한 바대로 자기 자신을 자랑하지 않고 오직 주님 당신님만 자랑하게 하십니다.벧전 2:9; 고전 1:31; 고후 10:17; 엡 2:8,9

11조. 하나님께서 회심을 일으키시는 방법

하나님께서 택자들 안에서 당신님의 선하신 기쁨대로 행하시고 다음과 같은 방식으로 그들 안에서 참된 회심을 일으키십니다. 하나님께서는 택자들에게 복음이 설교되고, 성령에 의해 그들의 지성에 능력있게 비추어져서 그들이 하나님의 성령의 일을 올바르게 이해하고 분변할 수 있도록 돌보십니다.히 6:4,5; 고전 2:10-14 중생하게 하시는 동일한 성령의 효력있는 사역에 의해서 하나님께서는 사람의 가장 깊은 곳에 침투하십니다. 하나님께서 닫힌 마음을 여시고 굳어진 마음을 부드럽게 하시고 할례받지 못한 마음에 할례를 베푸시어 그의 의지에 새로운 자질들을 주입시키십시오. 히 4:12; 행 16:14; 신 30:6; 겔 11:19; 겔 36:26 하나님께서는 죽어있던 의지를 살리시고, 나쁜 의지를 선하게 만드시며, 하기 싫어하는 의지를 기꺼이 하는 마음으로 바꾸시고, 완고한 의지를 순종하는 마음으로 만드십니다. 하나님께서 의지를 변화시키시고 강하게 하사 좋은 나무처럼 그 의지가 선행의 열매를 맺을 수 있게 하십니다. 마 7:18

12조. 중생은 오직 하나님의 사역입니다

이 회심은 성경에서 강력하게 말하는 바와 같이, 중생이며, 새 창조이며, 죽은 자 가운데서의 부활이며 살리는 것입니다. 그리고 이 중생은 하나님께서 우리 없이 홀로 우리 안에서 역사하신 것입니다. 요 3:3; 고후 4:6;5:17; 엡 5:14 그러나 이 중생은 외적인 가르침이나 도덕적 설득만으로는 일어나지 않으며, 하나님께서 당신님 편에서 하실 일을 다 행하신 후에 중생할지 안 할지 회심할지 안 할지를 사람의 능력 안에 남겨 두시는 그런 방식으로 일어나지도 않습니다. 그러나 중생은 분명히 초자연적이고, 가장 능력 있고, 동시에 가장 즐겁고 놀랍고 신비스럽고 말로 다 표현할 수 없는 사역입니다. 이 사역의 창조자에 의해서 영감된 성경에 따르면, 중생은 창조에서나 죽은 자들의 부활에서 나타난 능력보다 더 열등하지 않습니다. 요 5:25; 롬 4:17 따라서 하나님께서 이런 놀라운 방식으로 마음속에 역사하시는 모든 자들에게는 확실하고 틀림없이 중생의 효력이 있게 되며 또 실제로 믿음에 이릅니다.빌 2:13 그래서 다시 새로워진 의지는 하나님에 의해서 행하고 움직일 뿐만 아니라, 하나님에 의해서 행한다면, 의지 자체가 행하는 것이기도 합니다. 그러므로 사람은 받은 은혜를 통해서 믿고 회개해야 한다고 말하는 것 역시 옳은 것입니다.

13조. 중생은 이해할 수 없는 것입니다

이생에서 신자들은 하나님께서 이 중생의 사역을 행하시는 방식을 충분히 이해할 수 없습니다.요 3:8 그러나 이 땅에 사는 동안 이 하나님의 은혜로 말미암아 신자들이 구주를 진정으로 믿고 사랑한다는 것을 알고 경험하는 것만으로도 그들은 만족하며 안식을 누립니다.롬 10:9

14조. 믿음이 하나님의 선물이 되는 방식

그러므로 믿음은 하나님의 선물입니다.엡 2:8 왜냐하면 믿음은 하나님께서 사람에게 제안하신 뒤 받을지 거절할지는 사람의 의지에 맡기시는 것이 아니라 참으로 사람에게 주어져서 사람 속에 스며들어 주입되는 것이기 때문입니다. 하나님께서는 다만 믿을 능력만 주시고, 그 후에는 사람이 자유의지로 믿는 데 동의하거나 믿는 행동을 하는 것을 기다리신다는 의미에서 믿음은 선물이 아닙니다. 오히려 사람의 의지와 행위 속에 역사하시는 하나님께서 사람 안에 믿으려

는 의지와 믿는 행위 그 두 가지 모두를 일으키신다는 의미에서 믿음은 선물입니다. 빌 2:13

15조. 하나님의 분에 넘치는 은혜에 대한 그리스도인의 태도

하나님께서는 누구에게도 이 은혜를 베푸실 책임이 없으십니다. 주께 먼저 드려 갚으심을 받을 만한 것이 전혀 없는 사람에게 하나님께서 무엇을 빚지시겠습니까? 롬 11:35 하나님께서 죄와 거짓 외에 아무것도 없는 자에게 무엇을 빚지시겠습니까? 그러므로 이 은혜를 받은 사람은 오직 하나님께만 빚진 것이며, 영원한 감사를 하나님께 돌리게 됩니다. 그러나 이 은혜를 받지 못한 사람은 이런 영적인 일들에 대해 전혀 관심이 없이 자기가 가진 것들로 만족하든지, 혹은 거짓된 안전 가운데서 공허하게 자기가 가지지 않은 것을 가진 것으로 자랑합니다. 암 6:1 ;렘 7:4 게다가 우리는 사도들의 모범을 따라서, 외적으로 자기 신앙을 고백하고 자기 삶을 고치는 사람들에 대해 가장 호의적인 방식으로 판단하고 말해야 합니다. 우리는 사람의 깊은 마음속을 모르기 때문입니다. 롬 14:10 우리는 아직 부르심을 받지 않은 자들에 관해서는, 존재하지 않는 것을 존재하는 것으로 부르시는 하나님께 기도해야 합니다. 롬 4:17 그러나 우리는 마치 우리가 그들과 구별되는 것처럼 오만하게 행하지 않아야 합니다. 고전 4:7

16조. 사람의 의지는 제거되지 않고 살아 있습니다

사람은 타락 이후에도 지성과 의지를 부여받은 사람으로 계속 남아 있는 것과 마찬가지로, 전체 인류에게 퍼져 있는 죄가 사람에게서 그의 인간적인 본성을 박탈하지 않았고, 이 죄는 사람에게 타락과 영적 죽음을 가져왔습니다. 롬 8:2; 엡 2:1 그래서 또한 중생을 주시는 이 하나님의 은혜는 사람들을 나무와 돌들처럼 다루지 않고, 의지와 특성을 빼앗거나 억지로 강요하지도 않으며, 그 대신에 영적으로 소생시키고 치료해주고 바르게 하고, 즐거이 그리고 동시에 능력 있게 굴복하게 합니다. 시 51:12; 빌 2:13 그 결과로 이전에 육신의 반역과 저항이 완전히 지배하던 곳에서 이제는 성령님께 대한 신속하고 신실한 순종이 우세해지기 시작하여 참되고 영적인 회복과 우리 의지의 자유가 있게 됩니다. 만일 모든 선의 놀라운 조성자께서 이런 방식으로 우리를 다루지 않으셨다면, 바르게 서 있던 자신을 자유의지로 스스로 파멸에 던져 넣었던 사람이, 그 자유의지로는 타락에서 일어설 소망이 전혀 없을 것입니다.

17조. 방편의 사용

하나님께서는 당신님의 전능하신 사역으로 이런 우리의 자연적인 생명을 생기게 하시고 유지하심에 있어서, 방편의 사용을 배제하지 않으시고 요청하십니다. 하나님께서는 그 방편으로 당신님의 무한하신 지혜와 선하심에 따라 당신님의 능력을 실행하시기로 결정하셨습니다. 그래서 또한 하나님께서는 앞서 말한 당신님의 초자연적인 사역으로 우리를 중생시키시는 데 있어서, 복음의 사용을 배제하거나 취소시키지 않으셨습니다. 가장 지혜로우신 하나님께서는 복음을 중생의 씨와 영혼의 양식이 되도록 정하셨습니다.사 55:10,11; 고전 1:21; 약 1:18; 벧전 1:23,25; 2:2 이런 이유로 사도들과 그들의 뒤를 이은 교사들은 주님을 경외하는 가운데 사람들에게 이런 하나님의 은혜에 관하여 가르침으로써 사람들이 하나님께 영광을 돌리고 또 모든 자랑을 버리게 하였습니다. 그러나 동시에 그들은 말씀, 성례, 권징의 집행 하에 복음의 거룩한 훈계를 통하여 사람들을 지키는 일을 게을리하지 않았습니다.행 2:42; 고후 5:11-21; 딤후 4:2 그러므로 오늘날 교회 안에서 가르치는 사람이나 가르침을 받는 사람들은 감히 하나님께서 당신님의 선하신 기쁨 안에서 밀접하게 함께 결합시켜 놓기로 정하신 것을 분리시킴으로써 하나님을 시험하려 하지 않아야 합니다. 왜냐하면 은혜는 훈계를 통하여 전해지고, 우리가 우리의 의무를 다 할수록 더욱더 우리 안에서 역사하는 이 하나님의 호의는 늘 그 빛을 더욱 잘 드러내어 하나님의 사역이 최상으로 진행되기 때문입니다.롬 10:14-17 방편과 방편의 구원하는 열매와 효력에 관하여, 모든 영광이 처음부터 끝까지 오직 하나님께만 영원히 돌려져야 할 것입니다.유 24,25 아멘.

잘못들에 대한 반박

총회는 사람의 타락과 사람의 하나님께로의 회심에 대한 참된 교리를 설명함으로 다음과 같은 잘못들을 거부하였습니다.

1

잘못: 정확히 말하면, 원죄와 같은 그런 것이 전체 인류를 정죄하거나 현세의 형벌과 영원한 형벌을 받도록 하기에 충분하다고 말하는 것은 부적절합니다.

반박: 이 주장은 다음과 같은 사도의 말씀들과 모순이 됩니다. 한 사람으로 말미암아 죄가 세상에 들어오고 죄로 말미암아 사망이 왔나니 이와 같이 모든 사람이 죄를 지었으므로 사망이 모든 사람에게 이르렀느니라. 롬 5:12 심판은 한 사람을 인하여 정죄에 이르렀느니라. 롬 5:16 죄의 삯은 사망이요. 롬 6:23

2

잘못: 사람이 처음 창조되었을 때 영적 선물들 즉 선한 자질들과 덕들, 예를 들면 선, 거룩, 의와 같은 것은 사람의 의지에 속한 것이라고 할 수 없으므로 사람이 타락했을 때도 그의 의지로부터 분리될 수 없었습니다.

반박: 이 잘못은 사도가 에베소서 4장 24절에서 제시하는 하나님의

형상에 대한 묘사와 반대되는데, 거기서 사도가 의와 거룩함을 하나님의 형상과 연결시킬 때, 그것은 확실히 의지에 속한 것입니다.

3

잘못: 영적 죽음의 상태에서 영적 선물들은 사람의 의지와 분리되지 않았는데, 왜냐하면 의지 그 자체는 결코 타락하지 않았으며, 이해력이 우둔해지고 정욕이 제어되지 않음으로 인해 훼방을 받을 뿐이기 때문입니다. 만일 이런 장애물이 제거된다면, 의지는 그 본래의 충분한 능력을 발휘할 수 있습니다. 의지는 자신 앞에 놓인 모든 것들을 스스로 원하여 선택하든지 원하지 않아 선택하지 않든지 할 수 있습니다.

반박: 이것은 예레미야 선지자가 예레미야 17장 9절에서 만물보다 거짓되고 심히 부패한 것은 마음이라고 말한 것과 반대되는 새로운 사상이고 잘못된 생각이며 자유의지의 능력을 칭송하는 것입니다. 그리고 사도 바울도 이렇게 기록합니다. 전에는 우리도 다 그(불순종의 아들들) 가운데서 우리 육체의 욕심을 따라 지내며 육체와 마음의 원하는 것을 하여. 엡 2:3

4

잘못: 중생하지 않은 사람은 죄 가운데 확실히 또는 완전히 죽은 것

도 아니며, 영적 선을 행할 능력들을 모두 **빼앗긴** 것도 아닙니다. 그런 사람은 여전히 의와 생명을 갈망하고 목말라하며 하나님께서 **기뻐**하시는 통회하고 상한 심령의 제사를 드릴 수 있습니다.

반박: 이런 주장은 다음과 같은 성경의 분명한 증거들과 충돌됩니다. 여러분은 여러분의 허물과 죄로 죽었습니다.엡 2:1,5 사람의 마음의 생각의 모든 계획이 항상 악할 뿐입니다.창 6:5; 8:21 또한 오직 중생하고 복 있는 자라고 불리는 자들만이 비참으로부터의 구원과 생명을 갈급하여 주리고 목말라 할 것이고, 상한 심령의 제사를 하나님께 드릴 것입니다.시 51:19; 마 5:6

5

잘못: 타락한 자연인은 일반 은혜아르미니우스주의자들이 말하는 본성의 빛를 잘 사용할 수 있으며, 또한 타락 이후에도 여전히 남아 있는 선물들을 잘 사용할 수 있으며, 그리하여 그는 도구들을 잘 사용함으로써, 더 좋은 은혜, 곧 복음적 은혜 혹은 구원하는 은혜와 구원 그 자체를 점차적으로 얻을 수 있습니다. 이런 방식으로 하나님께서는 당신님 편에서 모든 사람들에게 그리스도를 계시하기 위해서 준비하고 계심을 나타내 보이십니다. 왜냐하면 하나님께서 그리스도를 아는 지식과 믿음과 회개를 위해 필요한 도구들을 충분히 그리고 효력 있게 모든 사

람들에게 집행하시기 때문입니다.

반박: 모든 세대에 걸친 경험뿐 아니라 성경은 이 주장이 거짓임을 증거합니다. 하나님께서는 그 말씀을 야곱에게 보이시며 그 율례와 규례를 이스라엘에게 보이시는도다. 아무 나라에게도 이같이 행치 아니하셨나니 저희는 그 규례를 알지 못하였도다.시 147:19,20 하나님이 지나간 세대에는 모든 족속으로 자기의 길들을 다니게 묵인하셨도다.행 14:16 그리고 바울과 그의 동료들은 성령님에 의해서 아시아에서 말씀을 전하는 것을 금지당했습니다. 그리고 그들이 무시아 앞에 이르렀을 때, 그들은 비두니아로 가고자 애쓰되 예수의 영이 허락하지 아니하시는지라.행 16:6,7

6

잘못: 사람의 참된 회심에 있어서 하나님께서 새로운 자질, 능력, 혹은 선물들을 사람의 의지에 주입하실 수 없습니다. 그러므로 우리가 먼저 회심하게 하고 그 때문에 신자로 불리게 하는 믿음은 하나님께서 주입하신 자질 혹은 선물이 아니라 사람의 행위입니다. 그리고 이 믿음에 이르게 하는 능력에 관련하여서만 선물이라는 말을 쓸 수 있습니다.

반박: 이 가르침은 성경과 모순됩니다. 성경은 하나님께서 우리 마음속에 믿음과 순종과 당신님의 사랑에 대한 깨달음이라는

새로운 자질들을 불어넣으신다고 선언합니다. 내가 나의 법을 그들의 속에 두며 그 마음에 기록하리라.렘 31:33 내가 갈한 자에게 물을 주며 마른 땅에 시내가 흐르게 하리라.사 44:3 하나님의 사랑이 우리 마음에 부은 바 되었도다.롬 5:5 이 주장은 또한 다음과 같이 선지자의 말을 빌어서 기도하는 교회의 계속적인 행위와도 충돌합니다. 나를 이끌어 돌이키소서. 그리하시면 내가 돌아오겠나이다.렘 31:18

7

잘못: 우리를 하나님께로 회심하게 하는 은혜는 점잖은 충고일 뿐입니다. 충고라고 하는 것은 사람을 회심시키는 가장 고상한 방식이고 사람의 본성과 아주 잘 어울립니다. 이 충고하시는 정도의 은혜만으로도 본성적인 사람을 영적으로 만들기에 충분합니다. 정말로 하나님께서는 이렇게 양심에 권고하지 않고서는 의지가 동의하도록 하지 않으십니다. 하나님께서는 영원한 것들을 약속하시는 반면에 사탄은 일시적인 것들을 약속한다는 점에서 하나님의 일하심의 능력은 사탄의 사역을 능가합니다.

반박: 이 주장은 완전히 펠라기우스주의이고 전체 성경과 반대됩니다. 성경은 사람의 회심에 있어서 이 도덕적 권고 이상의 다른 것, 곧 성령님의 더욱더 능력 있고 신적인 방식을 가르칩

니다. 새 영을 너희 속에 두고 새 마음을 너희에게 주되 너희 육신에서 굳은 마음을 제하고 부드러운 마음을 줄 것이라.겔 36:26

8

잘못: 사람을 중생시킬 때 하나님께서는 사람의 의지가 믿음과 회심으로 강력하고도 확실하게 돌이키도록 당신님의 전능하신 능력을 사용하지는 않으십니다. 만일 하나님께서 사람을 회심시키기 위해 사용하시는 모든 은혜의 사역이 성취되었고, 그 사람의 중생을 의도하시며, 중생시키려고 결정하실지라도, 여전히 그 사람은 하나님과 성령님께 저항할 수 있고, 실제로 종종 그렇게 저항함으로써 완전히 중생을 막을 수도 있습니다. 그러므로 중생하거나 중생하지 않는 것은 사람의 능력에 달려 있습니다.

반박: 이런 주장은 하나님의 은혜가 우리의 회심에 미치는 모든 효력을 부인하고 전능하신 하나님의 역사를 사람의 뜻에 복종시키는 것과 마찬가지입니다. 이런 주장은 사도들과도 반대됩니다. 사도들은 우리가 그의 힘의 강력으로 역사하심을 따라 믿는다고 가르치고,엡 1:19 우리 하나님이 모든 선을 기뻐함과 믿음의 역사를 능력으로 이루시기를 기도하고,살후 1:11 그의 신기한 능력으로 생명과 경건에 속한 모든 것을 우리에게

주셨다고 선언합니다. 벧후 1:3

9

잘못: 은혜와 자유의지는 협력하여 회심을 일으키는 부분적인 원인입니다. 이 원인의 순서에 있어서 은혜가 의지의 작용에 선행하지 않습니다. 하나님께서는 사람의 의지가 스스로 움직여서 결정할 때까지 회심에 이르도록 사람의 의지를 효력 있게 돕지 않으십니다.

반박: 오래전 초대교회는 다음과 같은 사도들의 말씀에 따라 펠라기우스주의자들의 교리를 정죄했습니다. 그런즉 원하는 자로 말미암음도 아니요. 달음박질하는 자로 말미암음도 아니요. 오직 긍휼히 여기시는 하나님으로 말미암음이니라. 롬 9:16 또한, 누가 너를 구별하였느뇨? 네게 있는 것 중에 받지 아니한 것이 무엇이뇨? 네가 받았은즉 어찌하여 받지 아니한 것같이 자랑하느뇨? 고전 4:7 그리고 너희 안에서 행하시는 이는 하나님이시니 자기의 기쁘신 뜻을 위하여 너희로 소원을 두고 행하게 하시느니라. 빌 2:13

V장 성도의 견인

1조. 중생한 사람이라도 자기 속에 거하는 죄에서 해방된 것은 아닙니다

하나님께서 당신님의 목적에 따라 당신님의 아들 우리 주 예수 그리스도의 교제 안으로 부르시고 당신님의 성령으로 중생하게 하신 자들에게 하나님께서는 죄의 통치와 죄의 종됨으로부터는 해방을 주시지만 요 8:34 이 세상에서 살 동안에는 죄의 육신과 몸으로부터 완전한 해방을 주시지는 않습니다. 롬 6:17; 7:21-24

2조. 날마다 연약함으로 인해 범하는 죄들

그러므로 날마다 연약함으로 인해 죄를 범하며, 심지어 성도의 가장 선한 행위에도 허물이 있습니다. 요일 1:8 이 죄와 허물은 중생한 사람들이 스스로 하나님 앞에 겸손하고, 십자가에 달리신 그리스도께로 피하며, 기도의 영을 통하여 그리고 거룩하게 경건을 실천함으로써 더욱 육신을 죽여야 할 분명한 이유가 됩니다. 또한 이 죄와 허물은 신자들이 마침내 이 사망의 몸으로부터 구원받아서 하나님의 어린양과 함께 하늘에서 통치하기까지 완전함에 이르기를 열망하고 투쟁해야 할 확고한 이유입니다. 골 3:5; 딤전 4:7; 빌 3:12,14; 계 5:6,10

3조. 하나님께서는 당신님 자신의 소유를 보존하십니다

이렇게 자신 안에 남아있는 죄의 잔재들과 세상과 사탄의 유혹 때문에 회심한 사람들은 그 은혜 안에 계속 거하는 것이 마치 그들 자신의 힘에 달린 것처럼 행할 수 없습니다.롬 7:20 그러나 하나님께서는 신실하시고 자비롭게도 한번 그들에게 주신 그 은혜 안에서 굳게 해주시며, 끝까지 그 은혜 안에서 그들을 강력하게 보존해 주십니다.고전 10:13 벧전 1:5

4조. 성도들도 심각한 죄에 빠질 수 있습니다

비록 하나님께서 당신님의 능력으로 참된 신자들을 은혜 안에서 굳게 하시고 보존하심이 너무나 엄청나서 육신에 의해서 정복될 수 없다고 할지라도, 회심한 사람들도 여전히 항상 하나님께 인도함을 받고 감동을 받는 것은 아니어서 어떤 특별한 행동에서 자신의 잘못으로 인해 은혜의 인도하심에서 벗어나 육신의 소욕에 의해서 유혹을 받고 굴복하기도 합니다.엡 1:19 그러므로 그들은 끊임없이 유혹에 빠지지 않도록 깨어 기도해야 합니다.마 26:41; 살전 5:6,17 그들은 깨어 기도하지 않을 때 육신과 세상과 사탄에 의해서 심각하고 극악한 죄에 빠질 뿐만 아니라 하나님의 공의로우신 허용으로 때때로 실제적으로 내버려지기도 합니다. 성경에 기록된 다윗과 베드로와 다른 성도들의 그런 슬픈 실족은 이 사실을 증거합니다.삼하 11; 마 26

5조. 그런 심각한 죄의 결과

그러나 그런 심각한 죄로 인해, 그들이 참으로 회개하고 바른길로 돌아섬으로써 하나님의 아버지 같은 얼굴빛이 다시 그들에게 비추어질 때까지,민 6:25 그들은 하나님께 심히 반역하고, 죽어 마땅한 죄를 범하고, 성령을 근심하게 하고, 믿음의 역사를 방해하고, 양심에 심각한 상처를 입고, 때로는 잠시 동안 하나님께서 은혜를 베푸신다는 의식마저 상실하기도 합니다.삼하 12; 엡 4:30; 시 32:3-5

6조. 하나님께서는 당신님의 택한 자들이 잃어버린 바 되는 것을 허용하지 않으십니다

긍휼이 풍성하신 하나님께서는 선택의 변치 않는 목적에 따라 심지어 당신님의 소유된 백성이 통탄할 만한 타락 가운데 있다 할지라도 그들에게서 성령을 완전히 거두지는 않으십니다.엡 1:11; 2:4; 시 51:13 마찬가지로 하나님께서는 택자들이 너무나 깊이 타락한 나머지 양자됨의 은혜와 칭의의 지위를 저버리거나, 사망에 이르는 죄 혹은 성령을 훼방하는 죄를 범하고 하나님께 완전히 버림당하여 영원한 파멸에 빠지는 것을 허락지 않으십니다.갈 4:5; 요일 5:16-18; 마 12:31,32

7조. 하나님께서는 택자들을 다시 새롭게 하사 회개하게 하십니다

그 이유는 첫째로 그들이 타락했을 때도 하나님께서는 썩지 않는 중생의 씨를 그들 안에 보존하시어 그 씨가 소멸되거나 밖으로 내던져

지지 않도록 하시기 때문입니다.벧전 1:23; 요일 3:9 둘째로 하나님께서는 말씀과 성령을 통하여 그들을 분명하고도 효과적으로 다시 새롭게 하여 회개하게 하셔서 다음과 같은 결과들을 갖게 하십니다. 그들은 마음속으로 자신이 범한 죄들로 인하여 경건한 슬픔을 가지고 슬퍼합니다.고후 7:10; 시 32:5; 51:19 그들은 죄를 깊이 뉘우치는 마음을 가지고 중보자의 피로 용서해 주실 것을 믿으며 구하고 또 얻습니다. 그리하여 그들은 다시 화해하시는 하나님의 호의를 경험하고 하나님의 자비와 신실하심을 찬양합니다. 그들은 앞으로 더욱더 부지런히 두렵고 떨림으로 자기 자신의 구원을 이루어 갑니다.빌 2:12

8조. 삼위일체 하나님의 은혜는 보존됩니다

그들이 믿음과 은혜로부터 완전히 떨어져 나가지도 않고 그들 자신의 타락 가운데 머물러 마침내 버림당하지도 않는 것은 그들 자신의 공로나 힘이 아니라 하나님의 무한하신 자비를 통해서입니다. 그들 자신을 생각해 보면 그러한 완전한 타락은 쉽게 일어날 뿐만 아니라 확실히 일어날 것입니다. 그러나 하나님을 생각해 보면 이 일은 도저히 일어날 수 없습니다. 왜냐하면 하나님의 경영은 변할 수 없고,시 33:11 그분의 약속은 실패할 수 없으며,히 6:17 그분의 목적에 따른 부르심은 철회될 수 없고,롬 8:30,34; 롬 9:11 그리스도의 공로와 중보와 보존하심은 무효화될 수 없으며,눅 22:32 성령의 인치심은 헛되이 되거나 파기될 수 없기 때문입니다.엡 1:13

9조. 이 보존하심에 대한 확신

신자들은 구원에 이르도록 하는 택자들에 대한 이 보존하심과 믿음 안에서 참된 신자들에 대한 보존하심에 대해 스스로 확신할 수 있습니다. 롬 8:31-39 그리고 그들은 정말로 자신의 믿음의 정도에 따라 확신하고 그 믿음에 의해서 자신이 항상 교회의 참되고 살아 있는 지체이고, 지체로 남아있을 것이고 죄의 용서와 영원한 생명을 소유할 것이라는 사실을 확고하게 믿습니다. 딤후 4:8,18

10조. 이 확신의 근거

이 확신은 말씀에 덧붙여서 혹은 말씀 밖에서 행해지는 어떤 사적 계시에 의해서 생기는 것이 아니라, 하나님께서 우리의 위로를 위하여 당신님의 말씀 안에 가장 풍성하게 계시하신 그 하나님의 약속을 믿음으로써, 그리고 우리가 하나님의 자녀이고 상속자라는 사실을 우리 영으로 더불어 증거하시는 성령의 증거를 통해서, 롬 8:16,17; 요일 3:1,2 마지막으로 깨끗한 양심과 선한 행위들을 진지하고 거룩하게 추구함으로써 생깁니다. 행 24:16 만일 이 세상에서 하나님의 택자들이 최후의 승리에 대한 확실한 위로와 이 영원한 영광에 대한 확실한 보증이 없다면, 그들은 모든 사람들 중에 가장 비참한 자들일 것입니다. 롬 8:37; 고전 15:19

11조. 이 확신을 항상 느낄 수 있는 것은 아닙니다

한편 성경은 신자들이 이생에서 여러 가지 육신의 의심과 투쟁하며, 심각한 시험 아래 있을 때는 이러한 믿음의 확신과 견인의 확실성을 늘 충만히 느끼지는 못한다는 사실을 증거합니다. 그러나 모든 위로의 아버지 하나님께서 신자들이 감당치 못할 시험당함을 허락지 아니하시고 시험당할 즈음에 또한 피할 길을 제공해 주시어 성령에 의해서 다시 신자들에게 견인의 확실성을 회복시켜 주실 것입니다. 고후 1:3; 고전 10:13

12조. 이 확신이 경건의 동기

그러나 이 견인의 확신은 참된 신자들을 거만하게 하거나 세속적인 안일함을 갖게 하지 않으며, 도리어 겸손과 어린아이 같은 공경, 참된 경건과 모든 투쟁 가운데서 인내하는 것, 뜨거운 기도, 고난 중에 변치 않고 진리를 고백하는 것, 하나님 안에서 지속적인 기쁨과 같은 것들의 참된 근원이 됩니다. 롬 12:1 또한 이 유익을 고려하는 것은 신자들이 진정으로 항상 감사하며 착한 일들을 계속해 나가게 합니다. 시 56:12,13; 116:12 이 사실은 성경의 증언들과 성도들의 모범으로부터 증거되는 바입니다. 딛 2:11-14; 요일 3:3

13조. 이 확신은 무관심으로 인도하지 않습니다

이 새로워진 확신은 타락 후에 회복된 자들 안에서 방탕하거나 경건을 무시하게 하지 않고, 고후 7:10 오히려 더욱 주의하며 미리 예비하신 주님의 길을 분별하기를 힘쓰게 합니다. 엡 2:10 그래서 그 길을 따라 걸어 나감으로써 그들은 견인의 확신을 유지하게 됩니다. 따라서 그들이 하나님의 아버지 같은 선하심을 남용함으로 말미암아 이렇게 행하지 않으면, 이전에 화해하셨던 하나님께서 다시 그들에게서 당신님의 얼굴을 돌이키실 것입니다. 하나님이 얼굴을 비추심은 경건한 신자들에게는 생명보다 더 달콤하고 하나님이 얼굴을 돌리심은 죽음보다 더 비참합니다. 또한 그들은 영혼의 더 비참한 고통에 빠질 것입니다. 시 63:4; 사 64:7; 렘 33:5

14조. 방편의 사용이 포함됩니다

하나님께서 복음의 설교로 우리 안에서 이 은혜의 사역을 시작하기를 기뻐하신 것처럼, 하나님께서는 당신님의 말씀을 듣고 읽음으로, 말씀을 묵상함으로, 말씀의 권면과 위협과 약속으로, 그리고 성례의 사용으로 그 은혜의 사역을 유지하시고 계속하시고 완성하십니다. 신 6:20-25; 딤후 3:16,17; 행 2:42

15조. 이 교리는 사탄에게 미움을 받으나 교회에게 사랑을 받습니다

하나님께서는 이러한 참된 신자들과 성도들의 견인의 교리와 이 견인의 확신에 대한 교리를 당신님의 이름의 영광과 경건한 자들의 위로를 위하여 당신님의 말씀에 가장 풍성하게 계시해 주셨고 신자들의 마음속에 각인시켜 주십니다. 계 14:12 그러나 육신으로서는 이 교리를 이해할 수 없습니다. 이 교리는 사탄이 미워하고, 세상이 조롱하고, 무지하고 외식하는 자들이 남용하고, 그리고 이단자들이 공격하는 것입니다. 반면 그리스도의 신부는 항상 이 교리를 매우 아끼고 사랑해 왔으며 더할 나위 없이 소중한 가치를 가진 보화처럼 확고부동하게 이 교리를 방어해 왔습니다.엡 5:32 또한 어떤 계략도 통할 수 없고 어떤 힘도 이길 수 없는 하나님께서는 교회가 마지막까지 계속해서 그렇게 행하도록 붙드실 것입니다.시 33:10,11 오직 성부, 성자, 성령 하나님께만 존귀와 영광을 세세토록 돌릴지어다.벧전 5:10,11 아멘.

잘못들에 대한 반박

성도의 견인에 대한 참된 교리를 설명하고 난 후에 총회는 다음과 같은 잘못을 거부하고 있습니다.

1

잘못: 참된 신자들의 견인은 선택의 열매나 그리스도의 죽음으로 획득된 하나님의 선물이 아니라, 새 언약에서 사람이 자신의 소위 확정적인 선택과 칭의 이전에 자유의지를 통하여 성취하여야 하는 조건입니다.

반박: 성경은 선택으로부터 견인이 따라 나오며 그리스도의 죽음과

부활과 중보에 의해서 택자들에게 주어진다고 증거합니다. 택하심을 입은 자가 얻었고, 그 남은 자들은 완악하여졌느니라.롬 11:7 또한 자기 아들을 아끼지 아니하시고 우리 모든 사람을 위하여 내어 주신 이가 어찌 그 아들과 함께 모든 것을 우리에게 은사로 주지 아니하시겠느뇨? 누가 능히 하나님의 택하신 자들을 송사하리요. 의롭다 하신 이는 하나님이시니 누가 정죄하리요? 죽으실 뿐 아니라 다시 살아나신 이는 그리스도 예수시니 그는 하나님 우편에 계신 자요. 우리를 위하여 간구하시는 자시니라. 누가 우리를 그리스도의 사랑에서 끊으리요. 환난이나 곤고나 핍박이나 기근이나 적신이나 위험이나 칼이랴?롬 8:32-35

2

잘못: 하나님께서는 정말로 신자에게 견인할 충분한 힘을 제공하시며 만일 그가 자기 의무를 다하려고 하기만 한다면 그의 안에서 이 일을 계속하실 준비가 되어 있으십니다. 그러나 믿음 안에서 견인해 나아가는 데에 필요한 모든 것들과 또 하나님께서 신앙을 보존하시기 위해서 사용하실 모든 것들이 다 갖추어져 있다 할지라도 신자가 견인해 나갈 것이냐 아니냐 하는 것은 여전히 항상 인간 의지의 결단에 달려있습니다.

반박: 이 개념에는 철저하게 펠라기우스주의가 포함되어 있습니다.

이 개념은 사람들을 자유롭게 만들기를 원하지만, 사람들이 하나님의 영광의 탈취자가 되게 합니다. 이 개념은 복음의 일관된 가르침, 즉 모든 자랑할 이유를 제거하게 하고 이 유익에 관하여 모든 찬양을 오직 하나님의 은혜에만 돌리게 하는 가르침과 충돌합니다. 이 개념은 또한 사도의 증거와도 반대됩니다. 주께서 너희를 우리 주 예수 그리스도의 날에 책망할 것이 없는 자로 끝까지 견고케 하시리라. 고전 1:8

3

잘못: 참으로 중생한 신자도 은혜와 구원은 물론 의롭다함을 받는 믿음으로부터 완전히 끝까지 타락할 수 있을 뿐만 아니라 정말로 실제로 종종 타락하고 영원히 잃어버린 바 되기도 합니다.

반박: 이 견해는 그리스도에 의한 계속되는 견인은 물론 칭의와 중생의 은혜를 무효화시키고, 사도 바울이 다음과 같이 명백하게 말한 것과 반대됩니다. 우리가 아직 죄인 되었을 때에 그리스도께서 우리를 위하여 죽으심으로 하나님께서 우리에게 대한 자기의 사랑을 확증하셨느니라. 그러면 이제 우리가 그 피를 인하여 의롭다 하심을 얻었은즉 더욱 그로 말미암아 진노하심에서 구원을 얻을 것이니라. 롬 5:8,9 또한 사도 요한이 다음과 같이 말한 것과도 반대됩니다. 하나님께로서 난 자마다

죄를 짓지 아니하나니 이는 하나님의 씨가 그의 속에 거함이요. 저도 범죄치 못하는 것은 하나님께로서 났음이라. 요일 3:9 또한 예수님께서 다음과 같이 말씀하신 것과도 반대됩니다. 내가 저희에게 영생을 주노니 영원히 멸망치 아니할 터이요 또 저희를 내 손에서 빼앗을 자가 없느니라. 저희를 주신 내 아버지는 만유보다 크시매 아무도 아버지 손에서 빼앗을 수 없느니라. 요 10:28,29

4

잘못: 참으로 중생한 신자들도 다시 사망에 이르는 죄 즉 성령을 거스르는 죄를 지을 수 있습니다.

반박: 사도 요한은 요한일서 5장 16-17절에서 사망에 이르는 죄를 범한 자들에 대해 말하고 그들을 위하여 기도하는 것을 금지한 후에 즉시 다음과 같은 말씀을 추가합니다. 하나님께로서 난 자마다 범죄치 그런 사망에 이르는 종류의 죄를 짓지 아니하는 줄을 우리가 아노라. 하나님께로서 나신 자가 저를 지키시매 악한 자가 저를 만지지도 못하느니라. 요일 5:18

5

잘못: 특별한 계시가 없는 한, 우리는 이생에서 미래의 견인에 대한 확신을 가질 수 없습니다.

반박: 이 교리로 인해 이생에서 참된 신자들의 확실한 위로는 제거되고 교황의 추종자들이 가지는 의심들이 다시 교회 안으로 들어오게 됩니다. 그러나 성경은 이 확신을 특별하고 비범한 계시로부터가 아니라 하나님의 자녀에게 주어지는 참된 표지들과 하나님의 변치 않는 약속들로부터 이끌어냅니다. 그래서 특별히 사도 바울은 다른 아무 피조물이라도 우리를 우리 주 그리스도 예수 안에 있는 하나님의 사랑에서 끊을 수 없다고 선언했습니다. 롬 8:39 그리고 요한은 이렇게 기록합니다. 그의 계명들을 지키는 자는 주 안에 거하고 주는 저 안에 거하시나니 우리에게 주신 성령으로 말미암아 그가 우리 안에 거하시는 줄을 우리가 아느니라. 요일 3:24

6

잘못: 견인과 구원의 확신에 대한 교리는 그 본성과 특성에 있어 사람들에게 거짓된 안정을 불러일으키고 경건과 선한 양심과 기도와 기타 경건의 훈련에 방해가 됩니다. 반대로 의심하는 것은 칭찬할 만한 일입니다.

반박: 이 잘못은 하나님의 은혜의 효력 있는 능력과 우리 안에 거하시는 성령의 역사하심을 무시하는 것입니다. 이 잘못은 다음과 같이 분명한 말씀을 가지고 정반대로 가르친 사도 요한의 말을 부정하는 것입니다. 사랑하는 자들아, 우리가 지금은 하

나님의 자녀라 장래에 어떻게 될 것은 아직 나타나지 아니하였으나 그가 나타내심이 되면 우리가 그와 같을 줄을 아는 것은 그의 계신 그대로 볼 것을 인함이니 주를 향하여 이 소망을 가진 자마다 그의 깨끗하심과 같이 자기를 깨끗하게 하느니라.요일 3:2,3 게다가 이 잘못은 견인과 구원을 확신했음에도 불구하고 기도와 그 외에 경건한 삶을 지속했던 구약과 신약 성도들의 모범을 볼 때 반박될 수 있습니다.

7

잘못: 잠시 동안만 믿는 자들의 신앙은 그 기간에 관한 것을 제외하고는 의롭게 되고 구원받는 믿음과 다르지 않습니다.

반박: 마태복음 13장 20-23절과 누가복음 8장 13-15절에서 그리스도께서는 잠시 동안만 믿는 자들과 참된 믿음을 가진 사람들 사이에 이 기간에 관한 것 외에도 다른 점이 세 가지 더 있다는 것을 친히 분명히 지적하셨습니다. 그리스도께서는 선언하시기를, 전자는 바위 위에 있는 땅에 떨어진 씨이고 후자는 좋은 땅 혹은 좋은 마음에 떨어진 씨이며, 그래서 전자는 뿌리가 없고 후자는 뿌리가 확고하며, 전자는 아무 열매가 없고 후자는 끊임없이 확고부동하게 다양하게 (30배,60배, 100배라는) 열매를 맺는다고 선언하십니다.

8

잘못: 자신의 첫 번째 중생을 상실한 사람이 다시, 심지어 자주 새롭게 태어난다는 것은 불합리하지 않습니다.

반박: 이 교리는 우리를 다시 태어나게 하는 하나님의 씨가 영속적이라는 성격을 부인하고, 사도 베드로의 다음과 같은 증거를 반대하는 것입니다. 너희가 거듭난 것이 썩어질 씨로 된 것이 아니요. 썩지 아니할 씨로 된 것이니 하나님의 살아 있고 항상 있는 말씀으로 되었느니라. 벧전 1:23

9

잘못: 그리스도께서는 신자들의 믿음이 확실하게 지속되도록 어디에서도 기도하지 않으셨습니다.

반박: 이 주장은 그리스도께서 친히 내가 너시몬를 위하여 네 믿음이 떨어지지 않기를 기도하였노라고 말씀하신 것과 모순됩니다. 눅 22:32 이 주장은 또한 사도 요한이 요한복음 17장에서 그리스도께서 사도들을 위하여 기도하실 뿐만 아니라 그들의 말을 믿게 될 모든 자들을 위하여 기도하신다고 선언하신 말씀과도 모순됩니다. 거룩하신 아버지여, 내게 주신 아버지의 이름으로 저희를 보전하소서, 내가 비옵는 것은 저희를 세상에서 데려가시기를 위함이 아니요. 오직 악한 자에게 빠지지 않게 보전하시기를 위함이니이다. 요 17:11,15,20

결론

이 신경은 네덜란드 교회 안에서 논의된 다섯 조항에 관하여 정통교리를 명백하고 단순하며 간단명료하게 선언한 것이며, 동시에 한동안 교회들을 혼란하게 한 잘못들에 대한 반박이기도 합니다. 총회는 이 해설과 반박문을 정할 때 하나님의 말씀에서 그 근거를 가져왔으며 개혁교회의 신앙고백들과 일치되게 정하였습니다. 이로써 일부 사람들이 다음과 같은 말로 사람들을 설득시켜 모든 진리와 공평과 부족한 자에 대한 사랑에 대항하여 매우 부적절하게 행하였다는 사실이 명백해졌습니다.

- 예정과 그 관련 주제들에 대한 개혁교회의 교리는 그 교리의 성격과 경향으로 인해 사람들의 마음을 모든 경건과 신앙으로부터 떠나게 합니다.
- 이 개혁교회들의 교리는 마귀에 의해 지배당하는 육신을 위한 아편이요, 사탄의 요새입니다. 사탄은 이 요새에 숨어서 모든 사람들을 기다리며 많은 이들에게 해를 입히며, 절망과 거짓 안전이라는 화살로 많은 사람들을 치명적으로 관통시킵니다.
- 이 교리는 하나님을 죄의 조성자와 폭군과 위선자로 만드는 것이며 스토아 철학, 마니교, 자유주의, 마호메트교를 새롭게 고친 것에 불

과합니다.
- 이 교리는 죄악된 부주의함으로 인도합니다. 왜냐하면 이 교리는 사람들로 하여금 택자들이 어떻게 살든 간에 그들의 구원을 방해할 수 있는 것은 없다고 믿게 하여 결국 가장 흉악한 죄라도 아무렇지도 않게 범하게 할 것이기 때문입니다. 반면에 유기자들에 대하여는 심지어 그들이 성도로서의 모든 일을 행한다 해도 이 교리는 그들의 구원에 대해 아무것도 해 줄 수가 없습니다.
- 또한 이 교리는 하나님께서 어떠한 죄도 염두에 두지 않고 단지 자신의 뜻에 따라 임의적으로 행하심으로써 세상의 훨씬 많은 사람들이 영원한 정죄를 받도록 예정하시고 창조하셨다고 가르칩니다.
- 동일한 방식으로 선택은 믿음과 선행의 원천이고 이유이며, 유기는 불신앙과 불경건의 이유입니다.
- 신자들의 많은 흠 없는 자녀들이 엄마의 품에서 잡아채어져 무자비하게 지옥으로 던져지므로 그리스도의 피나 그들의 세례나 그들의 세례 때 드렸던 교회의 기도도 그들에게 아무런 도움이 안 됩니다.

그리고 개혁교회들이 고백하지 않을 뿐만 아니라 심지어 진정으로 혐오하기까지 하는 이런 종류의 가르침은 얼마든지 더 많이 있습니다.

그러므로 이 도르트 총회는 우리 구주 예수 그리스도를 경건하게 부르는 모든 자들에게 그들이 여기저기서 모은 비방을 가지고 개혁교회들의 신앙을 판단하지 않도록 주님의 이름으로 명령하였습니다. 또한 그들이 일부 고대나 현대 교사들의 개인적인 진술들을 종종 정직하지 못하게 인용하거나 문맥에서 떼어내서 본래의 의미와 어긋나게 해석함으로써 개혁교회의 신앙을 판단하지 않도록 명하였습니다. 개혁교회의 신앙은 이 교회들이 행하는 공적 신앙고백들과 전체 총회 회원이 만장일치로 정한 이 정통교리의 선언문 즉 도르트 신경을 가지고 판단해야 합니다. 또한 총회는 비방하는 자들에게, 그들이 수많은 교회의 신앙고백들에 대항하여 거짓증거를 하고 연약한 자들의 양심을 혼란스럽게 하며 참된 신자들의 공동체를 많은 의심에 빠뜨리려고 하기에 하나님의 엄한 심판이 그들을 기다리고 있다는 것을 생각하라고 그들에게 경고합니다.

마지막으로 총회는 그리스도의 복음 안에서 함께 섬기는 모든 사역자들에게 그들이 학교와 교회에서 이 교리를 다룰 때 하나님을 경외하며 경건한 방식으로 행하도록 권고합니다. 말과 기록된 글을 가지고 그 교리를 가르치면서, 그들은 하나님의 이름의 영광과 거룩한 삶과 괴로워하는 영혼에게 주어지는 위로를 추구해야 합니다. 그들이 이 교리에 대해 생각하고 말하는 것은 믿음의 유추에 따라 성경과 일치해야 합니다. 그리고 그들은 성경의 참된 의미의 정해진 한계를 넘어서서 뻔뻔스러운 궤변가들에게 개혁교회들의 교리를 공격하거나 심지어 조롱할 좋은 기회를 주는 모든 표현들을 삼가야 합니다.

아버지의 오른편에 좌정하시어 사람들에게 선물들을 주시는 하나님의 아들 예수 그리스도께서 우리를 진리 안에서 거룩하게 하시고, 오류를 범하는 자들을 진리로 인도하시며, 건전한 교리를 거짓으로 비방하는 자들을 침묵하게 만드시고 지혜와 분별의 영으로 말씀 사역자를 신실하게 무장시키시어, 그들이 말하는 모든 것이 하나님께 영광이 되고, 듣는 자들을 세워주는 것이 되기를 바라옵니다. 아멘.

보편신경

THE ECUMENICAL CREEDS

기독교회의 첫 세기에 기록된 세 문서는 벨직 신앙고백 9조에서 "우리가 기꺼이 받아들일 수 있는" 신경들로 지명되었습니다. 그 신경들은 사도신경, 니케아 신경, 아타나시우스 신경입니다. 이 신경들은 보편적_{일반적,우주적}이라고 불립니다. 왜냐하면 이 신경들은 기독교 세계의 거의 모든 교회들이 인정하고 받아들이기 때문입니다

사도신경

THE APOSTLES' CREED

이 신경은 '사도신경'이라고 부릅니다. 왜냐하면 사도들이 직접 기록했기 때문이 아니라 사도들의 가르침에 대한 간략한 요약이 포함되어 있기 때문입니다. 이 신경은 '최고의 단순성과 최상의 간결함과 아름다운 질서 가운데서 예배의식의 장엄함을 가진' 교리들로 구성되어 있습니다. 사도신경은 주후 약 400년경에 로마에서 사용했던 신경에 근거를 두고, 다음으로 그 신경에서 다시 200년을 거슬러 올라갑니다. 이 신경은 로마제국 서부에서 사용되었던 전형입니다.

Ⅰ. 1. 나는 전능하신 하나님 아버지,
　　　천지의 창조주를 믿습니다.
Ⅱ. 2. 나는 그분의 독생자
　　　우리 주 예수 그리스도를 믿습니다.
　　3. 그분은 성령으로 잉태되시어
　　　동정녀 마리아에게서 나시고
　　4. 본디오 빌라도 치하에서 고난받으시고,
　　　십자가에 못 박히시고, 죽으시고, 장사되셨습니다.
　　　그분은 음부에 내려가셨습니다.
　　5. 사흘 만에 그분은 죽은 사람들로부터 부활하셨습니다.
　　6. 그분은 하늘에 오르셔서,
　　　전능하신 하나님 아버지의 오른편에 앉아 계십니다.
　　7. 거기로부터 그분은 산 사람들과 죽은 사람들을
　　　심판하기 위해서 오실 것입니다.
Ⅲ. 8. 나는 성령을 믿습니다.
　　9. 나는 성도의 교제인
　　　거룩한 보편적 교회를 믿습니다.
　　10. 죄의 용서와
　　11. 몸의 부활과
　　12. 영원한 생명을 믿습니다. 아멘.

니케아 신경

THE NICENE CREED

니케아-콘스탄티노플 신경이라고도 부르는 니케아 신경은 확실한 이단들, 특별히 아리우스주의 Arianism를 반대하여 초대기독교회가 고백한 정통신앙의 진술입니다. 이런 이단들은 삼위일체와 그리스도의 인격에 대한 교리와 관계되고 니케아 공의회에서 논박되었습니다. 주후 325년 그러나 이 니케아 신경이 채택된 것은 니케아 공의회가 아니라 콘스탄티노플 공의회입니다. 주후 381년 이 공의회에서는 니케아 공의회의 여러 가지 결정들과 성령님에 관한 폭넓은 고백을 집어넣어 니케아 신경을 작성하였습니다. 니케아 신경은 로마제국의 동부에서 사용되었던 전형적인 신경입니다. 비록 한 가지 중요한 차이점이 있었을지라도 로마제국의 동방 교회와 서방 교회가 다 이 신경을 명예를 걸고 지지했습니다. 서방 교회는 성령님에 관한 항목을 "그분은 아버지와 아들로부터 나시었고"라고 하여 이 시대에 동방교회에서 거부한 "와 아들"Filioque라고 알려져 있음이란 구절을 포함시켰습니다.

우리는 한 하나님, 전능하신 아버지,
　　　　보이는 것과 보이지 않는 모든 것들을 창조하시고,
　　　　하늘과 땅을 창조하신 창조주를 믿습니다.
우리는 한 주님, 예수 그리스도,
　　　　만세 전에 아버지로부터 나신
　　　　하나님의 독생자를 믿습니다.
　　　　그분은 하나님으로부터 나신 하나님이시고
　　　　빛으로부터 나신 빛이시고
　　　　참 하나님으로부터 나신 참 하나님이시고
　　　　나시었고, 만들어지지 않으시었고,
　　　　아버지와 같은 본질을 가지시었고
　　　　그분으로 말미암아 만물이 창조되었습니다.
　　　　그분은 우리 인간들과 우리의 구원을 위하여,
　　　　하늘에서 내려오시어,
　　　　성령으로 동정녀 마리아를 통해 육신을 입어,
　　　　사람이 되시었음을 믿습니다.
　　　　그분은 본디오 빌라도 치하에서 우리를 위하여
　　　　십자가에 못 박히시고
　　　　고난을 받으시고, 장사되시고,
　　　　사흘 만에 성경대로 다시 살아나시고,
　　　　하늘에 오르시어, 아버지 오른편에 앉아 계십니다.

그분은 산 사람들과 죽은 사람들을 심판하시러
영광 중에 다시 오실 것이며,
그분의 나라는 영원할 것입니다.
우리는 주님이시며, 생명을 주시는 분이신
성령을 믿습니다.
그분은 아버지와 아들로부터 나오시고
아버지와 아들과 함께 예배와 영광을 받으시고
선지자들을 통하여 말씀하셨습니다.
우리는 하나의 거룩한 보편적이고
사도적인 교회를 믿습니다.
우리는 죄의 용서를 위한 한한번의 세례 세례를 인정합니다.
우리는 죽은 자들의 부활과,
오는 세상의 생명을 고대합니다. 아멘.

아타나시우스 신경

THE ATHANASIAN CREED

이 신경은 삼위일체 교리에 대한 아리우스의 공격과 싸운 정통 교회의 옹호자인 아타나시우스주후 293-373년의 이름을 따라 명명한 것입니다. 비록 아타나시우스가 이 신경을 기록하지 않아서 이 신경을 그의 이름으로 부르는 것이 옳지 않을지라도 17세기까지 이 신경이 일반적으로 그의 이름으로 불리었기 때문에 그 이름이 계속해서 유지되었습니다. 이 신경은 라틴어 원본의 첫 단어를 따라 "누구든지(Quicunque)"라고도 불리었습니다. 시작하는 문장과 끝맺는 문장을 제외하고 이 신경은 두 단락으로 구성되어 있고, 첫 단락은 정통 삼위일체 교리를 진술하고3-28, 두 번째 단락은 그리스도에 관한 교리, 특별히 그리스도의 두 본성에 대해 다룹니다29-41. 어거스틴주후 354-430의 가르침은 특별히 삼위일체 교리에 대한 단락의 배경을 형성하고, 칼세돈 공의회주후 451의 결정은 기독론적 단락의 배경을 형성합니다. 이 신경 그 자체는 6세기 초반부에 처음 나타났으나 그 저자는 알려지지 않았습니다. 이 신경은 원래 서방 교회의 것이고, 동방 교회들은 인정하지 않았습니다.

¹ 누구든지 구원을 받고자 하는 사람은 무엇보다도 먼저 보편적인 신앙을 확고히 가져야 합니다.
² 이 신앙을 손상됨 없이 완전히 지키지 않는 사람은 영원히 멸망 받을 것임에 틀림없습니다.
³ 이 보편적인 신앙이란 이런 것입니다. 우리는 삼위로 한 하나님이시고 일체로 삼위이신 하나님,
⁴ 삼위가 혼합되거나 본질이 분리됨이 없는 한 하나님을 예배합니다.
⁵ 왜냐하면 성부가 한 위로 계시고, 성자가 다른 위로 계시고, 성령이 또 다른 위로 계시기 때문입니다.
⁶ 그러나 성부와 성자와 성령의 신성은 하나이시며, 영광도 동일하며, 그 위엄도 함께 영원합니다.
⁷ 성부께서 그렇게, 성자께서도 그렇게 계시고, 성령께서도 그렇게 계십니다.
⁸ 성부께서도 창조함을 받지 않으셨고, 성자께서도 창조함을 받지 않으셨고, 성령께서도 창조함을 받지 않으셨습니다.
⁹ 성부께서도 측량할 수 없는 분이시고, 성자께서도 측량할 수 없는

분이시며, 성령께서도 측량할 수 없는 분이십니다.

[10] 성부께서도 영원하시고. 성자께서도 영원하시고, 성령께서도 영원하십니다.

[11] 그러나 세 영원하신 분이 아니고 한 영원하신 분이십니다.

[12] 또한 세 창조함을 받지 않으신 분이 아니시고 세 측량할 수 없는 분이 아니시고, 한 창조함을 받지 않으신 분이시고, 한 측량할 수 없는 분이십니다.

[13] 동일한 방식으로, 성부께서도 전능하시고, 성자께서도 전능하시고, 성령께서도 전능하십니다.

[14] 그러나 세 전능하신 분이 아니시고 한 전능하신 분이십니다.

[15] 이와 같이 성부께서도 하나님이시고, 성자께서도 하나님이시고, 성령께서도 하나님이십니다.

[16] 그러나 세 하나님이 아니시고 한 하나님이십니다.

[17] 이와 같이 또한 성부께서도 주님이시고, 성자께서도 주님이시며, 성령께서도 주님이십니다.

[18] 그러나 세 분의 주님이 아니시고 한 주님이십니다.

[19] 왜냐하면 기독교의 진리가 우리로 하여금 각 위가 각기 하나님이시요, 주님이심을 고백하도록 하는 것과 같이,

[20] 보편적인 신앙은 우리가 세 하나님이나 세 주님으로 말하는 것을 금하기 때문입니다.

[21] 성부께서는 그 무엇에서 만들어지지 않으셨으니, 곧 창조함을 받

지도 않으시고, 나지도 않으셨습니다.

²² 성자께서는 오직 아버지로부터만 계시고, 만들어지거나 창조되지도 않으셨고 나셨습니다.

²³ 성령께서는 성부와 성자로부터 계시고, 만들어지거나 창조되거나 나시지 않으셨고, 나오셨습니다.

²⁴ 그래서 한 성부이시지 세 성부가 아니시고, 한 성자이시지 세 성자가 아니시고, 한 성령이시지 세 성령이 아니십니다.

²⁵ 그리고 이 삼위 안에는 먼저 되시거나 나중 되신 분이 없으시고, 더 큰 자나 더 작은 자도 없으십니다.

²⁶ 그러나 삼위는 세 위가 영원히 서로 공존하시고, 동등하십니다.

²⁷ 이와 같이 앞에서 이미 말한 바와 같이 우리는 모든 것 가운데서 일체 안에서 삼위이시고 삼위 안에서 일체이신 하나님께 예배해야만 합니다.

²⁸ 따라서 구원을 받으려는 사람은 누구나 삼위일체에 대해 이렇게 생각해야 합니다.

²⁹ 그러나 또한 한 사람이 영원한 구원을 얻으려면 우리 주 예수 그리스도의 성육신을 믿어야 합니다.

³⁰ 이에 대한 참된 신앙은 우리가 우리 주 예수 그리스도, 하나님의 아들이 하나님이심과 동시에 사람이심을 믿고 고백하는 것입니다.

³¹ 그분은 시간 이전에 성부의 본질에서 나신 하나님이시며, 시간 안

에서 자기 어머니의 본질로부터 나신 분이십니다.

³² 그분은 완전한 하나님이시고, 인간의 영혼과 인간의 육신으로 이루어진 완전한 사람입니다.

³³ 그분은 그분의 신성에 관하여서는 성부와 동등하시고 그분의 인성에 관하여서는 성부보다 낮으십니다.

³⁴ 비록 그분이 하나님이요, 또한 인간이시지만 그럼에도 불구하고 두 분이 아니라 한 그리스도이십니다.

³⁵ 그러나 그분은 그분의 신성이 육신으로 변화됨으로 말미암아 한 분이 되신 것이 아니라 하나님 안으로 그분의 인성을 받아들이심으로 한 분이 되신 것입니다.

³⁶ 그분은 본질의 혼합을 통해서가 아니라 위격의 일치로 말미암아 완전한 한 분이십니다.

³⁷ 왜냐하면 영혼과 육신이 한 인간인 것처럼 하나님과 인간이 한 그리스도이시기 때문입니다.

³⁸ 그분은 우리의 구원을 위하여 고난받으셨고, 음부에 내려가시고, 사흗날에 죽은 사람들로부터 살아나시고,

³⁹ 하늘에 오르사 하나님 오른편에 앉아 계시다가

⁴⁰ 거기로부터 산 사람들과 죽은 사람들을 심판하기 위해서 오실 것입니다.

⁴¹ 그분이 오실 때 모든 사람들이 자기 몸과 함께 다시 일어나서

⁴² 자기 행위를 행한 대로 아뢸 것입니다.

⁴³ 그래서 선을 행한 자들은 영원한 생명으로 들어갈 것이나 악을 행한 자들은 영원한 불로 들어갈 것입니다.
⁴⁴ 이것은 보편 신앙입니다. 누구든지 이 신앙을 확고하고 신실하게 믿지 않으면, 그 사람은 구원을 받지 못하는 것입니다. 아멘.

Ⅱ 예전

1. 예전 예식서

2. 기도 모범서

예전

1. 예전 예식서

예배순서

유아세례 예식서

성인세례 예식서

공적신앙고백 예식서

주의 만찬기념 예식서

주의 만찬기념 요약 예식서

비수찬 회원 출교 예식서

수찬 회원 출교 예식서

그리스도의 교회로 재영입 예식서

말씀 사역자 임직(취임) 예식서

선교사 임직(취임) 예식서

장로와 집사 임직 예식서

혼인 서약 예식서

예배순서

ORDERS OF WORSHIP

예배 순서는 일반적으로 다음과 같다.

A

오전 예배를 위한 순서

1. 예배의 부름: 시 124:8
2. 평화의 인사: 고후 1:3 혹은 딤전 1:2 혹은 계 1:4, 5a
3. 교중의 찬송
4. 언약의 열 말씀(십계명), 출 20:2-17 혹은 신 5:6-21로부터
5. 교중의 찬송
6. 성경 봉독(설교와 관련된 하나 혹은 그 이상의 단락, 종종 찬송이 뒤따른다.)
(7. 세례의 시행)

8. 기도(죄의 공적 고백; 사죄, 새롭게 됨, 조명, 중보를 위한 기도)

9. 봉헌

10. 교중의 찬송

11. 본문 봉독

12. 말씀의 사역(종종 응답 찬송이 따라온다.)

13. 감사의 기도

(14. 성찬의 기념)

15. 폐회 찬송

16. 축복: 민 6:24-26, 고후 13:13(가끔 성경 봉독은 기도 뒤에 따라오기도 한다.)

오후 예배를 위한 순서

1. 예배의 부름: 시 124:8

2. 평화의 인사: 계 1:4,5a 혹은 고전 1:3 혹은 딤전 1:2

3. 교중의 찬송

4. 신앙고백:

    (a) 사도신경 혹은 니케아 신경(원한다면 다음에 찬송으로 불러도 된다.) 혹은

    (b) 교중이 사도신경을 노래로 부를 수도 있다.(찬송 1A 혹은 1B)

5. 성경 봉독(하이델베르크 교리문답 본문을 설명하기에 적절한 하나 혹은 그 이상의 단락, 종종 찬송이 따라온다.)

(6. 세례의 시행)

7. 기도(말씀을 여는 기도, 중보기도)

8. 봉헌

9. 교중의 찬송

10. 하이델베르크 교리문답 봉독(해설할 주일)

11. 말씀의 사역(종종 응답 찬송이 따라온다.)

12. 감사의 기도

(13. 주의 만찬의 기념)

14. 폐회 찬송

15. 축복: 고후 13:13 혹은 민 6:24-26(종종 성경 봉독은 기도 뒤에 온다. 주의 만찬은 종종 4번과 5번 사이에서 기념되기도 한다.)

B

오전 예배를 위한 순서

1. 예배의 부름: 시 124:8

2. 평화의 인사: 고후 1:3 혹은 딤전 1:2 혹은 계 1:4,5a

3. 교중의 찬송

4. 언약의 열 말씀(십계명), 출 20:2-17 혹은 신 5:6-21로부터

5. 교중의 찬송

6. 기도(죄의 공적 고백; 사죄, 새롭게 됨, 조명을 위한 기도)

7. 성경 봉독(설교와 관련된 하나 혹은 그 이상의 단락, 종종 찬송이 따라온다)

8. 본문 봉독

9. 말씀의 사역

10. 응답 찬송

(11. 세례의 시행)

12. 기도(감사, 교회의 모든 필요를 위한 기도)

13. 봉헌

(14. 성찬의 기념)

15. 폐회 찬송

16. 축복: 민 6:24-26, 고후 13:13(세례는 종종 5번과 6번 사이에서 시행되기도 한다.)

오후 예배를 위한 순서

1. 예배의 부름: 시 124:8

2. 평화의 인사: 계 1:4,5a 혹은 고전 1:3 혹은 딤전 1:2

3. 교중의 찬송

4. 기도(말씀을 여는 기도)

5. 성경 봉독(해설해야 하는 하이델베르크 교리문답의 부분에 적절한 하나 혹은 그 이상의 단락)

6. 하이델베르크 교리문답 봉독(해설해야 하는 주일)

7. 말씀의 사역

8. 신앙고백:

    (a) 사도신경 혹은 니케아 신경(원한다면 찬송으로 불러도 된다.) 혹은

(b) 교중이 사도신경을 노래로 부를 수도 있다. (찬송 1A 혹은 1B)
(9. 세례의 시행)
10. 기도 (감사와 중보)
11. 봉헌
(12. 성찬의 기념)
13. 폐회 찬송
14. 축복: 고후 13:13 혹은 민 6:24-26로부터 (세례와 성찬이 종종 3번과 4번 사이에서 시행되기도 한다. 유사하게 주의 만찬도 빈번하게 이 지점에서 기념되기도 한다.)

유아세례 예식서
FORM FOR THE BAPTISM OF INFANTS

세례의 교리

우리 주 예수 그리스도 안에서 사랑하는 성도 여러분!
거룩한 세례의 교리는 다음과 같이 요약할 수 있습니다.

첫째, 우리와 우리의 자녀들은 죄악 가운데 잉태되고 출생하였습니다.엡 2:3 그러므로 본성상 진노의 자녀이며 거듭나지 않으면 하나님의 나라에 들어갈 수 없습니다.요 3:3,5 이 사실은 물에 잠김 혹은 물을 뿌림이 우리에게 가르치는 것인데, 이것은 우리 영혼의 불결함을 나타냅니다. 그래서 우리는 자기 자신을 미워하며 하나님 앞에서 자신을 낮추고 우리의 정결함과 구원을 우리 밖에서 구해야 합니다.

둘째, 세례는 예수 그리스도를 통해 우리의 죄가 씻겼음을 우리에게 표하고 인印치는 것입니다. 그러므로 우리는 성부와 성자와 성령의 이름으로 세례를 받습니다.마 28:19

우리가 성부의 이름으로 세례를 받을 때, 성부 하나님께서는 우리와 영원한 은혜 언약을 맺으셨음을 표하고 인치십니다. 성부께서는 우리를 당신님의 자녀와 상속자로 삼으시고, 모든 선한 것을 제공해 주시고, 모든 악을 피하게 하시거나 혹은 우리의 유익으로 바꾸어 주실 것을 약속하십니다. 롬 8:28

우리가 성자의 이름으로 세례를 받을 때, 성자 하나님께서는 당신님의 피로써 우리의 모든 죄를 씻으시고 당신님의 죽으심과 부활에 연합시켜 주실 것을 약속하십니다. 롬 6:5 그리하여 우리는 죄로부터 해방을 받고 하나님 앞에서 의롭다고 여김을 받습니다.

우리가 성령의 이름으로 세례를 받을 때, 성령 하나님께서는 우리 안에 거하시며 우리를 그리스도의 살아 있는 지체로 만들어 주시고, 롬 8:5 우리가 최종적으로 거룩하고 흠이 없이 영원한 생명을 누리면서 택함받은 자들의 모임 가운데서 한 자리를 차지할 때까지 엡 5:27 그리스도 안에서 소유한 것, 즉 죄의 씻음과 날마다 우리 삶을 새롭게 하심을 주신다는 것을 이 성례로써 우리에게 확신하게 하십니다.

셋째, 모든 언약은 약속과 책임이라는 두 부분을 포함하고 있으므로, 우리는 세례를 통해 하나님께 새로운 순종을 하도록 부름을 받고 순종할 책임이 있습니다. 우리는 이 성부 성자 성령 한 하나님께 붙어 있어야 하며, 그분을 신뢰하고, 우리의 모든 마음과 목숨과 뜻과 힘을 다하여 사랑해야 합니다. 마 22:37 또한 우리는 세상을 사랑하지 않아야 하고, 우리의 옛 본성을 죽이며, 하나님을 경외하는 삶을 살아야 합니다.요일 2:15; 엡 4:22 우리가 때때로 연약함으로 인해 죄에 빠진다고 하더라도 우리는 하나님의 자비하심에 대해서 실망하거나 죄 가운데 계속 머물지 않아야 합니다.골 3:5 왜냐하면 세례는 우리가 하나님과 영원한 언약을 맺었다는 인이고 온전히 신뢰할 만한 증거이기 때문입니다.

비록 우리 자녀들이 이 모든 것을 이해하지 못한다고 하더라도 우리는 이 사실 때문에 우리 자녀들을 세례에서 배제시켜서는 안 됩니다. 마치 그들이 알지 못하면서도 아담이 받은 정죄에 참여하고 있듯이, 그들이 알지 못하면서도 그리스도 안에서 은혜로 받아들여졌습니다. 왜냐하면 여호와께서 모든 믿는 자의 조상인 아브라함에게, 또 우리와 우리 자녀들에게 이르시기를, 내가 내 언약을 나와 너와 네 대대 후손의 사이에 세워 영원한 언약을 삼고 너와 네 후손의 하나님이 되리라창 17:7고 말씀하셨기 때문입니다. 베드로도 이 약속은 너희와 너희 자녀와 모든 먼 데 사람, 곧 주 우리 하나님이 얼마든지 부르시는 자들에게 하신 것이라행 2:39고 말할 때 이 사실에 대해 증거하였습니다. 그러므로 하나님께서 옛 시대에는 유아들에게 할례를 베풀 것을 명령하셨습니다. 이 할례는 언약의 인이고 믿음의 의에 대한 인입니다.롬 4:13 또한 그리스도께서도 어린아이를 안으시고 손을 얹으시어 축복하셨습니다.막 10:16 이제 새 시대에는 세례가 할례를 대신하게 되었습니다. 그러므로 유아들도 하나님 나라와 하나님의 언약의 상속자로서 세례를 받아야 합니다.골 2:11 그리고 유아들이 자랐을 때 부모는 이 모든 사실을 가르쳐야 하는 의무가 있습니다.

우리가 하나님께 영광을 돌리기 위해서, 또 우리의 위로와 교회를 세우기 위한 것으로 이 하나님의 거룩한 성례를 시행하기 위해서 이제 하나님께 기도합시다.

세례받기 전 기도

전능하시고 영원하신 하나님, 당신님께서는 의로운 심판을 따라서 불신하며 회개하지 않는 세상을 홍수로 징벌하셨습니다. 그러나 크신 긍휼로 신자인 노아와 그의 가족들은 구원하시고 보존하셨습니다. 당신님께서는 강퍅한 바로와 그의 백성은 홍해에 수장水葬시키셨습니다. 그러나 당신님의 백성 이스라엘은 홍해 한가운데를 통과하는 마른 땅으로 인도하셨고 이것을 통하여 세례를 예표하게 하셨습니다.

그러므로 당신님께 기도하오니, 당신님께서 한없는 자비로 이 아이를 보시고 당신님의 성령으로 당신님의 아들 예수 그리스도 안으로 연합시켜 주시기를 바라옵니다. 그래서 이 아이가 세례를 통해 죽음으로 그리스도와 함께 장사되고 그리스도와 함께 부활하여 새 생명 가운데 행하게 하옵소서.

당신님께 기도하오니, 이 아이가 날마다 그리스도를 따름으로 자기의 십자가를 기쁘게 지고 참된 믿음과 확고한 소망과 열렬한 사랑으로 그리스도께 붙어살게 하옵소서. 당신님 안에서 위로를 받는 이 아이가 끝없는 죽음뿐인 이 세상의 삶을 버릴 수 있게 하시며 마지막 심판 날에 당신님의 아들이신 그리스도의 심판대 앞에 두려움 없이 설 수 있게 하옵소서.

이 모든 것을 당신님과 성령과 더불어 유일하신 한 하나님이시요, 영원토록 사시면서 다스리시는 당신님의 아들 우리 주 예수 그리스도의 이름으로 기도드립니다. 아멘.

부모에게 하는 문답

그리스도 주 안에서 사랑하는 여러분!

그대들은 세례가 하나님의 언약을 우리와 우리의 자녀들에게 인印 치기 위해서 여호와 우리 하나님께서 제정하신 것임을 들었습니다. 그러므로 우리는 이 성례를 그 목적으로만 사용하고 습관적으로나 미신적으로 행해서는 안 될 것입니다. 그대들이 세례를 올바른 목적으로 사용하기 바란다는 것을 이제 명백히 하려고 하니 그대들은 다음의 질문에 진지하게 대답해 주시기 바랍니다.

첫째, 그대들은 우리 자녀들이 죄악 중에 잉태되고 출생하여서 모든 비참함을 겪고 심지어 영원한 심판까지 받게 되었지만, 그리스도 안에서 거룩하여졌으며, 따라서 교회의 회원으로 세례를 받는 것이 마땅하다고 고백하십니까?

둘째, 그대들은 신앙고백들에 요약되어 있고 본 그리스도의 교회에서 가르치는 구약과 신약의 교리가 구원을 위한 참되고 완전한 교리라고 고백하십니까?

셋째, 그대들은 아버지와 어머니로서 이 아이가 이해할 수 있게 되자마자 이 아이에게 이 교리를 가르치며 또한 이 점에 있어서 최선을 다하여 이 아이가 가르침을 받도록 할 것을 약속하십니까?

이에 대한 그대들의 대답은 무엇입니까?

대답 예, 그렇게 하겠습니다. (부모 각자가 대답한다.)

세례

_____, (아이의 이름을 부르면서) 나는 그대에게 성부와 성자와 성령의 이름으로 세례를 주노라.

감사기도

전능하시고 자비로우신 하나님 아버지, 당신님께서 당신님의 사랑하시는 아들 예수 그리스도의 피를 통해 우리와 우리의 자녀들의 모든 죄를 용서하시고, 당신님의 성령을 통해 우리를 당신님의 독생자의 지체로 받아주시며 당신님의 자녀로 삼아주시고 이 사실을 거룩한 세례를 통해 인치시고 확정하여 주심을 감사하오며 찬양드립니다.

당신님의 사랑하는 아들을 통해 기도하오니 이 아이를 성령님을 통하여 항상 다스리시어 이 아이가 기독교 신앙과 하나님을 경외하는 가운데서 양육을 받게 하시고 주 예수 그리스도 안에서 자라고 강건하게 하옵소서. 당신님께서 이 아이와 우리 모두에게 보이셨던 하나님 아버지의 선하심과 자비하심을 이 아이가 깨닫고 고백하게 하시옵소서. 우리의 유일한 교사이시요, 왕이시며 대제사장이신 예수 그리스도의 다스림 하에서 이 아이가 순종하며 살게 하여 주시고 죄와 마귀와 그의 모든 통치에 대항하여 용감하게 싸우고 승리하게 하여 주옵소서. 그리하여 이 아이가 당신님과 당신님의 아들 예수 그리스도와 성령과 함께 오직 유일하시고 참되신 하나님만을 영원히 찬양하고 높이게 하옵소서. (예수 그리스도의 이름으로 기도드립니다.) 아멘.

성인成人세례 예식서
FORM FOR THE BAPTISM OF ADULTS

[유아 때에 세례를 받지 않았고 나중에 나이가 들어서 그리스도인의 세례를 받기 원한다고 자기 입장을 표명한 사람들은 먼저 기독교 교리의 본질에 대해 철저하게 배워야 한다. 장로들 앞에서 이 교리를 고백한 사람들은 자신의 신앙을 공적으로 고백하고 세례를 받을 것이다. 그런 사람들에게 세례를 베풀 때는 다음과 같은 예식서를 사용한다.]

세례의 교리

우리 주 예수 그리스도 안에서 사랑하는 성도 여러분!
거룩한 세례의 교리는 다음과 같이 요약할 수 있습니다.

첫째, 우리와 우리의 자녀들은 죄악 가운데 잉태되고 출생하였습니다.엡 2:3 그러므로 본성상 진노의 자녀이며 거듭나지 않으면 하나님의 나라에 들어갈 수 없습니다.요 3:3,5 이 사실은 물에 잠김, 혹은 물을 뿌림이 우리에게 가르치는 것인데, 이것은 우리 영혼의 불결함을 나타냅니다. 그래서 우리는 자기 자신을 미워하며 하나님 앞에서 자신을 낮추고 우리의 정결함과 구원을 우리 밖에서 구해야 합니다.

둘째, 세례는 예수 그리스도를 통해 우리의 죄가 씻겼음을 우리에게 표하고 인치는 것입니다. 그러므로 우리는 성부와 성자와 성령의 이름으로 세례를 받습니다.마 28:19

우리가 성부의 이름으로 세례를 받을 때, 성부 하나님께서는 우리와 영원한 은혜 언약을 맺으셨음을 표하고 인치십니다. 성부께서는 우리를 당신님의 자녀와 상속자로 삼으시고 모든 선한 것을 제공해 주시고 모든 악을 피하게 하시거나 혹은 우리의 유익으로 바꾸어 주실 것을 약속하셨습니다.롬 8:28

우리가 성자의 이름으로 세례를 받을 때, 성자 하나님께서는 당신님의 피로써 우리의 모든 죄를 씻으시고 당신님의 죽으심과 부활에 연합시켜 주실 것을 약속하십니다.롬 6:5 그리하여 우리는 죄로부터 해방을 받고 하나님 앞에서 의롭다고 여김을 받습니다.

우리가 성령의 이름으로 세례를 받을 때, 성령 하나님께서는 우리 안에 거하시며 우리를 그리스도의 살아 있는 지체로 만들어 주시고롬 8:5 우리가 최종적으로 거룩하고 흠이 없이 영원한 생명을 누리면서 택함받은 자들의 모임 가운데서 한 자리를 차지할 때까지엡 5:27 그리스도 안에서 소유한 것, 즉 죄의 씻음과 날마다 우리 삶을 새롭게 하심을 주신다는 것을 이 성례로써 우리에게 확신하게 하십니다.

셋째, 모든 언약은 약속과 책임이라는 두 부분을 포함하고 있으므로 우리는 세례를 통해 하나님께 새로운 순종을 하도록 부름을 받고 순종할 책임이 있습니다. 우리는 이 성부 성자 성령 한 하나님께 붙어 있어야 하며 그분을 신뢰하고 우리의 모든 마음과 목숨과 뜻과 힘을 다하여 사랑해야 합니다.마 22:37 또한 우리는 세상을 사랑하지 않고 우리의 옛 본성을 죽이며 하나님을 경외하는 삶을 살아야 합니다.요일 2:15, 엡 4:22 우리가 때때로 연약함으로 인해 죄에 빠진다 하더라도 우리는 하나님의 자비하심에 대해서 실망하거나 죄 가운데 계속 머물지 않아야 합니다.골 3:5 왜냐하면 세례는 우리가 하나님과 영원한 언약을 맺었다는 인이고 온전히 신뢰할 만한 증거이기 때문입니다.

비록 신자의 자녀들이 이런 사실을 이해할 수 없을지라도 그들은 언약으로 말미암아 세례를 받아야 합니다. 그러나 성인들은 자신의 죄를 깨닫고 회개하고 그리스도를 믿는 신앙을 고백하지 않으면 세례를 받을 수 없습니다. 이런 이유로 세례 요한은 하나님의 명령에 따라 죄 사함을 받게 하는 회개의 세례를 전파했고,막 1:4,5; 눅 3:3 자기 죄를 고백하는 사람만이 세례를 받았습니다. 또한 우리 주 예수 그리스도께서도 제자들에게 가서 모든 족속으로 제자를 삼아 아버지와 아들과 성령의 이름으로 세례를 주라고 명령하셨고,마 28:19 믿고 세례를 받는 사람은 구원을 얻을 것이요막 16:16라는 약속을 덧붙이셨습니다.

이 규칙에 따라 사도들은 회개하고 신앙을 고백하는 성인들에게만 세례를 베풀었습니다.행 2;38; 행 8:36,37; 행 10:47,48; 행 16:14,15; 행 16:31-33 그러므로 오늘날도 복음 설교와 가르침으로 말미암아 거룩한 세례의 영광스러운 내용을 이해하도록 배우고, 자기의 믿음을 개인적인 신앙고백으로 말할 수 있는 성인들만이 세례를 받을 수 있습니다.

우리가 하나님께 영광을 돌리기 위해서, 우리의 위로와 교회를 세우기 위한 것으로 이 하나님의 거룩한 성례를 시행하기 위해서 이제 하나님께 기도합시다.

세례 받기 전 기도

전능하시고 영원하신 하나님, 당신님께서는 의로운 심판을 따라서 불신하며 회개하지 않는 세상을 홍수로 징벌하셨습니다. 그러나 크신 긍휼로 신자인 노아와 그의 가족들은 구원하시고 보존하셨습니다. 당신님께서는 강퍅한 바로와 그의 백성은 홍해에 수장시키셨습니다. 그러나 당신님의 백성 이스라엘은 홍해 한가운데를 통과하는 마른 땅으로 인도하셨고 이것을 통하여 세례가 예표가 되게 하셨습니다.

그러므로 당신님께 기도하오니, 당신님께서 한없는 자비로 이 아이를 보시고 당신님의 성령으로 당신님의 아들 예수 그리스도 안으로 연합시켜 주시기를 바라옵니다. 그래서 이 아이가 세례를 통해 죽음으로 그리스도와 함께 장사되고 그리스도와 함께 부활하여 새 생명 가운데 행하게 하옵소서.

당신님께 기도하오니 이 형제(자매)가 날마다 그리스도를 따름으로 자기의 십자가를 기쁘게 지고 참된 믿음과 확고한 소망과 열렬한 사랑으로 그리스도께 붙어살게 하옵소서. 당신님 안에서 위로를 받는 이 형제(자매)가 끝없는 죽음뿐인 이 세상의 삶을 버릴 수 있게 하시며 마지막 심판 날에 당신님의 아들이신 그리스도의 심판대 앞에 두려움 없이 설 수 있게 하옵소서.

이 모든 것을 당신님과 성령과 더불어 유일하신 한 하나님이시요, 영원토록 사시면서 다스리시는 당신님의 아들 우리 주 예수 그리스도의 이름으로 기도드립니다. 아멘.

공적 신앙고백

사랑하는 형제(자매), 그대는 하나님의 교회에 연합한 것에 대한 인으로서 거룩한 세례를 받기를 원했습니다. 그대는 우리를 통하여 기독교 신앙으로 교육을 받았고 장로들 앞에서 그 신앙을 고백했습니다. 그대가 기독교 교리를 받아들일 뿐만 아니라, 하나님의 은혜로 그 교리에 따라 살려고 결심했음이 모든 사람에게 명백하게 나타났습니다. 그러므로 우리는 하나님과 하나님의 교회 앞에서 그대에게 다음과 같은 질문들에 진지하게 답할 것을 요구합니다.

첫째, 그대는 하늘과 땅과 그 가운데 모든 것을 무에서 창조하셨고 여전히 보존하시고 다스리시며, 당신님의 거룩한 뜻이 없이는 아무 일도 일어나지 않게 하시는 성부 · 성자 · 성령 삼위로 구별되시는 하나이시고 유일하신 참 하나님을 믿습니까?

둘째, 그대는 죄악 가운데 잉태되고 태어나서 본성상 진노의 자녀이므로 전적으로 어떤 선도 행할 수 없고 온갖 악만 행하는 성향이 있다는 것을 믿으십니까? 그대는 자신이 생각과 말과 행동으로 하나님의 계명을 자주 어긴다고 고백하며 이러한 죄를 진정으로 회개하십니까?

셋째, 그대는 참되고 영원하신 하나님이시고 동정녀 마리아로부터 인성을 취하신 참사람이신 예수 그리스도를 하나님께서 그대의 구주로 주셨음을 믿으십니까? 그리스도를 믿는 그대는 그리스도의 피로 용서를 받았고 성령의 능력으로 예수 그리스도와 그리스도의 교회의 지체가 되었음을 고백하십니까?

넷째, 그대는 신앙고백서들에 요약되어 있고 본 교회 안에서 가르치는 하나님의 말씀의 교리에 진심으로 동의하십니까? 그대는 생명이 다하는 날까지 이 교리를 확고하게 계속 붙들고 이 교리와 일치하지 않는 모든 이단들과 그릇된 생각들을 거부할 것을 약속하십니까? 그대는 이 그리스도의 교회의 교제 안에서 인내하며 부지런히 하나님의 말씀을 듣고 성례를 사용할 것을 약속하십니까?

다섯째, 그대는 그리스도와 그리스도의 교회의 지체로서 합당하게 항상 그리스도인의 삶을 살아가고 세상과 세상의 악한 정욕을 사랑하지 않을 것을 굳게 결심하십니까? 하나님께서 은혜롭게 그런 일을 막아주시기를 바라지만, 그대가 교리나 행위에 있어서나 악행을 저지르게 되는 일이 있으면, 그대는 그리스도인의 권면과 교회의 권징勸懲에 기꺼이 복종할 것을 약속하십니까?

_____, 이에 대한 그대의 대답은 무엇입니까?
대답 예, 그렇게 하겠습니다.

우리의 자비로우신 하나님께서 우리 주 예수 그리스도를 통해 이 거룩한 뜻을 이루기 위해서 그대에게 은혜와 복을 주시기를 바랍니다. 아멘.

세례
_____, 나는 그대에게 성부와 성자와 성령의 이름으로 세례를 주노라.

감사기도

전능하시고 자비로우신 하나님 아버지, 당신님께서 당신님의 사랑하시는 아들 예수 그리스도의 피를 통해 우리와 우리의 자녀들의 모든 죄를 용서하시고, 당신님의 성령을 통해 우리를 당신님의 독생자의 지체로 받아주시며, 당신님의 자녀로 삼아주시고, 이 사실을 거룩한 세례를 통해 인치시고 확정하여 주심을 감사하오며 찬양드립니다.

당신님의 사랑하는 아들을 통해 기도하오니, 이 형제(자매)를 성령님을 통해 항상 다스리시어 이 형제(자매)가 참된 그리스도인으로 살게 하시고 경건한 생활을 하며 주 예수 그리스도 안에서 자라게 하옵소서. 당신님께서 이 형제(자매)와 우리 모두에게 보이셨던 하나님 아버지의 선하심과 자비하심을 이 형제(자매)가 인정하게 하옵소서. 우리의 유일한 교사이시요, 왕이시요, 대제사장이신 예수 그리스도의 다스림 하에서 이 형제(자매)가 순종하며 살게 하시며, 죄와 마귀와 그의 모든 통치에 대항하여 용감하게 싸우고 승리하게 하여 주옵소서. 그리하여 이 형제(자매)가 당신님과 당신님의 아들 예수 그리스도와 성령과 함께 오직 유일하시고 참되신 하나님만을 영원히 찬양하고 높이게 하옵소서. (예수 그리스도의 이름으로 기도드립니다.) 아멘.

공적 公的 신앙고백 예식서
FORM FOR THE PUBLIC PROFESSION OF FAITH

선언
우리 주 예수 그리스도 안에서 사랑하는 성도 여러분!
우리는 우리를 당신님의 자녀로 삼아주시고 당신님의 언약 안으로 받아들여주심으로 우리에게 보여주신 그 은혜에 대해 우리 주 하나님께 감사드립니다. 우리는 하나님의 사랑과 능력에 감사드립니다. 하나님께서는 그 사랑과 능력으로 당신님의 자녀가 성찬에 참여함을 허락받기 위하여 당신님의 거룩한 교회 앞에서 당신님을 믿는 신앙을 공적으로 고백할 마음을 갖게 해 주셨습니다.

신앙고백
그대가 하나님과 하나님의 거룩한 교회 앞에서 이 신앙고백을 하고 그 결과로써 성찬에 참여함을 허락받기 위해 지금 여기 이 자리에 나아왔음으로 우리는 그대에게 다음과 같은 질문들에 진지하게 답할 것을 요구합니다.

첫째, 그대는 신앙고백서들에 요약되어 있고 이 그리스도의 교회에서 가르치는 하나님의 말씀의 교리를 전심전력을 다하여 믿습니까? 그대는 사나 죽으나 하나님의 은혜로 이 교리 안에 확고하게 계속해서 거하며 하나님의 말씀과 충돌되는 모든 이단과 잘못들을 거부할 것을 약속하십니까?

둘째, 그대는 세례 받을 때 그대에게 표하고 인쳐 주신 하나님의 언약의 약속들을 인정하십니까? 그대는 자신의 죄 때문에 진실로 자신을 미워하고 하나님 앞에서 자신을 낮추며 그대의 생명을 그대 밖에 있는 예수 그리스도 안에서만 찾으시겠습니까?

셋째, 그대는 주 하나님을 사랑하고 하나님의 말씀에 따라 하나님을 섬기고 세상을 버리고 그대의 옛 본성을 십자가에 못 박겠다는 것이 그대의 진정한 바람이라고 선언하십니까?

넷째, 그대는 그리스도의 교회의 살아있는 지체肢體로서 주님을 섬기는 일에 그대의 전체 삶을 헌신하기로 확고하게 결심하십니까? 은혜로우신 하나님께서 그런 일을 막아주시기를 바라지만, 만일 그대가 교리나 행위에 있어서 악행을 저지르게 되는 일이 있으면, 그대는 교회의 권면과 권징에 기꺼이 복종할 것을 약속하십니까?

_____, 이에 대한 그대의 대답은 무엇입니까?
대답 예, 그렇게 하겠습니다.

모든 은혜의 하나님, 곧 그리스도 안에서 너희를 부르사 자기의 영원한 영광에 들어가게 하신 이가 잠깐 고난을 받은 너희를 친히 온전케 하시며 굳게 하시며 강하게 하시며 터를 견고케 하시리라. 권력이 세세 무궁토록 그에게 있을지어다. 아멘. 벧전 5:10-11.

주의 만찬 기념 예식서

FORM FOR THE CELEBRATION OF THE LORD'S SUPPER

제정의 말씀

우리 주 예수 그리스도 안에서 사랑하는 성도 여러분!
성찬은 우리 주 예수 그리스도께서 제정하셨습니다. 사도 바울이 고린도전서 11장 23-29절에서 기록하고 있는 성찬 제정의 말씀을 들읍시다. 내가 너희에게 전한 것은 주께 받은 것이니, 곧 주 예수께서 잡히시던 밤에 떡을 가지사 축사하시고 떼어 가라사대 이것은 너희를 위하는 내 몸이니 이것을 행하여 나를 기념하라 하시고, 식후에 또한 이와 같이 잔을 가지고 가라사대 이 잔은 내 피로 세운 새 언약이니 이것을 행하여 마실 때마다 나를 기념하라 하셨으니, 너희가 이 떡을 먹으며 이 잔을 마실 때마다 주의 죽으심을 오실 때까지 전하는 것이니라. 그러므로 누구든지 주의 떡이나 잔을 합당치 않게 먹고 마시는 자는 주의 몸과 피를 범하는 죄가 있느니라. 사람이 자기를 살피고 그 후에야 이 떡을 먹고 이 잔을 마실지니 주의 몸을 분

변치 못하고 먹고 마시는 자는 자기의 죄를 먹고 마시는 것이니라.

우리는 이제 우리의 위로를 위한 주의 성찬을 기념하기 위해 먼저 우리 자신을 올바르게 살펴야 합니다. 다음으로 우리는 성찬을 주 그리스도께서 의도하셨던 대로, 곧 당신님을 기념하기 위하여 사용해야 합니다.

자기를 살핌

참된 자기를 살핌에는 다음 세 요소가 포함되어 있습니다.

첫째로, 우리 모든 사람은 자신의 죄와 저주받음을 생각하면서 자신을 미워하고 하나님 앞에서 자신을 낮추어야 합니다. 왜냐하면 죄에 대한 하나님의 진노가 너무나 엄청나서 하나님께서는 그 죄를 처벌하지 않은 상태로 두지 않으시고, 당신님의 사랑하는 아들 예수 그리스도께서 고통스럽고 수치스러운 십자가의 죽음으로 대신 이 형벌을 받게 하셨기 때문입니다.

둘째로, 우리 모든 사람은 자신의 모든 죄가 오직 예수 그리스도의 고난과 죽음 때문에 용서받았고, 그리스도의 완전한 의가 마치 자신이 스스로 모든 의를 다 이룬 것처럼 자신의 것으로서 값없이 주어졌다는 하나님의 확실한 약속을 믿는지 자기 마음을 살펴보아야 합니다.

셋째로, 우리 모든 사람은 전 생애 동안 하나님께 참으로 감사하며 모든 적대감과 시기와 질투를 벗어버리고 이웃과 참된 사랑과 일치 가운데 사는 것이 진정한 바람인지 자기 양심을 살펴보아야 합니다.

초청과 권면

하나님께서는 이렇게 살피는 모든 이들을 확실히 은혜로 받아주실 것이며 우리 주 예수 그리스도의 만찬에 참여하기에 합당한 자로 여기실 것입니다.

그러나 마음에 이런 증거를 생각하지 않는 자들은 자신에게 임하는 심판을 먹고 마시는 것입니다. 그러므로 그리스도와 사도 바울의 명령을 따라서 우리는 다음과 같은 부끄러운 죄를 범하고 있음을 스스로 아는 자들에게 주님의 상에 참여하지 말 것을 권하며 그들이 그리스도의 나라에 차지할 자리가 없음을 선언합니다. 고전 6:9,10. (그 죄인들은 다음과 같은 자들입니다.) 오직 주님만을 의뢰하기를 거부하는 모든 자들, 혹은 자기 자신의 방식대로 주님을 섬기는 모든 자들, 저주하거나 혹은 다른 방식으로 주님의 이름을 잘못 사용하는 모든 자들, 예배에 부지런히 참석하지 않으며 하나님의 말씀의 선포와 성례의 거룩성을 경멸하는 모든 자들, 자기 부모나 자기 위에 다른 권위를 가진 이들에게 불순종하는 모든 자들, 인간의 생명을 위협하거나 이웃에게 미움을 품고 화해를 거부하는 모든 자들, 거룩한 혼인 생활에서든 독신생활에서든 자기의 몸을 순결하게 지키지 않는 모든 자들, 도적질이나 탐욕이나 사치함으로 세상의 삶을 영위하는 모든 자들,

모든 거짓말하는 자들과 험담을 일삼는 자들과 남을 비방하는 자들, 곧 부끄러운 생활을 함으로써 말과 행위에서 믿지 않음을 스스로 드러내는 모든 사람들입니다. 이들이 자기 죄를 고집하는 한, 이들은 그리스도께서 신자들만을 위하여 제정하신 이 음식을 먹지 않아야 합니다. 그렇지 않으면 그들에 대한 심판과 정죄는 더 무거워질 것입니다.

그러나 사랑하는 형제자매 여러분! 이 모든 죄인의 목록들은 단 하나의 죄도 없는 자만이 주님의 성찬에 나아갈 수 있는 것처럼 상하고 통회痛悔하는 마음을 가진 자들을 낙담시키기 위해서 제시된 것은 아닙니다. 시 51:17 왜냐하면 우리는 스스로 완전하며 의롭다는 것을 선언하려고 이 만찬에 나아가지 않아야 하기 때문입니다. 도리어 우리는 우리의 생명을 우리 밖에 있는 예수 그리스도 안에서 찾습니다. 그렇게 함으로 우리는 스스로 죽은 상태에 있다는 것을 인정합니다. 우리는 또한 죄와 부족이 많이 있음을 깨닫습니다. 우리의 신앙은 완전하지 않으며, 우리는 하나님이 요구하신 열심대로 하나님을 섬기지 않습니다. 우리는 날마다 믿음의 연약함과 육신의 악한 정욕과 더불어 투쟁해야 합니다. 그러나 우리는 성령의 은혜로 이 부족들을 진정으로 슬퍼하고 우리의 불신앙에 대항하여 싸우며 하나님의 모든 계명에 따라 살기를 원합니다. 그러므로 우리는 우리의 뜻을 거슬러 우리 속에 여전히 남아있는 어떤 죄나 연약함도 우리가 은혜로 하나님께 받아들여짐과 이 하늘의 양식과 음료에 합당하게 참여하게 하신 것으로부터 우리를 막을 수 없다고 굳게 확신할 수 있습니다.

그리스도를 기념함

이제 우리는 주께서 당신님의 만찬을 제정하신 목적, 곧 우리가 당신님을 기념하는 데 당신님의 만찬을 사용해야 함을 생각해 봅시다. 우리는 다음과 같은 방식으로 그리스도를 기념해야 합니다.

먼저, 주 예수 그리스도께서 구약에서 조상들에게 처음부터 주신 약속에 따라 이 세상으로 아버지의 보내심을 받았으며 우리의 살과 피를 입으셨음을 전적으로 신뢰합시다.

그리스도께서는 땅 위에 성육신하신 처음부터 마지막까지 우리가 영원토록 멸망 받을 수밖에 없는 하나님의 진노를 우리를 대신하여 짊어지셨습니다. 그분은 완전한 순종으로 우리를 위하여 하나님의 율법의 모든 의를 이루셨습니다. 그분은 특별히 우리의 죄와 하나님의 진노의 무게가 당신님을 짓눌러서 겟세마네 동산에서 피땀을 흘리게 할 때에도 그것을 이루셨습니다. 눅 22:44 그곳에서 우리를 우리 죄로부터 자유롭게 하시려고 그분은 자신을 묶이게 하셨습니다. 우리가 결코 수치를 당하지 않게 하려고 그분은 말할 수 없는 모욕을 당하셨습니다. 우리가 하나님의 심판대에서 무죄 선언을 받도록 하려고 그분은 무죄하게 죽음의 정죄를 당하셨습니다. 우리의 죄 때문에 우리를 거슬러 고소하는 증서를 없애기 위하여 심지어 그분은 당신님의 복된 몸이 십자가에 못 박히는 것을 허락하셨습니다.골 2:14 이 모든 일로써 그분은 우리에게 당신님의 복으로 채워주기 위해서 우리가 받아야 할 저주를 친히 담당하셨습니다. 그분은 십자가 위에서 가장 깊은 수치와 지옥의 고통에 이르도록 몸과 영혼을 낮추셨습니다.갈 3:13,14 그때 그분이 나의 하나님! 나의 하나님! 어찌하여 나를 버리시나이까마 27:46하고 외치심으로 우리는 하나님께 받아들여지고 결코 버림을 받지 않게 하셨습니다. 마지막으로 그분은 죽음과 피흘림으로써 다 이루었다요 19:30고 말씀하실 때 새롭고 영원한 언약, 곧 은혜 언약을 확정하셨습니다.

보증

주 예수 그리스도께서는 우리가 이 은혜 언약에 속했다는 것을 확실하게 믿게 하시려고 마지막 유월절 기간에 성찬을 제정하셨습니다. 그리스도께서는 당신님을 기념하도록 하려고 떡과 잔을 제자들에게 나누어 주시고 선언하여 이르기를, 너희가 이 떡을 먹고 이 잔을 마실 때마다 너희는 나의 진심에서 우러나온 너희를 향한 사랑과 신실함을 기억하고 확신하라. 이는 내가 너희를 위하여 나의 몸을 주고 나의 피를 흘렸다는 든든한 보증이 된다. 만약 그렇게 하지 않았다면 너희는 영원한 죽음을 당할 수밖에 없었을 것이다. 너희 앞에서 떡이 부서지고 잔이 주어지며 또 너희가 나를 기념하여 이 떡을 먹고 이 잔을 마시는 것이 확실한 것처럼 나는 확실히 십자가에 달렸던 나의 몸과 십자가에서 흘렸던 피로써 너희의 주리고 목마른 영혼들이 영원한 생명을 얻도록 먹이고 활력을 주노라.라고 하셨습니다. 눅 22:19,20

우리 주 예수 그리스도의 성찬 제정에서 우리는 주님께서 우리의 믿음과 신뢰를 단번에 십자가에서 드린 당신님의 완전한 희생제사로 돌리게 하셨음을 배웁니다. 히 9:12 당신님의 완전한 희생제사는 우리 구원의 유일한 근거입니다. 그것에 의해서 예수 그리스도께서는 우리의 주리고 목마른 영혼에게 영원한 생명의 참된 음식과 음료가 되셨습니다. 예수 그리스도께서는 당신님의 죽음을 통하여 영원한 주림과 비참의 원인인 죄를 없이 하셨고, 우리를 위하여 생명을 주시는 성령을 획득하셨습니다. 행 2:33 머리이신 그리스도 안에 그리고 지체들인 우리 안에 거하시는 성령님에 의해, 우리는 그리스도와 참된 교제를 하며 그리스도의 모든 부요하심과 영원한 생명과 의와 영광에 참여합니다. 롬 8:11

교제

동일한 성령으로 또한 우리는 한 몸의 지체들로서 참된 형제 사랑으로 연합되었습니다. 왜냐하면 사도 바울이 떡이 하나요. 많은 우리가 한 몸이니 이는 우리가 다 한 떡에 참예함이니라 고전 10:17고 말하기 때문입니다. 하나의 떡이 많은 낱알로 구워지고, 한 포도주가 많은 포도알이 으깨져서 되는 것처럼 믿음으로 그리스도 안에 연합된 우리 모두는 함께 한 몸이 되었습니다. 우리를 먼저 이처럼 지극히 사랑하신 그리스도 때문에 이제 우리는 서로 사랑해야 하며 이를 단지 말뿐만 아니라 행동으로 서로에게 나타내 보여야 할 것입니다.요일 4:10,11,19

그리스도의 오심을 기다림

마지막으로, 그리스도께서는 당신님이 오실 때까지 성찬을 기념하라고 우리에게 명령하셨습니다. 우리는 그리스도의 상에서 그리스도께서 약속하신 풍성한 기쁨을 미리 맛보며, 어린 양의 혼인 잔치를 고대합니다. 그때 그리스도께서는 당신님의 아버지의 나라에서 우리와 함께 포도주를 새로 마실 것입니다.막 14:25 기뻐하고 영광을 그분께 돌립시다. 왜냐하면 어린 양의 혼인 잔치가 다가오고 있기 때문입니다!계 19:7

    전능하신 하늘의 하나님, 우리 주 예수 그리스도의 아버지 하나님께서 성령님을 통하여 이 성찬상에서 우리를 도우시기를 원하옵니다. 아멘.

    이 모든 것을 받기 위해 우리가 참된 믿음으로 하나님 앞에서 우리 자신을 낮추면서 기도합시다.

기도

자비로우신 하나님 아버지, 우리는 이 성찬으로 당신님께서 사랑하시는 아들 예수 그리스도의 고통의 죽음을 근엄하게 기념하게 하심을 감사드립니다. 성령을 통하여 우리 마음에 역사(役事)하셔서 우리가 더욱 더 당신님의 아들 예수 그리스도를 신뢰하게 하옵소서. 그리하여 우리의 통회하는 마음이 예수 그리스도의 참된 몸과 피, 곧 유일하신 하늘의 양식이신 그분으로 먹여 주시옵소서. 그리하여 우리가 죄 가운데 살지 않고 그리스도께서 우리 안에, 우리가 그리스도 안에 살게 하시옵소서.

우리가 새롭고 영원한 언약, 은혜 언약의 참여자가 되게 하사 당신님께서 우리의 영원토록 은혜로우신 아버지이시며 우리의 죄를 결코 우리에게 전가하지 않으시고 당신님의 사랑 받는 자녀들이요 상속자들인 우리에게 몸과 영혼에 필요한 모든 것들로 채워주실 것을 믿어 의심치 않게 하옵소서.

또한 당신님의 은혜를 우리에게 내려 주셔서 우리가 우리 십자가를 즐겁게 지며 자신을 부인하고 우리 구주를 고백하게 하옵소서. 우리가 모든 고통 가운데서도 우리의 낮은 몸을 당신님의 영광스러운 몸과 같이 변하게 하시어 영원히 당신님 곁에 두시려고 하늘로부터 오실 우리 주 예수 그리스도를 기다리게 하옵소서.

우리 주 예수 그리스도의 이름으로 기도드립니다. 아멘.

(혹은: …우리에게 기도를 가르쳐 주신 예수 그리스도의 기도로 이렇게 기도합니다.)

하늘에 계신 우리 아버지여,

이름이 거룩히 여김을 받으시오며,

나라가 임하옵시며,

뜻이 하늘에서 이루어진 것같이 땅에서도 이루어지이다.

오늘날 우리에게 일용할 양식을 주옵시고,

우리가 우리에게 죄 지은 자를 사하여 준 것같이 우리 죄를 사하여 주옵시고,

우리를 시험에 들게 하지 마옵시고 다만 악에서 구하옵소서.

나라와 권세와 영광이 아버지께 영원히 있사옵나이다. 아멘.

신앙고백

이제 우리가 우리의 보편적이고 확실한 기독교 신앙을 고백합시다.

(목사가 혼자서나 혹은 모든 성도들이 함께 사도신경을 암송하거나 혹은 모든 성도들이 함께 사도신경을 찬송할 수도 있다.)

Ⅰ. 1. 나는 전능하신 하나님 아버지,
　　　천지의 창조주를 믿습니다.

Ⅱ. 2. 나는 그분의 독생자
　　　우리 주 예수 그리스도를 믿습니다.

　　3. 그분은 성령으로 잉태되시어
　　　동정녀 마리아에게서 나시고

　　4. 본디오 빌라도 치하에서 고난받으시고,
　　　십자가에 못 박히시고, 죽으시고, 장사되셨습니다.

그분은 음부에 내려가셨습니다.
5. 사흘 만에 그분은 죽은 사람들로부터 부활하셨습니다.
6. 그분은 하늘에 오르셔서,
전능하신 하나님 아버지의 오른편에 앉아 계십니다.
7. 거기로부터 그분은 산 사람들과 죽은 사람들을
심판하기 위해서 오실 것입니다.
Ⅲ. 8. 나는 성령을 믿습니다.
9. 나는 성도의 교제인
거룩한 보편적 교회를 믿습니다.
10. 죄의 용서와
11. 몸의 부활과
12. 영원한 생명을 믿습니다. 아멘.

권고

사랑하는 형제자매 여러분! 이제 우리가 참된 하늘의 떡인 그리스도로 살 힘을 얻기 위해, 우리는 떡과 포도주라는 외적인 표에만 우리 마음을 집착하지 말고 우리를 변호하시는 예수 그리스도께서 당신님의 하늘 아버지 오른편에 계신 하늘로 우리의 마음을 높이 들어 올립시다. 롬 8:34 우리가 그리스도를 기념하면서 거룩한 떡과 거룩한 음료를 받는 것이 참된 것처럼, 성령의 사역을 통하여 예수 그리스도의 몸과 피로써 우리 영혼이 육성되며 활력을 얻는 것이 확실하다는 것을 의심하지 않아야 합니다.

성찬Communion: 분병과 분잔

(목사가 떡을 뗄 때 다음과 같이 말합니다.)

우리가 찢는 이 떡은 그리스도의 몸과의 연합입니다. 받아먹어 우리 주 예수 그리스도의 몸이 우리 모든 죄에 대한 완전한 용서를 위해 찢겨졌음을 기억하고 믿으십시오.

(그리고 목사가 잔을 줄 때 다음과 같이 말합니다.)

우리가 감사를 표하는 이 감사의 잔은 그리스도의 피와의 연합입니다. 모두가 받아 마시고 우리 주 예수 그리스도의 보혈이 우리 모든 죄에 대한 완전한 용서를 위해 쏟아 부어졌음을 기억하고 믿으십시오.

(성찬이 진행되는 동안 합당한 부분의 성경 본문을 읽거나 시편 혹은 찬송을 부릅니다.)

송영

(성찬 후에 목사는 다음과 같이 말합니다.)

주 안에서 사랑하는 여러분, 주님께서 지금 이 성찬 상에서 우리 영혼을 먹여 주셨으니, 그의 거룩한 이름을 함께 찬양합시다. 우리 모두 온 마음을 다하여 찬송합시다.

내 영혼아 여호와를 송축하라.
내 속에 있는 것들아 다 그 성호를 송축하라.
내 영혼아 여호와를 송축하며
그 모든 은택을 잊지 말지어다.
저가 네 모든 죄악을 사하시며 네 모든 병을 고치시며
네 생명을 파멸에서 구속하시고
인자와 긍휼로 관을 씌우시도다. 시 103:1-4

여호와는 자비로우시며
은혜로우시며 노하기를 더디 하시며
인자하심이 풍부하시도다.
항상 경책지 아니하시며
노를 영원히 품지 아니하시리로다.
우리의 죄를 따라 처치하지 아니하시며
우리의 죄악을 따라 갚지 아니하셨으니
이는 하늘이 땅에서 높음같이
그를 경외하는 자에게 그 인자하심이 크심이로다.
동이 서에서 먼 것같이 우리 죄과를 우리에게서 멀리 옮기셨으며
아비가 자식을 불쌍히 여김같이
여호와께서 자기를 경외하는 자를 불쌍히 여기시도다. 시 103:8-13

하나님이 우리를 이처럼 사랑하시사 당신님의 독생자를 아낌없이 주셨습니다. 그런 하나님이 만물을 우리에게 주시지 않겠습니까? 롬 8:32

우리가 아직 죄인 되었을 때에, 그리스도께서 우리를 위하여 죽으심으로 하나님이 우리를 향한 당신님의 사랑을 확증하셨다면, 지금 우리가 그분의 피로 의롭게 인정을 받았으니, 그분으로 말미암아 진노에서 보호를 받게 될 것은 너무나 당연합니다. 우리가 하나님과 원수였을 때, 우리는 하나님의 아들의 죽음을 통하여 하나님과 화해되었습니다. 이제 하나님과 화해한 우리들은 그리스도께서 사셨으므로 이 근거 위에서 구원을 받을 것입니다. 롬 5:8-10

그러므로 나는 지금부터 영원까지 마음과 입으로 주의 영광을 찬양할 것입니다. 아멘.

감사기도

자비로우신 하나님 아버지, 당신님께서 한없는 자비로써 당신님의 독생자를 우리의 중보자로 주심을 감사드립니다. 또한 당신님께서 당신님의 독생자를 우리 죄를 위한 희생제물과 영원한 생명을 위한 양식과 음료가 되게 하심을 찬양드립니다.

또한 당신님께서 우리에게 참된 믿음을 주시고, 이 참된 믿음을 통하여 이 큰 은덕들에 참여하게 해 주심을 감사드립니다.

당신님께서는 우리의 믿음을 강화시키려고 당신님의 아들 예수 그리스도께서 성찬을 제정토록 하셨습니다. 신실하신 하나님 아버지, 당신님의 성령으로 말미암아 이 성찬 예식이 우리의 날마다의 삶에서 참 신앙과 당신님의 사랑하는 아들 그리스도와의 교제가 더 깊어지도록 이끌어 주시기를 바라옵니다.

예수 그리스도의 이름으로 기도드립니다. 아멘.

주의 만찬 기념 요약 예식서

ABBREVIATED FORM FOR THE CELEBRATION
OF THE LORD'S SUPPER

(두 번째 예배를 위하여)

제정의 말씀

형제자매 여러분!
사도 바울은 고린도전서 11장 23-29절에서 성찬 제정에 대해 다음과 같이 기록하고 있습니다.

　　내가 너희에게 전한 것은 주께 받은 것이니 곧 주 예수께서 잡히시던 밤에 떡을 가지사 축사하시고 떼어 가라사대 이것은 너희를 위하는 내 몸이니 이것을 행하여 나를 기념하라 하시고 식후에 또한 이와같이 잔을 가지시고 가라사대 이 잔은 내 피로 세운 새 언약이니 이것을 행하여 마실 때마다 나를 기념하라 하셨으니 너희가 이 떡을 먹으며 이 잔을 마실 때마다 주의 죽으심을 오실 때까지 전하는 것이니라. 그러므로 누구든지 주의 떡이나 잔을 합당치 않게 먹고 마시는 자는 주의 몸과 피를 범하는 죄가 있느니라. 사람이 자기를 살피고 그 후에야 이 떡을 먹고 이 잔을 마실지니 주의 몸을 분변치 못하고 먹고 마시는 자는 자기의 죄를 먹고 마시는 것이니라.

자기를 살핌

우리의 믿음을 굳세게 하기 위하여 거룩한 만찬을 기념하려면 우리는 반드시 먼저 자신을 살펴야 합니다.

성찬에 참여하고자 하는 모든 사람은 자신의 죄와 비참을 생각하여 하나님 앞에서 자신을 낮춰야 합니다.

성찬에 참여하고자 하는 모든 사람은 자신의 모든 죄가 예수 그리스도의 고난과 죽으심 때문에 용서받았고, 또 그리스도의 완전한 의가 자신의 것으로 자신에게 값없이 주어졌다는 하나님의 확실한 약속을 믿는지 자신의 마음을 살펴야 합니다.

마지막으로 성찬에 참여하고자 하는 모든 사람은 일평생 동안 감사함으로 주 하나님을 섬기며, 또한 이웃과 더불어 참된 사랑과 조화 가운데서 살기로 작정해야 합니다.

초청과 권면

하나님의 은혜로 자기의 죄를 회개하고, 자기의 불신앙에 대항하여 싸우며 하나님의 계명에 따라 사는 모든 사람들은 하나님께서 당신님의 아들 예수 그리스도의 식탁에 분명히 받아 주실 것입니다. 이들은 자신의 의지를 대항하여 자신 안에 여전히 남아 있는 죄와 연약함이 은혜로 자신을 받아주시며 이 하늘의 양식과 음료를 허락해 주시는 하나님을 막을 수 없다는 사실을 충분히 확신할 수 있습니다.

그러나 우리는 자기 죄를 진실로 슬퍼하지 않고 회개하지 않는 모든 사람들에게 하나님 나라에 참여할 자리가 전혀 없음을 선언합니다. 우리는 이런 사람들에게 성찬에 참여하지 말 것을 권고합니다. 그렇지 않으면 그들에 대한 심판이 더 무거워질 것입니다.

그리스도를 기념함

그리스도께서는 이 성찬을 사용하여 당신님을 기념하라고 우리에게 명령하셨습니다. 이 식탁에서 우리는 우리 주님께서 성부에 의해서 세상으로 보내심을 받으셔서 우리의 혈육을 입으시며 생애 시작부터 마지막까지 우리를 위해서 하나님의 진노를 짊어지셨음을 기억합니다. 그분은 우리를 자유롭게 하려고 묶이셨습니다. 그분은 우리가 하나님의 심판대에서 무죄 선언을 받도록 하려고 죽음의 정죄를 당하셨습니다. 그분은 우리에게 당신님의 복으로 채워 주시려고 당신님의 복된 몸이 십자가에 못 박히게 하셔서 우리가 받아야 할 저주를 친히 담당하셨습니다. 그분은 하나님께 버림받으심으로 우리가 결코 버림받지 않도록 하셨습니다. 그분은 죽음과 피흘림으로써 다 이루었다요 19:30고 말씀하실 때 새롭고 영원한 언약, 곧 은혜 언약을 확정하셨습니다.

보증

그러므로 우리는 이 떡을 먹고 이 잔을 마실 때마다 우리를 향하신 그리스도의 진정한 사랑을 기억하며 확신합니다. 우리가 그리스도를 기념하여 이 떡을 먹고 이 잔을 마시는 것이 확실한 것처럼 그리스도께서는 확실히 우리를 위해 십자가에서 죽으시고 피를 흘리심으로 우리의 주리고 목마른 영혼이 십자가에 달렸던 당신님의 몸과 십자가에서 흘렸던 피로써 영원한 생명을 얻도록 먹이실 것입니다.

교제

그리스도께서는 당신님의 고난과 죽음으로 우리를 위하여 생명을 주시는 성령을 획득하셨습니다. 이 성령에 의해서 우리는 그리스도와 연합하였고 그리스도의 모든 은덕을 받습니다. 동일한 성령께서는 우리를 한 몸의 지체들로서 형제 사랑으로 연합시키십니다. 고전 10:17 그러므로 참된 믿음으로 그리스도 안에 연합된 우리는 모두 한 몸이고 이를 단지 말뿐만 아니라 행동으로 서로에게 나타내 보여야 할 것입니다.

그리스도의 오심을 기다림

마지막으로 그리스도께서 당신님이 오실 때까지 성찬을 기념하라고 우리에게 명령하셨습니다. 우리는 그리스도의 상에서 그리스도께서 약속하신 풍성한 기쁨을 미리 맛보며, 어린 양의 혼인 잔치를 고대합니다. 그때 그리스도께서는 당신님의 아버지의 나라에서 우리와 함께 포도주를 새로 마실 것입니다.

기뻐하고 영광을 그분께 돌립시다. 왜냐하면 어린 양의 혼인 잔치가 다가오고 있기 때문입니다!계 19:7

이제 기도합시다.

기도

은혜로우신 하나님 아버지, 우리는 당신님께서 당신님의 아들을 우리 죄를 위한 희생제물과 영원한 생명에 이르는 우리의 양식과 음료로 주심을 인하여 당신님께 감사드리옵나이다.

당신님께 구하옵나이다. 이 성찬을 통하여 성령께서 우리 마음에 역사하시어 우리가 더욱 당신님의 아들 예수 그리스도를 신뢰하게 하옵시며, 죄 가운데 살지 않고 그리스도께서 우리 안에, 우리가 그리스도 안에 살게 하시옵소서. 우리의 믿음을 강화시켜 주셔서 당신님께서 영원히 몸과 영혼을 위해 필요한 모든 것을 주시는 우리의 은혜로우신 아버지이심을 굳게 신뢰하게 하옵소서. 우리에게 또한 당신님의 은혜를 내려 주셔서 우리가 우리의 십자가를 즐겁게 지며 자신을 부인하고 구주를 고백하게 하옵소서.

우리가 우리의 낮은 몸을 당신님의 영광스러운 몸과 같이 변하게 하시어 영원히 당신님 곁에 두시려고 하늘로부터 오실 우리 주 예수 그리스도를 기다리도록 가르쳐 주시옵소서.

우리 예수 그리스도의 이름으로 기도드립니다. 아멘.

권고

사랑하는 형제자매 여러분! 이제 우리가 참된 하늘의 떡인 그리스도로 살 힘을 얻기 위하여서, 우리는 떡과 포도주라는 외적인 표에만 우리 마음을 집착하지 말고 아버지 오른편에 계신 우리를 변호하시는 예수 그리스도께 우리 마음을 들어 올립시다. 우리가 그리스도를 기념하면서 거룩한 떡과 거룩한 음료를 받는 것이 참된 것처럼, 우리의 영혼이 예수 그리스도의 몸과 피로써 살 힘을 얻게 될 것을 확고하게 믿으시기 바랍니다.

성찬Communion : **분병과 분잔**

(목사가 떡을 뗄 때 다음과 같이 말합니다.)

우리가 찢는 이 떡은 그리스도의 몸과의 연합입니다. 받아먹어 우리 주 예수 그리스도의 몸이 우리 모든 죄에 대한 완전한 용서를 위해 찢겨졌음을 기억하고 믿으십시오.

(그리고 목사가 잔을 줄 때 다음과 같이 말합니다.)

우리가 감사를 표하는 이 감사의 잔은 그리스도의 피와의 연합입니다. 모두가 받아 마시고, 우리 주 예수 그리스도의 보혈이 우리 모든 죄에 대한 완전한 용서를 위해 쏟아 부어졌음을 기억하고 믿으십시오.

(성찬이 진행되는 동안 합당한 부분의 본문을 읽거나 시편 혹은 찬송을 부릅니다.)

송영

(성찬 후에 목사는 다음과 같이 말합니다.)

주 안에서 사랑하는 여러분! 주님께서 지금 이 성찬 상에서 우리 영혼을 먹여 주셨으니, 그의 거룩한 이름을 함께 찬양합시다. 우리 모두 온 마음을 다하여 찬송합시다.

> 내 영혼아 여호와를 송축하라.
> 내 속에 있는 것들아 다 그 성호를 송축하라.
> 내 영혼아 여호와를 송축하며
> 그 모든 은택을 잊지 말지어다.
> 저가 네 모든 죄악을 사하시며 네 모든 병을 고치시며
> 네 생명을 파멸에서 구속하시고
> 인자와 긍휼로 관을 씌우시도다. 시103:1-4

> 여호와는 자비로우시며
> 은혜로우시며 노하기를 더디 하시며
> 인자하심이 풍부하시도다.
> 항상 경책지 아니하시며
> 노를 영원히 품지 아니하시리로다.

우리의 죄를 따라 처치하지 아니하시며
우리의 죄악을 따라 갚지 아니하셨으니
이는 하늘이 땅에서 높음같이
그를 경외하는 자에게 그 인자하심이 크심이로다.
동이 서에서 먼 것같이 우리 죄과를 우리에게서 멀리 옮기셨으며
아비가 자식을 불쌍히 여김같이
여호와께서 자기를 경외하는 자를 불쌍히 여기시도다.시 103:8-13

그러므로 나는 지금부터 영원까지 마음과 입으로 주의 영광을 선포할 것입니다. 아멘.

감사

자비로우신 하나님 아버지, 당신님께서 우리가 당신님의 독생자 예수 그리스도의 만찬에 참여하여 떡을 먹고 잔을 마심으로 우리 구원의 유일한 근거로서 주님의 죽음을 선포할 수 있도록 기회를 주심을 감사드립니다.

당신님께서 우리가 당신님 아들의 성찬을 즐길 수 있는 특권을 주시고 또한 다른 지체들과 교제를 즐길 수 있게 해 주심을 찬양드립니다.

우리 역시 이 성찬을 기념함으로 믿음이 강화되어 감사의 열매를 맺을 수 있도록 간구드립니다.

우리의 모든 생활에서 주님과 이웃을 향해 진정한 사랑을 보일 수 있도록 해주옵소서.

우리가 아버지의 나라에서 포도 열매로 우리와 함께 마실 것이라고 약속하신 구주의 다시 오심을 기다리며 간절히 기대하게 하옵소서.

모든 영광이 아버지 당신님께와 아들과 성령께 지금부터 영원토록 있기를 바라옵나이다.

예수 그리스도의 이름으로 기도드립니다. 아멘.

비수찬 회원 출교 예식서

FORM FOR THE EXCOMMUNICATION OF
NON-COMMUNICANT MEMBERS

첫 번째 공고

주 안에서 사랑하는 여러분!

당회는 세례로 그리스도의 교회에 접붙여진 형제(자매)가 제○계명을 거슬러 죄를 범하게 되었고 그 형제(자매)가 여러 번의 간곡한 권면에도 불구하고 참된 회개의 증거를 보이지 않았다는 소식을 알리는 슬픈 의무를 지게 되었습니다. 그러므로 당회는 이제 큰 슬픔 가운데서 이 형제(자매)를 다루어서, 만일 이 형제(자매)가 자기 죄를 고집한다면, 그(그녀)의 출교를 진행해야 할 책임이 있습니다. 당회는 첫 번째로 이 사실을 성도 여러분 앞에 알리고 여러분이 계속해서 주님께서 이 형제(자매)를 회개로 이끌어주시도록 진심으로 기도할 것을 권고하는 바입니다.

두 번째 공고

주 안에서 사랑하는 여러분!

노회의 충고를 받아들인 당회는 세례로 그리스도의 교회에 접붙여진 _____가(이) 계속적인 간곡한 권면에도 불구하고 완고하게 제…계명을 거슬러 죄를 범하고 있다는 소식을 성도 여러분에게 알리는 슬픈 의무를 지게 되었습니다. 이 형제(자매)가 _____까지 회개와 삶의 교정을 보이지 않는다면 당회는 하나님의 언약에 대한 그(그녀)의 완고한 불순종 때문에 어쩔 수 없이 그(그녀)를 그리스도의 교회의 교제communion에서 출교할 것입니다. 성도 여러분은 애정을 가지고 이 회원을 훈계하여 권고하고 그(그녀)의 회심을 위해 기도하시기 바랍니다.

출교

주 안에서 사랑하는 여러분!

당회는 이전에 그리스도의 교회에 접붙여진 형제(자매) _____가(이런) 계속적인 간곡한 권면에도 불구하고 완고하게 제 ○계명을 거슬러 죄를 범하고 있다는 소식과 이 형제(자매)가 회개와 삶의 교정을 보이지 않는다면 당회는 어쩔 수 없이 그(그녀)를 교회의 교제에서 출교할 것임을 성도 여러분에게 알리는 슬픈 의무를 감당했습니다.

    당회는 이제 여러 번의 간곡한 권면에도 불구하고 이 형제(자매)가 거룩한 세례에서 그에게 표해지고 인친 그리스도와 그리스도의 교회와의 교제를 완고하게 부인하였음을 알려 드려야만 합니다.

그러므로 우리 주 예수 그리스도의 이름과 권위로 모인 이곳에서 하나님의 교회의 장로들로서 우리는 이 모든 이유로 그(그녀)가 자기 죄를 완고하게 회개하지 않고 고집하는 한 _____를(을) 주님의 교회로부터 출교하고, 그(그녀)는 그리스도의 교제와 하나님께서 당신님의 교회에게 주시기로 약속하신 모든 영적인 복과 은덕들로부터 추방되며, 목사가 땅에서 맬 때마다 하늘에서도 매일 것이라마 18:17,18고 말씀하신 그리스도의 명령에 따라 이방인과 버림당한 자로 여겨질 것임을 성도 여러분 앞에서 선언하는 바입니다.

또한 사랑하는 성도 여러분! 우리는 여러분에게 권고합니다. 여러분은 그(그녀)와 사귀지 않아서 그 사람이 수치를 당하게 하십시오.살후 3:14,15 그(그녀)를 원수처럼 보지 말고 오히려 형제(자매)로 보고 그(그녀)에게 경고하십시오.

동시에 여러분 중에 누군가가 악심을 품거나 불신하는 마음을 갖거나 살아 계신 하나님에게서 떨어지는 일이 없도록 삼가십시오.히 3:12 자녀들아, 너희 부모를 주 안에서 순종하라. 이것이 옳으니라. 네 아버지와 어머니를 공경하라 (이것이 약속 있는 첫 계명이니) 이는 네가 잘 되고 땅에서 장수하리라. 또 아비들아, 너희 자녀를 노엽게 하지 말고 오직 주의 교양과 훈계로 양육하라.엡 6:1-4 젊은 자들아 이와 같이 장로들에게 순복하라.벧전 5:5

이 세상이나 세상에 있는 것들을 사랑치 말라 누구든지 세상을 사랑하면 아버지의 사랑이 그 속에 있지 아니하니 이는 세상에 있는 모든 것이 육신의 정욕과 안목의 정욕과 이생의 자랑이니 다 아버지께로 좇아온 것이 아니요. 세상으로 좇아온 것이라. 이 세상도, 그 정욕도 지나가되 오직 하나님의 뜻을 행하는 이는 영원히 거하느니라. 요일 2:15-17

그러나 우리 안에서 당신님의 기쁘신 뜻을 위하여 뜻하시고 행하시는 분은 하나님이시므로 빌 2:13 우리 죄를 고백하면서 하나님의 거룩하신 이름을 부르면서 기도합시다.

기도

의로우시고 자비로우신 하나님 아버지! 당신님의 거룩한 위엄 앞에서 우리는 우리의 죄악 때문에 우리 자신을 고소하옵나이다. 우리는 우리 형제(자매)의 출교로 인하여 마땅히 슬퍼하고 비통해야 한다는 것을 인정하옵나이다. 그렇습니다. 우리는 모두 우리의 많은 범죄 때문에 당신님의 면전에서 추방당해야 마땅합니다.

그러나 주님, 그리스도의 사역으로 인하여 당신님께서 우리에게 은혜를 베풀어주셨습니다. 우리의 죄를 회개하고 죄의 용서를 구합니다. 당신님의 성령께서 우리 안에서 역사하셔서 우리가 더욱 더 열심히 주님을 섬기도록 노력할 수 있게 하옵소서. 우리가 세상과 주님께로부터 떠난 자들로 인한 오염을 피할 수 있도록 허락해 주옵소서.

출교당하는 회원이 자기 죄를 수치스럽게 생각하고 당신님께로 다시 돌아오도록 허락해 주옵소서. 이는 당신님께서 악인들의 죽음을 기뻐하지 않으시고, 악인들이 당신님의 길로 다시 돌아와서 살기를 바라시기 때문이나이다. 그러므로 당신님의 백성들인 우리는 당신님께로 다시 돌아오는 자들을 항상 환영할 것입니다. 우리가 모범을 보임으로뿐만 아니라 우리가 훈계함으로 이 출교당하는 형제(자매)와 불신앙 가운데 사는 자들이 당신님께로 돌아올 수 있도록 하는 일에 있어서 우리 마음에 사랑과 열정을 불태우도록 해 주옵소서.

우리의 노력에 복을 주셔서 우리가 다시 지금 슬퍼하는 그(그녀)를 기뻐하게 될 이유를 가질 수 있게 하옵소서. 그래서 이런 방식으로 당신님의 거룩한 이름이 찬양받으소서. 우리 주 예수 그리스도를 통하여 기도합니다. 아멘.(우리 주 예수 그리스도의 이름으로 기도드리옵나이다. 아멘.)

(혹은 …우리 주 예수 그리스도께서 가르쳐 주신 기도로 기도합니다.)

하늘에 계신 우리 아버지여
이름이 거룩히 여김을 받으시오며
나라가 임하옵시며
뜻이 하늘에서 이루어진 것같이 땅에서도 이루어지이다
오늘날 우리에게 일용할 양식을 주옵시고
우리가 우리에게 죄 지은 자를 사하여 준 것같이

우리 죄를 사하여 주옵시고
우리를 시험에 들게 하지 마옵시고
다만 악에서 구하옵소서.
나라와 권세와 영광이 아버지께 영원히 있사옵나이다. 아멘.

수찬 회원 출교 예식서

FORM FOR THE EXCOMMUNICATION OF
COMMUNICANT MEMBERS

첫 번째 공고

주 안에서 사랑하는 여러분!

당회는 슬퍼하며 우리 교회의 한 형제(자매)가 제 ○계명을 거슬러 죄를 범하게 되었다는 소식을 여러분에게 전합니다. 여러 번의 간곡한 권면에도 불구하고 회개의 증거가 없었습니다. 그러므로 당회는 죄를 범한 그 형제(자매)를 주님의 성찬 상에 참여하지 못하게 하였습니다. 그러나 이렇게 해도 이 형제(자매)는 회개하지 않았습니다. 그리고 계속적인 권면도 아무런 열매를 맺지 못했습니다. 만일 이 형제(자매)가 끝까지 자기 죄를 고집한다면 당회는 이제 어쩔 수 없이 큰 슬픔 가운데서 권징을 더 시행해야 하며 이 형제(자매)의 출교를 진행할 것입니다. 우리는 이 사실을 첫 번째로 성도 여러분에게 알리며 주님께서 이 그리스도의 몸의 지체를 회개로 이끌어 주시도록 주님께 진심으로 기도할 것을 여러분에게 권고하는 바입니다.

두 번째 공고

주 안에서 사랑하는 여러분!

당회는 슬퍼하며 여러분에게 이전에 우리 교회의 한 형제(자매)가 제 ◯계명을 거슬러 죄를 범하게 되었다는 소식을 전했습니다. 또한 여러분은 그 형제(자매)가 회개하기를 거절했기 때문에 성찬 상에 참여하지 못하게 되었음을 들었습니다. 계속되는 권징에도 불구하고 참된 회개가 분명하게 나타나지 않았고 오히려 모든 권면은 열매가 없었으며 그 유일한 결과는 마음을 더 강퍅하게 하는 것이었습니다. 우리는 노회의 조언을 구했고 이제 출교를 진행시킬 것이라는 슬픈 소식을 여러분에게 전합니다. 우리는 이 죄인을 사랑으로 계속해서 권면해 줄 것을 여러분에게 진지하게 권하는 바입니다. 그(그녀)의 이름과 주소는 _____ 입니다. 이 형제(자매)를 회개하게 해 달라고 주님께 기도합시다. 이 죄가 교회로부터 제거되며 이 죄인이 구원받게 해 달라고 주님께 기도합시다.

세 번째 공고

주 안에서 사랑하는 여러분!

당회는 이미 두 번이나 우리의 교회의 한 형제(자매)가 제 ◯계명을 거슬러 죄를 범했다는 소식을 여러분에게 알리는 슬픈 의무를 감당했습니다. 또한 여러분은 이 형제(자매)가 회개하기를 거부하고 마음이 더욱더 강퍅해져서 성찬 상에 참여하지 못하게 되었음을 들었습니다. 그러나 여전히 참된 회개가 보이지 않았고 오히려 모든 권면은 열매가 없었습니다. 그러므로 크게 슬퍼하며 이제 우리가 이 형제(자매)에게 계속해서 더 권면해야 한다는 소식을 세 번째로 여러분에게 전합니다. 만일 이 형제(자매)가 회개하고 돌아오지 않는다면 그(그녀)는 _____에 있는 그리스도의 교회의 교제에서 쫓겨나게 될 것입니다. 이 마지막 기간 동안 우리는 가장 다급하게, 그리고 사랑으로 그 형제(자매)에게 권면할 것을 여러분에게 요청합니다. 주님께서 이 형제(자매)를 회개하도록 인도하셔서 그 형제(자매)가 극도로 강퍅해지지 않기를 기도합시다.

출교

주 예수 그리스도 안에서 사랑하는 여러분!

당회는 그 형제(자매) _____가(이) 죄악된 생활을 끝까지 고집하였음을 여러분에게 알려드립니다. 이 공고들의 목적은 여러분의 기도와 권면으로 이 형제(자매)가 살아계신 하나님께로 돌이켜서 자신을 사로잡고 있는 사탄의 권세로부터 구원받게 하려는 것이었습니다. 그러나 이 형제(자매)가 많은 사람들에게 권면을 받았지만 아무도 깊은 슬픔 가운데 있는 우리에게 이 형제(자매)의 참된 회개의 최소한의 증거도 알려주지 않았습니다. 이미 심각했던 이 형제(자매)의 죄는 이 형제(자매)가 죄를 고집함으로 오로지 더욱 심각하게 되었을 뿐입니다. 우리는 그동안 이 형제(자매)에 대해 많은 인내를 보여주었습니다. 그러나 이제 우리는 당신님의 말씀에서 주께서 주신 최종적인 교정 방법, 곧 교회의 교제로부터 추방하는 출교를 진행할 수밖에 없음을 압니다. 이 출교는 이 형제(자매)가 자기의 죄를 부끄러워하게 하고, 또 이 형제(자매)의 죄가 그리스도의 몸 전체에 영향을 미치지 않도록 지키기 위해서 의도된 것입니다. 또한 이러한 방식으로 하나님의 이름이 모욕당하는 것을 막게 됩니다. 그리스도 예수께서 진실로 너희에게 이르노니 무엇이든지 너희가 땅에서 매면 하늘에서도 매일 것이요, 무엇이든지 땅에서 풀면 하늘에서도 풀리리라 마 18:18 는 말씀으로 권징의 시행을 교회의 직분자들에게 위임하셨습니다.

그러므로 이곳에서 하나님의 교회의 장로들로서 우리는 우리 주 예수 그리스도의 이름으로 _____를(을) 주님의 교회로부터 출교합니다. 왜냐하면 그(그녀)는 자기 죄를 끝까지 완고하게 고집하였기 때문입니다.

그(그녀)는 이제 그리스도의 교제로부터, 그리고 그리스도의 왕국으로부터 추방되었습니다. 그(그녀)는 더 이상 성례를 사용할 수 없습니다. 그(그녀)는 더 이상 그리스도께서 당신님의 교회에게 주신 영적인 복과 은덕들을 누릴 수 없습니다. 그(그녀)가 죄를 고집하는 한 여러분에게 있어서 그(그녀)는 이방인과 버림당한 자입니다. 마 18:17

성도들에게 대한 경고

사랑하는 성도 여러분! 우리는 여러분에게 권고합니다. 여러분은 그

(그녀)를 원수로 보지 말고 오히려 형제(자매)로 보고 그(그녀)에게 경고하십시오. 그러나 그(그녀)와 사귀지 않아서 그 사람이 수치를 당하여 회개하고 돌아오게 하십시오. 살후 3:14,15

사랑하는 여러분! 이 출교는 우리 모두를 위한 경고입니다. 우리가 주를 두려워하고 주의합시다. 왜냐하면 선 줄로 생각하는 자는 넘어질까 조심해야 하기 때문입니다. 고전 10:12 아버지와 당신님의 아들 예수 그리스도와 또 모든 올바른 신자들과 참된 교제를 계속함으로 우리는 영원한 구원을 얻을 것입니다.

여러분은 우리 교회의 출교당하는 이 형제(자매)가 길을 잃게 되는 방식, 곧 어떻게 타락하여 점점 더 황폐하게 되어가는가를 보았습니다. 이 일을 통해 사탄이 사람을 파멸로 떨어지게 만드는 것에 있어서 얼마나 교활한지, 사탄이 사람이 하나님의 말씀과 성례를 어떻게 경멸하게 만드는지를 배웁시다. 고후 2:11

그러므로 맨 처음부터 '악'에게 저항합시다. 모든 무거운 것과 얽매이기 쉬운 죄를 벗어 버리고 인내로써 우리 앞에 당한 경주를 경주하며 믿음의 주요, 또 온전케 하시는 이인 예수를 바라봅시다. 히 12:1,2

근신하십시오. 깨어 있읍시다. 여러분의 대적 마귀가 우는 사자 같이 두루 다니며 삼킬 자를 찾고 있습니다. 벧전 5:8

시험에 들지 않도록 기도합시다. 눅 22:46

오늘 여러분이 주의 음성을 들을 때, 여러분의 마음을 강퍅케

하지 맙시다. 히 4:7

항상 복종하여 두렵고 떨림으로 여러분의 구원을 이루어 나가십시오. 빌 2:12 우리 하나님이 다시 우리를 겸손하게 하고, 우리가 우리 몸의 또 다른 지체에 대해 슬퍼하지 않도록 우리 모두 그의 죄를 회개합시다. 경건하게 한마음으로 살아갑시다. 주 안에 우리의 영예와 기쁨을 둡시다.

여러분 안에서 활동하셔서 여러분이 하나님을 기쁘시게 할 것을 바라게 하시고 실천하게 하시는 하나님께서만 계명들로 우리를 지키실 수 있습니다. 빌 2:13

그러므로 우리가 우리의 죄를 고백하면서 당신님의 거룩한 이름을 부르면서 기도합시다.

기도

의로우시고 자비로우신 하나님 아버지! 당신님의 거룩한 위엄 앞에서 우리는 우리의 죄악 때문에 우리 자신을 고소하옵나이다. 우리는 우리 형제(자매)의 출교로 인하여 마땅히 슬퍼하고 비통해야 한다는 것을 인정합니다. 그렇습니다. 우리는 모두 우리의 많은 범죄들 때문에 당신님의 면전에서 추방당해야 마땅합니다.

그러나 주님! 그리스도의 사역으로 인하여 당신님께서 우리에게 은혜를 베풀어주셨습니다. 우리는 우리의 죄를 회개하고 죄의 용서를 구합니다. 당신님의 성령께서 우리 안에서 역사하셔서 우리가 더욱 열심히 당신님을 섬기도록 노력할 수 있게 하옵소서. 우리가 세상과 주님께로부터 떠난 자들로 인한 오염을 피할 수 있도록 허락해 주옵소서.

출교당하는 회원이 자기 죄를 수치스럽게 생각하고 당신님께로 다시 돌아오도록 허락해 주옵소서. 이는 당신님께서 악인들의 죽음을 기뻐하지 않으시고, 악인들이 당신님의 길로 다시 돌아와서 살기를 바라시기 때문이나이다. 그러므로 당신님의 백성들인 우리는 당신님께로 다시 돌아오는 자들을 항상 환영할 것입니다. 우리가 모범을 보임으로뿐만 아니라 훈계함으로 이 출교당하는 형제(자매)와 불신앙 가운데 사는 자들이 당신님께로 돌아올 수 있도록 하는 일에 있어서 우리 마음에 사랑과 열정을 불태우도록 해 주옵소서.

우리의 노력에 복을 주셔서 우리가 다시 지금 슬퍼하는 그(그녀)를 기뻐하게 될 이유를 가질 수 있게 하옵소서. 그래서 이런 방식으로 당신님의 거룩한 이름이 찬양받으소서. 우리 주 예수 그리스도를 통하여 기도드립니다. 아멘. (우리 주 예수 그리스도의 이름으로 기도드리옵나이다. 아멘.)

(혹은 …우리 주 예수 그리스도께서 가르쳐 주신 기도로 기도합니다.)

하늘에 계신 우리 아버지여
이름이 거룩히 여김을 받으시오며

나라가 임하옵시며

뜻이 하늘에서 이루어진 것같이 땅에서도 이루어지이다

오늘날 우리에게 일용할 양식을 주옵시고

우리가 우리에게 죄 지은 자를 사하여 준 것같이

우리 죄를 사하여 주옵시고

우리를 시험에 들게 하지 마옵시고

다만 악에서 구하옵소서.

나라와 권세와 영광이 아버지께 영원히 있사옵나이다. 아멘.

그리스도의 교회로 재영입 예식서

FORM FOR READMISSION INTO THE CHURCH OF CHRIST

공고

주 안에서 사랑하는 여러분!

_____년도에 _____형제(자매)가(는) 그리스도의 교회로부터 출교되었습니다. 당회는 이제 이 교정矯正이 열매를 맺었음을 감사하며 여러분에게 알려드립니다. 주님께서는 우리의 권면과 기도에 복 주셔서 _____가 회개하고 교회의 교제로 다시 받아들여 달라고 요청하게 하셨습니다.

우리가 참회하는 죄인들을 기쁨으로 받아들이는 것은 하나님의 은혜로우신 뜻입니다.

모든 일이 선한 질서 가운데 행해졌기 때문에고전 14:40 우리는 다음 성찬 기념 예식에서 이 사람을 출교의 매임으로부터 풀어서 성도의 교제로 재영입再迎入할것임을 여러분에게 알려드립니다.

만일 여러분 중 누군가가 이런 재영입에 대해 반대하는 정당한 이유가 있다면, 그런 사람은 ＿＿주일 내에 당회에 알려주시기 바랍니다. 동시에 이 잃은 양에게 호의를 보여주신 주님께 감사합시다. 주님께서 영원한 구원에 이르는 회심의 사역을 완성하시도록 간구합시다.

(만일 합법적인 반대가 제시되지 않는다면, 재영입은 다음 예식서대로 진행되어야 합니다.)

성경에 따른 재영입

사랑하는 성도 여러분!

우리는 최근에 여러분에게 ＿＿＿＿＿＿의 회심에 대해 알려드렸습니다. 이는 여러분의 허락으로 그(그녀)가 하나님의 교회로 다시 받아들여지도록 하기 위해서였습니다. 누구도 이 재영입에 대한 어떤 반대를 제기하지 않았습니다. 그러므로 우리는 이제 그(그녀)를 다시 성도의 교제로 받아들일 것입니다.

　주 예수 그리스도께서는 회개하지 않는 죄인들을 출교하라고 교회에게 명령하시고, 무엇이든지 너희가 땅에서 매면 하늘에서도 매일 것이요라고 말씀하셨습니다. 그러나 그리스도께서는 즉시 추가해서 무엇이든지 땅에서 풀면 하늘에서도 풀리리라고 말씀하셨습니다. 마 18:15-18

　그리스도께서는 출교가 구원의 모든 소망을 제거하는 것이 아니라고 우리에게 가르치셨습니다. 왜냐하면 하나님께서 이르시기를, 나의 삶을 두고 맹세하노니 나는 악인의 죽는 것을 기뻐하지 아니하고 악인이 그 길에서 돌이켜 떠나서 사는 것을 기뻐하노라겔 33:11고 하셨기 때문입니다. 그러므로 교회는 잃은 죄인들의 회개와 돌아옴을 소망하며 기도하며 항상 죄를 뉘우치는 사람을 받아들일 것을 간절히 바랍니다. 사도 바울은 고린도 성도들에게 훈계를 받고 회개하는 형제를 용서하고 위로하라고 명령했습니다. 바울은 고린도 성도들에게 그런 사람이 많은 근심에 잠기지 않도록 그에 대한 사랑을 재확정하라고 권고했습니다. 고후 2:5-7

또한 그리스도께서는 하나님의 말씀에 따라 회개한 죄인에게 내려지는 사죄의 판결이 당신님께 매였음을 생각하라고 우리에게 가르치십니다. 네가 땅에서 무엇이든지 매면 하늘에서도 매일 것이요, 네가 땅에서 무엇이든지 풀면 하늘에서도 풀리리라. 마 16:19 이런 이유로 참으로 회개한 사람은 누구든지 그리스도께서 선언하여 이르시기를, 너희가 뉘 죄든지 사하면 사하여질 것이요. 요 20:23라고 하신 것처럼 확실히 은혜로 하나님께 받아들여졌음을 조금도 의심할 필요가 없습니다.

질문

우리가 출교의 맨 것을 풀고 _____, 그대를 그리스도의 교회로 재영입하는 일을 진행하기 전에, 우리는 그대에게 다음과 같은 질문들에 답할 것을 요구합니다.

_____, 그대는 여기에 하나님과 하나님의 교회 앞에서 그대가

죄와 완악함 때문에 정당하게 교회로부터 출교된 것에 대해 진정으로 슬퍼한다는 것을 온 마음을 다하여 선언하십니까? 또한 그대는 하나님께서 그리스도의 피 때문에 그대의 모든 죄를 용서해 주셨고 이제 은혜로 그대를 받아주셨음을 진실로 믿습니까?

그러므로 그대는 그리스도의 교회로 재영입되기를 바라고 주님의 은혜로 이제부터 하나님의 말씀에 따라 모든 경건 가운데 살겠다고 약속하십니까?

이에 대한 그대의 대답은 무엇입니까?
대답 예, 그렇게 하겠습니다.

재영입

그리스도 예수의 이름과 권위로 모인 이곳에서 하나님의 교회의 장로들인 우리는 _____, 그대를 출교의 매임으로부터 사면합니다. 우리는 다시 기쁨과 감사함으로 그대를 주님의 교회로 받아들이고 그대가 그리스도의 교제, 곧 거룩한 성례와 하나님께서 당신님의 교회에게 약속하시고 주시는 모든 영적 선물들과 우리 구주의 복들에 참여한다는 것을 선언합니다. 영원하신 하나님께서 당신님의 독생자 예수 그리스도를 통하여 이 은혜 안에서 그대를 끝까지 보존하시기를 바랍니다. "너희를 부르시는 이는 미쁘시니 그가 또한 이루시리라". 살전 5:24

의무

사랑하는 형제(자매)여, 주님께서 친히 은혜로 그대를 받아들이셨다는 것을 그대의 마음에 확신하십시오. 그대가 다시 죄에 빠지지 않으려면 사탄의 교묘함과 세상의 사악함과 육체의 잘못된 생각들을 대항하여 자신을 지키는 데 부지런하십시오. 그리스도의 사랑은 그대를 돌아오게 했습니다. 그리스도를 사랑하십시오. 왜냐하면 그리스도께서는 그대를 많이 용서해 주셨기 때문입니다. 그대가 세례받을 때 그대 안에 거하고 그대를 그리스도의 지체가 되도록 거룩하게 하실 것을 약속하신 성령님을 다시 근심시키지 마십시오.

사랑하는 성도 여러분! 이 형제(자매)를 사랑으로 받아들이십시오. 이 형제(자매)가 죽었다가 살았으며 잃었다가 얻었으므로 즐거워하고 기뻐합시다.눅 15:32 천사들과 함께 기뻐하십시오. 왜냐하면 그리스도께서 내가 너희에게 이르노니 이와 같이 죄인 하나가 회개하면 하늘에서는 회개할 것 없는 의인 아흔아홉을 인하여 기뻐하는 것보다 더하리라눅 15:7고 말씀하셨기 때문입니다. 이제부터 그(그녀)를 더 이상 외인으로 보지 말고 성도들과 동일한 시민이요, 하나님 가족의 구성원으로 보십시오.엡 2:19

우리 자신 안에 선한 것이 없으므로 우리가 찬양하며 감사함으로 전능하신 주님께 은혜를 구합시다.

기도

은혜로우신 하나님 아버지! 우리는 당신님께서 이 형제(자매)에게 경건한 슬픔과 생명에 이르는 회개를 허락해 주시고 우리가 이 가운데서 기뻐하게 하신 것을 예수 그리스도를 통하여 감사드리오며 찬양합니다.

우리는 이 형제(자매)에게 당신님의 은혜를 보여주셔서 이 형제(자매)가 모든 죄에 대한 완전한 용서를 더욱 더 확신하게 하옵시고, 그 확신으로부터 흘러나오는 말할 수 없는 기쁨과 즐거움으로 주님을 섬기게 하시기를 기도하옵니다.

그동안 이 형제(자매)가 자기 죄로 인해 많이 슬퍼하였으므로, 이제 자기의 회심으로 인해 많은 유익을 얻도록 허락하여 주시옵소서. 이 형제(자매)가 마지막까지 당신님의 길에서 확고부동하게 걸어가게 허락하여 주시옵소서.

아버지여! 이 예로서 당신님께 죄 용서가 있고, 당신님께서 찬양받으셔야 함을 우리에게 가르쳐 주시옵소서. 당신님과 성령님과 함께 한 분 유일하신 참 하나님이신 우리 주 예수 그리스도를 통하여 우리가 이제 이 형제(자매)와 함께 어린아이 같은 두려움과 순종으로 일평생 동안 당신님을 섬기게 하옵소서. (우리 주 예수 그리스도의 이름으로 기도드리옵나이다.) 아멘.

(혹은 …우리 주 예수 그리스도께서 가르쳐 주신 기도로 기도합니다.)

하늘에 계신 우리 아버지여
이름이 거룩히 여김을 받으시오며
나라가 임하옵시며
뜻이 하늘에서 이루어진 것같이 땅에서도 이루어지이다
오늘날 우리에게 일용할 양식을 주옵시고
우리가 우리에게 죄 지은 자를 사하여 준 것같이
우리 죄를 사하여 주옵시고
우리를 시험에 들게 하지 마옵시고
다만 악에서 구하옵소서.
나라와 권세와 영광이 아버지께 영원히 있사옵나이다. 아멘.

말씀 사역자의 임직(취임) 예식서

FORM FOR THE ORDINATION(OR INSTALLATION) OF
MINISTERS OF THE WORD

우리 주 예수 그리스도 안에서 사랑하는 여러분!
당회는 이제 두 번째 우리 형제 _____의 이름을 공포하였는데, 이는 이 형제의 말씀 사역자 취임(혹은 이 교회에서 임직)에 대해 반대가 있는지 알기 위함이었습니다. 아무도 이 형제의 교리와 생활에 대해 합당하게 반대를 제기하지 않았으므로, 우리는 이제 주님의 이름으로 _____ 형제의 취임식(혹은 임직식)을 진행할 것입니다.

먼저, 성경이 말씀 사역자의 직분에 대해 가르치는 바를 들으시기 바랍니다.

그리스도께서 제정하심
높아지신 그리스도께서는 당신님의 말씀과 성령을 통해 당신님의 교회를 모으시고, 당신님의 은혜 안에서 사람의 사역을 사용하십니다. 사도 바울은 이렇게 말할 때 이 사실을 지적했습니다. 그가 혹은 사도로, 혹은 선지자로, 혹은 복음 전하는 자로, 혹은 목사와 교사로 주셨으니 이는 성도를 온전케 하며 봉사의 일을 하게 하며 그리스도의 몸을 세우려 하심이라. 엡 4:11,12 당신님의 양 무리를 쉬지 않고 돌보시는 목자장으로서 그리스도께서는 당신님의 이름으로 당신님의 양 무리를 돌보도록 목자들을 임명하셨습니다. 벧전 5:4 목자들은 말씀 선포의 방편으로, 성례의 시행으로, 기도와 목회적 감독으로 그리스도의 양들을 돌보아야 합니다. 이런 방식으로 양 무리는 돌봄을 받고 올바른 길로 인도됩니다.

초대기독교회에서는 사도들이 이 사역을 수행했습니다. 그런 다음으로, 사도들은 성령님의 인도하심 하에서 모든 교회에 장로들을 임명했습니다. 행 6:4 디모데전서 5장 17절에 따르면, 성도들을 다스리는 장로들이 있었습니다. 또한 이들 중 일부는 설교와 가르치는 일을 하도록 부르심을 받았습니다. 설교와 가르치는 일을 하도록 부르심을 받은 이들은 이제 말씀 사역자라고 불립니다. 이들은 화해의 직책을 받았는데, 바울은 이에 대해 이렇게 말합니다. 모든 것이 하나님께로 났나니 저가 그리스도로 말미암아 우리를 자기와 화목하게 하시고 또 우리에게 화목하게 하는 직책을 주셨으니 이는 하나님께서 그리스도 안에 계시사 세상을 자기와 화목하게 하시며 저희의 죄를 저희에게 돌리지 아니하시고 화목하게 하는 말씀을 우리에게 부탁하셨느니라. 이러므로 우리가 그리스도를 대신하여 사신이 되어 하나님이 우리로 너희를 권면하시는 것같이 그리스도를 대신하

여 간구하노니 너희는 하나님과 화목하라. 고후 5:18-20

목사의 의무

말씀 사역자의 직무는 다음과 같이 말씀드릴 수 있습니다.

첫째, 말씀 사역자는 자기 성도들에게 하나님의 뜻을 다 전해야 하고 행 20:27 사도 바울의 다음과 같은 명령에 따라 말씀을 선포해야 합니다. 하나님 앞과 산 자와 죽은 자를 심판하실 그리스도 예수 앞에서 그의 나타나실 것과 그의 나라를 두고 엄히 명하노니 너는 말씀을 전파하라. 때를 얻든지 못 얻든지 항상 힘쓰라 범사에 오래 참음과 가르침으로 경책하며 경계하며 권하라. 딤후 4:1,2 사도의 모범에 따라 말씀 사역자는 공중 앞에서나 각 가정에서나 이 의무를 다해야 합니다. 행 20:20 말씀 사역자는 모든 잘못들과 이단들을 흑암의 헛된 일로 폭로하고 성도들이 빛의 자녀들로 행하도록 권고해야 합니다. 그는 교회의 젊은이들과 부르심을 받은 다른 사람들에게도 하나님의 말씀을 가르쳐야 합니다. 왜냐하면 성경은 능히 그들에게 예수 그리스도 안에 있는 믿음을 통하여 구원에 이르도록 가르치기 때문입니다. 딤후 3:15 또한 교회의 회원들을 방문하고 병들고 슬퍼하는 자를 위로하는 것도 말씀 사역자의 의무입니다. 이렇게 위로하고 권면하므로 말씀 사역자는 전체 성도들을 그리스도 예수 안에 있는 구속에 이르게 할 것입니다.

둘째, 말씀 사역자는 성례들을 시행하도록 부르심을 받았습니다. 왜냐하면 그리스도께서 복음 설교에 이 성례들의 시행을 결합시키셨기 때문입니다. 그러므로 너희는 가서 모든 족속으로 제자를 삼아 아버지와 아들과 성령의 이름으로 세례를 주라마 28:19고 하신 그리스도의 명령에 따라 거룩한 세례를 시행하는 것은 말씀 사역자의 의무입니다. 말씀 사역자는 또한 그리스도께서 이것을 행하여 나를 기념하라고전 11:24고 말씀하실 때 제정하신 성찬을 시행해야 합니다.

셋째, 간구와 기도와 도고와 감사딤전 2:1,2로 주님의 이름을 부르는 것은 교회의 목사와 교사로서 말씀 사역자의 의무입니다.

넷째, 교회 안에서 모든 일들이 화평과 선한 질서대로 행해지는지고전 14:33를 살피는 것은 하나님의 집의 청지기들로서 장로들과 함께 말씀 사역자의 의무입니다. 그들이 함께 성도들의 교리와 생활을 감독하고 양 무리를 치되 맡기운 자들에게 주장하는 자세를 하지 말고 오직 양 무리의 본이 되어야벧전 5:2,3 할 것입니다. 그렇게 함으로, 그들은 그리스도께서 주신 명령에 따라 기독교 권징에 의해 천국을 열고 닫게 합니다. 이 모든 것으로부터 우리는 말씀 사역자들이 수행할 영광스러운 사역이 무엇인지를 압니다. 목자장께서 나타나실 때 말씀 사역자들은 신실한 종들로서 시들지 아니하는 영광의 면류관을 얻을 것입니다.벧전 5:4

임직(혹은 취임)

사랑하는 형제 _____, 그대는 이제 막 직분 수행을 시작하려고 합니다. 우리는 하나님과 거룩한 교회 앞에서 다음과 같은 질문들에 답할 것을 그대에게 요구합니다.

첫째, 그대는 하나님께서 친히 당신님의 교중을 통해 그대를 이 거룩한 사역으로 부르셨다고 생각하십니까?

둘째, 그대는 구약과 신약이 유일한 하나님의 말씀이고 완전한 구원의 교리임을 믿습니까? 그대는 이와 상반되는 모든 교리들을 거부하겠습니까?

셋째, 그대는 그대의 직분의 의무들을 이행하며 경건한 생활로 하나님의 교리를 빛나게 할 것을 약속하십니까? 그대는 또한 그대가 교리 혹은 생활에서 죄를 범하게 되는 경우에 교회의 권징에 복종할 것을 약속하십니까?

이에 대한 그대의 대답은 무엇입니까?
대답 예 그렇게 하겠습니다.

안수[1] (손을 올림)

이 거룩한 직분으로 그대를 부르신 우리 하늘의 하나님 아버지께서 그대를 성령으로 조명하여 주시고 그대의 사역에서 그대를 다스려 주셔서 그대가 순종적으로 그 사역을 수행하게 하실 것이며 하나님의 이름이 영광을 받으시고 하나님의 아들 예수 그리스도의 나라가

---

[1] 이미 목사인 사람의 경우에는 손을 올리는 일은 하지 않습니다.

확장되도록 열매 맺게 하실 것입니다. 아멘.

목사에게 권고

그리스도 안에서 형제여, 하나님 우리 아버지께서는 당신님의 아들 우리 주 예수 그리스도의 피로 당신님을 위하여 교회를 획득하셨습니다. 성령께서는 그대를 이 교회의 목사와 교사로 삼으셨습니다. 그리스도를 사랑하며 그리스도의 어린 양을 먹이고 요 21:15,16 양들을 치되 부득이함으로 하지 말고 오직 하나님의 뜻을 좇아 자원함으로 하며 더러운 이를 위하여 하지 말고 오직 즐거운 뜻으로 하십시오. 벧전 5:2 그대 스스로 삼가십시오. 오직 말과 행실과 사랑과 믿음과 정절에 대하여 믿는 자에게 본이 되십시오. 순수한 교리를 설교하여 딤전 4:12-16 그대의 설교와 가르침으로 성도들이 계속해서 하나님의 말씀에 순종하게 하십시오. 그리스도 예수의 좋은 군사로 고난을 받으십시오. 딤후 2:3 그대가 가진 은사, 곧 주님께서 이 사역을 위해 그대에게 부여하신 은사를 소홀히 여기지 마십시오. 딤전 4:14 전심전력을 다하며 인내로써 그대의 의무에 헌신하십시오. 왜냐하면 이것을 행함으로 그대가 그대 자신과 그대에게 듣는 자들을 구원할 것이기 때문입니다. 딤전 4:16

회중에게 권고

사랑하는 형제자매 여러분, 주님께서는 여러분에게 이 종을 허락해 주셨습니다. 큰 기쁨으로 그를 받아들이십시오. 좋은 소식을 가져오는 자의 발이 어찌 그리 아름다운지요!사 52:7 하나님의 말씀을 받는 일에 주의하십시오. 여러분은 성경에 따라 말하는 이 형제에게서 듣고 이 형제의 말을 받아들이되 사람의 말이 아니라 하나님의 말씀으로살전 2:13 받으십시오.

여러분을 인도하는 자들에게 순종하고 복종하십시오. 그들은 여러분의 영혼을 위하여 경성하기를 자기가 회계할 자인 것같이 합니다. 그들이 즐거움으로 이것을 하게 하고 근심으로 하게 마십시오. 그렇지 않으면 여러분에게 유익이 없습니다.히 13:17

여러분이 이렇게 주님께로부터 온 이 종을 받아들인다면, 하나님의 평강이 여러분에게 임할 것이고 여러분은 그리스도를 통하여 영원한 생명을 상속받을 것입니다.마 10:12,13

우리 자신만으로는 이 모든 것을 할 수 있는 능력이 없으므로 전능하신 하나님께 기도합시다.

기도

자비로우신 아버지여, 당신님께서는 전체 인류로부터 영원한 생명으로 선택된 교회를 당신님께로 모으시기를 기뻐하셨습니다. 당신님께서 사람들의 사역으로 이 교회를 모으시며, 또한 이 회중에게 이 말씀 사역자를 주심을 감사드리옵나이다. 당신님께서 이 사역자를 부르신 그 직무를 위하여 성령으로 말미암아 그를 준비시켜 주시기를 기도하옵니다. 그의 마음을 조명하여 주셔서 성경을 이해할 수 있게 하시고, 그의 입을 열어서 복음의 비밀을 담대하게 선포하게 하시기를 기도하옵니다. 그에게 지혜와 신실함을 허락하여 주셔서 양무리를 올바른 길로 인도하고, 그리스도의 평강 가운데서 지키며, 그의 사역으로 말미암아 그의 선한 인도하에서 주님의 교회가 보존되며 자라게 하옵소서.

당신님의 성령으로 그를 격려하시고 위로하셔서 그가 사역하는 동안 환란과 유혹들 가운데서도 확고부동하게 해 주시기를 바라옵나이다. 마지막으로, 당신님의 모든 신실한 종들과 함께 당신님의 즐거움에 참여하게 하옵소서.

그의 목회적인 돌봄에 맡겨진 모든 자들이 이 종을 당신님께서 보내신 종으로 인정하게 하옵소서. 이 목자가 이 회중에게 전한 그리스도의 교훈과 권고를 이 회중이 받아들일 수 있게 하옵소서. 또한 이 회중이 기쁨으로 이 목자의 지도에 복종할 수 있게 하옵소서. 이 목자의 사역을 통하여 모든 성도들이 그리스도를 믿고 영원한 생명을 상속받을 수 있게 하여 주시옵소서.

당신님과 성령님과 함께하시는 예수 그리스도 당신님의 아들을 통하여 영원히 사시고 다스리시는 하나이시고 유일하신 하나님 아버지여 우리의 기도를 들어주옵소서. (예수 그리스도의 이름으로 기도드립니다.) 아멘.

선교사 임직(취임) 예식서

FORM FOR THE ORDINATION(OR INSTALLATION) OF MISSIONARIES

우리 주 예수 그리스도 안에서 사랑하는 여러분!
당회는 이제 두 번째 우리 형제 _____의 이름을 공포하였는데, 이는 이 형제의 선교사 취임(혹은 이 교회에서 임직)에 대해 반대가 있는지 알기 위함이었습니다. 아무도 이 형제의 교리와 생활에 대해 합당하게 반대를 제기하지 않았으므로 우리는 이제 주님의 이름으로 이 형제의 취임식(혹은 임직식)을 진행할 것입니다.

직분

먼저, 성경이 국외에 있는 사람들에게 복음을 설교하기 위해 구별한 말씀 사역자들의 직분에 대해 가르치는 바를 들으시기 바랍니다.

　　우리 하늘의 아버지 하나님께서는 당신님의 선하신 기쁨으로 모든 족속과 방언과 백성과 나라로부터 교회를 모으십니다.계 5:9 하나님께서는 부패한 인류로부터 영원한 생명에로 그들을 부르십니다.

이 목적을 위하여 하나님께서는 당신님의 독생자를 세상에 보내셨고,요 3:16,17 독생자께서는 양들을 위해 자기 생명을 내어놓는 선한 목자로 오셨습니다.요 10:10,11 그래서 그들은 생명을 얻고 더 풍성하게 얻을 수 있게 되었습니다. 선한 목자께서는 자기 양들을 이스라엘로부터 부르실 뿐만 아니라 모든 민족으로부터 부르시고 자기 양의 우리로 인도하여 한 무리가 되어 한 목자에게 있게 하실 것입니다.요 10:16

당신님의 교회를 모으시기 위해서 그리스도께서는 성령님을 보내셨는데,행 2:30 이는 이렇게 약속하신 것입니다. 내가 아버지께로서 너희에게 보낼 보혜사, 곧 아버지께로서 나오시는 진리의 성령이 오실 때에 그가 나를 증거하실 것이요. 너희도 처음부터 나와 함께 있었으므로 증거하느니라.요 15:26,27 사도들도 또한 아버지께 파송 받으신 그리스도께 파송 받은 증인들이었습니다.요 20:21,22 사도들은 아버지께서 당신님의 아들을 세상의 구주로 파송하셨음을 증거하였습니다.요일 4:14

사도들의 이 증거를 통하여 십자가에 못 박히신 그리스도를 믿도록 사람들에게 제시하는 것은 교회의 소명입니다.롬 10:14,15,17 사도들의 시대부터, 성령께서는 교회에게 당신님께서 맡기신 이 사역을 위해 사람들을 따로 세우라고 명령하셨습니다.행 13:2

이 명령을 이루기 위해서 주 그리스도께서는 지금 이 회중에게 말씀 사역자를 주십니다.

선교사의 의무

주 예수 그리스도와 그의 사도들의 명령에 따라 선교사는 무엇보다도 먼저 그리스도를 모르는 자들이고, 이스라엘 나라 밖의 사람이며, 약속의 언약들에 대하여 외인들에게 하나님의 말씀을 설교해야 합니다. 이렇게 하여 선교사는 세상에서 소망이 없고 하나님 없는 자들에게 소망을 주어 전에 멀리 있던 그들이 그리스도의 피로 가까워지게 해야 합니다. 엡 2:12,13

하나님께서는 그리스도 안에서 세상을 자기와 화목하게 하셨습니다. 하나님께서는 그리스도의 사신이 되게 하신 자들에게 화목하게 하는 직책을 맡기셨습니다. 그러므로 선교사는 사람들에게 그리스도의 이름으로 하나님과 화목하라고 간구해야 합니다. 고후 5:19,20

선교사는 확실한 하나님의 말씀을 굳게 붙들어 바른 교훈으로 권면하고 거스려 말하는 자들을 책망해야 합니다. 딛 1:9

둘째, 선교사는 신자와 그의 자녀들에게 아버지와 아들과 성령의 이름으로 세례를 주고 주님께서 당신님의 교회에게 명령하신 모든 것을 가르쳐 지키게 해야 합니다. 마 28:19

그리고 주 예수 그리스도께서 당신님의 교회에게 주님의 죽으심을 오실 때까지 전하라고 명령하셨으므로 선교사는 또한 신자들 가운데에 주의 상을 준비해야 합니다. 고전 11:23,26 신자들이 교리와 생활에 있어서 죄를 범할 때 그들에게 권면하고 그들이 그 권면을 주의하지 않는다면 성례의 사용을 금지하는 것은 선교사의 사명입니다. 왜냐하면 사도 바울이 이렇게 경고했기 때문입니다. 너희가 주의 잔과 귀신의 잔을 겸하여 마시지 못하고 주의 상과 귀신의 상에 겸하여 참여하지 못하리라.고전 10:21

셋째, 선교사는 가능한 한 빨리 선한 질서대로 사도 바울의 권면과 모범에 따라 장로들과 집사들을 임직해야 합니다.행 14:23 ;딛 1:5,6 그래서 다른 사람들을 가르칠 수 있는딤후 2:2 신실한 사람들로서 그들은 하나님께서 당신님의 아들의 피로 사신 주의 양 떼를 인도할 수 있어야 합니다.행 20:28 그러나 선교사는 바울이 디모데에게 한 경고에 따라서 경솔하게 안수하지 않아야 합니다.딤전 5:22

사도들이 이 책임을 다하도록 하늘과 땅의 모든 권세를 받으신 주 그리스도께서는 사도들과 또 사도들 안에서 전체 교회를 볼지어다, 내가 세상 끝 날까지 너희와 항상 함께 있으리라마 28:20는 약속으로 위로하시고 격려하셨습니다. 이 약속은 거룩한 도성, 새 예루살렘이 하나님으로부터 하늘에서 내려올 때까지 지속될 것입니다.계 21:10 그때 그 약속은 성취되어 만국이 그 빛 가운데로 다니고 땅의 왕들이 자기 영광을 가지고 그리로 들어올 것입니다.계 21:23b,24 그러므로 주 그리스도께서는 생명나무에 나아가며 문들을 통하여 성에 들어갈 권세를 얻으려 하는 그 두루마리를 빠는 복된 자들을 부르십니다.계 22:14

임직(혹은 취임)

사랑하는 형제 _____, 그대는 이제 막 직분 수행을 시작하려고 합니다. 우리는 하나님과 거룩한 교회 앞에서 다음과 같은 질문들에 답할 것을 그대에게 요구합니다.

첫째, 그대는 하나님께서 친히 당신님의 교중을 통해 그대를 이 거룩한 사역으로 부르셨다고 생각하십니까?

둘째, 그대는 구약과 신약이 유일한 하나님의 말씀이고 완전한 구원의 교리임을 믿습니까? 그대는 이와 상반되는 모든 교리들을 거부하겠습니까?

셋째, 그대는 그대의 직분의 의무들을 이행하며 경건한 생활로 하나님의 교리를 빛나게 할 것을 약속하십니까? 그대는 또한 그대가 교리 혹은 생활에서 죄를 범하게 되는 경우에 교회의 권징에 복종할 것을 약속하십니까?

이에 대한 그대의 대답은 무엇입니까?

대답 예 그렇게 하겠습니다.

안수[1] (손을 올림)

이 거룩한 직분으로 그대를 부르신 우리 하늘의 하나님 아버지께서 그대를 성령으로 조명하여 주시고 그대의 사역에서 그대를 다스려

---

[1] 이미 목사인 사람의 경우에는 손을 올리는 일은 하지 않습니다.

주셔서 그대가 순종적으로 그 사역을 수행하게 하실 것이며, 하나님의 이름이 영광을 받으시고 하나님의 아들 예수 그리스도의 나라가 확장되도록 열매 맺게 하실 것입니다. 아멘.

선교사에게 권고

사랑하는 형제여, 이제 하나님께서 당신님의 교회를 통하여 주 예수 그리스도의 종으로 그대를 부르신 그 사역을 성령의 능력 안에서 행하러 가십시오. 따라서 우리 주의 증거를 부끄러워하지 말고 거룩하신 부르심으로 우리를 부르신 하나님의 능력을 좇아 복음과 함께 고난을 받으십시오.딤후 1:8,9 그리하면 목자장이 나타나실 때 시들지 아니하는 영광의 면류관을 얻을 것입니다.벧전 5:4

회중에게 권고

사랑하는 형제자매 여러분, 주님께서는 여러분에게 이 종을 허락해 주셨습니다. 큰 기쁨으로 그를 받아들이십시오. 모든 면에서 이 선교사(그의 가족들과 함께)를 지켜주실 것을 우리 주 예수 그리스도의 아버지께 간구하십시오. 주의 말씀이 여러분 가운데서 그러했던 것과 같이 달음질하여 승리하도록 이 선교사를 위해 기도하십시오.살후 3:1

　　우리 자신만으로는 이 모든 일을 할 수 없으므로, 전능하신 하나님께 기도합시다.

기도

자비로우신 아버지여! 당신님께서는 전체 인류로부터 영원한 생명으로 선택된 교회를 당신님 자신께로 모으시기를 기뻐하셨나이다. 당신님께서 사람들의 사역으로 이 교회를 모으시며, 또한 은혜롭게도 외부에 있는 자들에게 당신님의 말씀 사역자로 일하도록 이 신실한 종을 이 회중에게 주셨나이다.

당신님께서 이 사역자를 부르신 그 직무를 위하여 성령으로 말미암아 그를 준비시켜 주시기를 기도하옵나이다. 그의 마음을 조명하여 주셔서 성경을 이해할 수 있게 하시고, 그의 입을 열어서 복음의 비밀을 담대하게 선포하게 하시옵소서. 주님의 복음이 이 선교사의 설교를 통해서 많은 사람들을 주 예수 그리스도를 믿는 믿음에 이르게 하기를 바라옵나이다. 이 선교사가 자기 사역에서 직면하는 어려움과 압제 가운데서도 지혜롭게 행하며 인내하게 해 주시옵소서. 모든 면에서 그를 지켜주시옵소서. 당신님의 은혜를 그에게 허락하여 주셔서 저가 끝까지 확고부동하게 하셔서 모든 당신님의 신실하신 종들과 함께 당신님의 즐거움에 참여하게 하옵소서.

이 회중(과 협력하는 교회들)에게 당신님의 은혜를 허락하여 주셔서 그들이 땅끝까지 복음이 전파되는 것으로 기뻐할 수 있도록 당신님께서 이 사역에서 행하는 것을 볼 수 있게 하시고, 그들의 기도에서 당신님의 종을 계속해서 기억하게 하옵소서.

자비로우신 아버지! 당신님의 사랑하는 아들 우리 주 예수 그리스도를 통하여 우리 기도를 들어주시옵소서. (예수 그리스도의 이름으로 기도 드리옵나이다.) 아멘.

장로와 집사 임직 예식서

FORM FOR THE ORDINATION OF ELDERS AND DEACONS

우리 주 예수 그리스도 안에서 사랑하는 성도 여러분!

당회는 이 교회에서 장로와 집사의 직분으로 선출되고 지명된 형제들의 이름을 두 번 공포하여서 그들의 임직에 대한 반대가 있는지를 알고자 했습니다. 아무도 그들의 교리와 생활에 대하여서 합법적인 반대가 없었으므로 우리는 이제 주님의 이름으로 그들의 임직식을 진행할 것입니다.

    먼저 성경이 장로와 집사의 직분에 대하여 가르치는 교훈을 듣겠습니다.

제정

이미 구약 시대에 하나님의 백성들은 장로들의 지도와 인도를 즐겼습니다. 출 3:16 여호와께서는 모세에게 애굽에서 이스라엘의 장로들을 함께 모아서 종살이에서 그들을 구원하실 것이라는 당신님의 약속을 그들에게 전하라고 명령하셨습니다.출 17:5 이 장로들이 모세와 함께 광야에 있을 때 여호와께서는 그들 가운데서 칠십 인을 선출하여서 백성들의 짐을 모세와 함께 나누어 짊어지도록 하셨습니다.민 11:16 이 장로들은 모세와 더불어 백성들에게 명령할 권위를 부여받았습니다.신 27:1 모세는 자기 사역을 끝낼 때 모든 이스라엘의 장로들에게 하나님의 백성들을 다스리도록 율법을 주었습니다.신 31:9 이스라엘 백성들이 약속의 땅에 들어간 다음에 이 장로들은 그 땅의 각 성읍에서 그들의 소명을 감당했습니다.수 20:4; 삿 8:16

선한 목자께서는 당신님의 양 무리에 대한 끊임없는 돌보심 가운데서 사도들을 불러서 당신님의 보편 교회의 터가 되게 하셨습니다. 그 다음으로, 사도들은 성도들과 협력하여 각 교회에 장로들을 세웠습니다.행 14:23; 행 15:23 사도들과 장로들은 교회가 복종할 규례들을 정하기 위해서 함께 모였습니다.행 16:4 바울은 감독자들에게 성령께서 그들을 감독자로 삼으신 그 양 떼를 위하여 삼가라고 권면했습니다.행 20:28 베드로는 장로들에게 하나님께서 맡겨 주신 양 무리를 치라고 권고했습니다.벧전 5:2

사도 바울은 빌립보서에서 감독들과 집사들과 함께 성도들에게 편지한다고 하였습니다.빌 1:1 사도 바울은 또한 이 직분이 계속 유지되도록 그의 동역자들에게 이 감독과 집사의 직분으로 형제들을 선택하는 일에 관하여서 자세히 가르쳤습니다.딤전 3:1-13; 딛 1:5-9

사도 바울은 디도에게 각 성마다 장로들을 세우라고 명령했습니다. 신약에서는 이런 직분자들을 장로presbyters or elders라고 부를 뿐만 아니라 목자와 인도자는 물론 감독과 청지기라고도 부릅니다.

그러므로 장로의 직분은 그리스도께서 주신 권위 중 하나입니다. 장로들은 하나님의 백성들에게 하나님의 규례를 회상시켜 주고 불순종하는 자들에게 권징을 시행하며 양 무리를 돌보고 그들을 위협하는 위험들에 맞서 양들을 보호함으로써 그 의무를 다해야 합니다.

장로들의 사명

장로들의 사명에 대하여서 말씀드리면, 말씀 사역자와 함께 장로들의 직무는 그리스도의 교회를 감독하는 것입니다. 모든 성도 한 사람 한 사람이 교리와 생활에서 합당하게 행하는지를 감독하는 것입니다. 살전 2:11,12 이 목적을 위하여 장로들은 성실하게 성도들의 가정을 방문하여 하나님의 말씀으로 위로하고 교훈하며 권면하고 합당하게 행하지 않는 자들을 책망하여야 합니다. 딛 1:9 그들은 그리스도의 명령을 따라 불신하고 불경건한 모습을 드러내는 자들과 회개하기를 거부하는 자들에게 기독교 권징을 실행해야 합니다. 마 18:17,18 그들은 성례가 더럽혀지지 않도록 살펴야 합니다.

둘째, 하나님의 집의 청지기로서 딛 1:7 장로들은 성도들 가운데서 모든 일이 신중하고 선한 질서대로 행해지도록 돌보아야 합니다. 고전 14:40 이 목적을 위하여 장로들은 말씀 사역자와 함께 교회의 당회를 구성합니다. 말씀 사역자와 함께 장로들은 자신들에게 맡겨진 하나님의 양 무리를 돌보아야 합니다. 벧전 5:1-4 장로들은 합법적으로 부르심을 받지 않고서 교회 안에서 섬기려는 자들을 막아야 합니다.

셋째, 선한 의논과 조언으로 말씀 사역자를 돕는 것은 장로들의 의무입니다. 그들은 또한 이 동료 종들의 교리와 행위를 감독해야 할 책임이 있습니다. 그들은 이상한 가르침을 허용하지 않아서 성도들이 모든 면에서 순수한 복음의 교리로 세워지도록 해야 합니다. 행 20:29-31 그러므로 그들은 이리들이 선한 목자의 양 우리 안으로 들어오지 않도록 부지런히 지켜야 합니다. 요 10:7-13

하나님의 양 무리의 목자로서 자기 일을 잘 감당하기 위해서 감독들은 경건에 이르기를 연습하고 성경을 열심히 연구하여야 합니다. 이 성경은 모든 면에서 유익하여 하나님의 사람이 모든 선한 일을 위하여 갖추게 할 것입니다. 딤후 3:14-17

자비의 사역

집사들에게 부여된 자비의 사역에 관하여 말씀드리자면, 여호와께서는 당신님의 백성 이스라엘에게 궁핍한 자들에게 자비를 베풀 의무를 통감하게 하셨습니다. 신 14:28,29 하나님께서는 반복해서 나그네와 고아와 과부들이 그들의 성읍에서 먹고 배부르게 하라고 명령하셨습니다. 신 16:11,14; 신 24:19-21; 신 26:12,13; 신 27:19 구약 시대에 궁핍한 자들과 고난당하는 자들은 하나님의 아버지와 같은 사랑으로 보호를 받고 공급을 받았습니다. 아버지를 우리에게 보여주신 요 14:9 주 예수 그리스도께서는 섬기려고 이 세상에 오셨습니다. 막 10:45 그리스도께서는 당신님의 자비로 배고픈 사람들을 먹이시고 병든 사람들을 고치시며 고통하는 자들에게 동정을 보이셨습니다. 마 4:23,24 이렇게 그리스도께서는 모범을 보여 주셔서 당신님의 교회가 그와 같이 행하게 하셨습니다. 요 13:15 그러므로 집사들에게 맡기신 자비의 사역은 우리 구주의 이런 사랑으로부터 생겼습니다.

주님의 모범에 따라, 첫 번째 그리스도의 교회는 그들 가운데 아무도 부족함으로 고통받는 일이 없도록 돌보았습니다. 행 2:46 각 사람에게 필요에 따라 나누어 주었습니다. 행 4:32-37

오늘날도 또한 주님께서는 우리에게 자선과 관대함과 자비를 나타내게 하셔서 약하고 궁핍한 사람들이 하나님의 백성의 기쁨에 풍성하게 참여하게 하실 것입니다. 마 25:31-46; 롬 12:13; 히 13:2,16 그리스도의 교회에서는 아무도 질병과 가난과 고독의 압박 아래에서 위로를 받지 못하고 사는 사람이 없어야 할 것입니다. 벧전 4:9

이런 사랑의 섬김을 위해 그리스도께서는 당신님의 교회에 집사들을 주셨습니다. 빌 1:1 사도들이 날마다 궁핍한 자들을 지지하는 데 전력을 다 바친다면 하나님의 말씀을 설교하는 일을 포기해야 한다는 것을 깨달았을 때 그들은 이 의무를 성도들이 선출한 일곱 형제에게 맡겼습니다. 행 6:1-7 그러므로 교회 안에서 이 자비의 봉사가 잘 진행되게 살피는 것은 집사의 책임입니다. 집사들은 성도들 가운데 있는 필요와 어려움들을 잘 알고서 그리스도의 몸의 지체들에게 자비를 보이라고 권고해야 합니다. 그들은 헌금을 모으고 관리하여 그리스도의 이름으로 필요에 따라 나누어 주어야 합니다. 그들은 그리스도의 사랑의 선물을 받은 자들을 하나님의 말씀으로 격려하고 위로하도록 부름을 받았습니다. 갈 6:10 그들은 성도들이 주의 상에서 즐기는 성령 안에서 일치와 교제를 말과 행동으로 잘 나타나게 해야 합니다.

이런 방식으로 하나님의 자녀들은 피차간, 그리고 모든 사람에 대한 사랑이 더욱 넘치게 될 것입니다. 살전 3:12; 벧후 1:7

임직

사랑하는 형제들이여, 그대들은 각자의 직분을 이제 막 시작하려고 합니다. 우리는 그대들이 하나님과 당신님의 거룩한 교회 앞에서 다음 질문들에 대해 답해 주실 것을 요청합니다.

첫째, 그대들은 하나님께서 친히 당신님의 회중을 통하여 그대들을 이 직분으로 부르셨음을 확신하십니까?

둘째, 그대들은 구약과 신약을 유일한 하나님의 말씀이요, 구원을 위한 완전한 교리라고 믿습니까? 그대들은 성경과 어긋나는 모든 교리를 거부하십니까?

셋째, 그대들은 자기의 직분의 의무를 성실하게 수행하고 장로로서 그대들은 교회를 다스리는 일에서, 그리고 집사로서 그대들은 자비의 사역에서 자기의 직분을 경건한 생활로 장식할 것을 약속하십니까? 또한 그대들이 교리나 생활에서 태만하게 하는 경우에 교회의 권징에 복종할 것을 약속하십니까?

대답 예, 그렇게 하겠습니다(각 개인들이 각자 대답해야 한다).

전능하신 하나님 아버지께서 그대들에게 당신님의 은혜를 허락하여 주셔서 그대들이 성실하고 효과적으로 자기의 직분을 실행하시기를 바랍니다. 아멘.

권고

그리스도의 양 무리의 선한 목자이고 하나님의 집의 신실한 파수꾼으로서 장로로 임직된 여러분들은 교회를 다스리는 일과 낙담한 사람을 위로하는 일과 방황하는 사람을 권고하는 일을 부지런히 감당하십시오. 성도들이 순수한 교리에 거하고 경건한 생활로 인도되도록 삼가십시오. 여러분 중에 있는 하나님의 양 무리를 치되 부득이함으로 하지 말고 오직 하나님의 뜻을 좇아 자원함으로 하며 더러운 이를 위하여 하지 말고 오직 즐거운 뜻으로 하며 맡기운 자들에게 주장하는 자세를 하지 말고 오직 양 무리의 본이 되십시오. 그리하면 목자장이 나타나실 때에 시들지 아니하는 영광의 면류관을 얻을

것입니다. 벧전 5:2-4

집사로 임직된 여러분은 선물들gifts을 모으고 도움을 필요로 하는 사람들, 특별히 과부와 고아에게 즐겁게 나누어 주는 일을 신실하고 부지런히 행하십시오. 모든 사람들에게 선한 일을 하되 특히 믿음의 가정들에게 하십시오. 갈 6:10 근심에 눌려 있는 사람들과 외로운 사람들을 돌아보십시오. 그대들의 자비의 사역을 행할 때에 성도들에게 섬김의 좋은 모범을 보이십시오. 그리스도 예수께서는 모든 성도들이 그러한 일을 하도록 부르셨습니다.

그대들 모두 마음을 합하여 자신의 직분에 신실하십시오. 깨끗한 양심에 믿음의 비밀을 가지십시오. 딤전 3:9 만일 그대들이 잘 섬긴다면 아름다운 지위와 그리스도 예수 안에 있는 믿음에 큰 담력을 얻을 것이고 딤전 3:13 마지막에는 주님의 즐거움에 참여할 것입니다.

다른 한편으로, 사랑하는 형제자매 여러분, 하나님의 종들로서 이 사람들을 받아들이십시오.

여러분 가운데서 수고하고 주 안에서 여러분을 다스리며 권하는 감독자들을 존경하십시오. 그들의 사역 때문에 사랑 안에서 그들을 가장 귀히 여기십시오. 살전 5:12,13 여러분을 인도하는 자들에게 순종하고 복종하십시오. 그들은 여러분의 영혼을 위하여 경성하기를 자기가 회계할 자인 것같이 합니다. 그들로 하여금 즐거움으로 이것을 하게 하고 근심으로 하게 마십시오. 그렇지 않으면 여러분에게 유익이 없을 것입니다. 히 13:17

그들의 직분을 잘 감당할 수단을 충분히 갖도록 잘 도와주십시오. 주님께서 여러분에게 맡기신 모든 것에 대하여서 선한 청지기가 되십시오. 하나님의 교회를 섬김에 있어서 여러분의 모범이 되신 그리스도를 기억하십시오.

우리가 우리 스스로의 힘으로는 이 모든 일들을 감당할 수 없기 때문에 함께 우리 주 하나님께 기도드립시다.

기도

하늘에 계신 우리 주 하나님 아버지! 주님의 교회를 세우기 위해서 말씀 사역자 외에 장로들과 집사들을 임직한 것이 주님께서 기뻐하시는 일이 되기를 바라옵나이다. 주님께서 우리에게 당신님의 성령을 받은 사람들을 주심을 당신님께 감사드리옵나이다. 지혜와 용기와 분별력과 자비와 같은 그들이 필요로 하는 은사들을 더욱더 풍성하게 허락하여 주셔서 그들 각자가 주님을 기쁘시게 하도록 자신의 직분을 잘 감당하게 하옵소서.

주님의 은혜를 장로들과 집사들에게 내려주셔서 그들이 어려움이나 슬픔으로 혹은 세상의 핍박으로 방해받지 않고서 인내하면서 신실하게 섬기게 하옵소서.

주님께서 이 장로들과 집사들을 세우신 이 교회의 성도들이 장로들의 선한 권고에 기꺼이 복종하며 그들의 사역 때문에 사랑 안에서 그들을 귀히 여기게 하옵소서.

우리에게 피차간에 뜨겁게 사랑하게 하옵소서. 우리가 충분한 재물을 집사들에게 즐거이 제공하여 가난한 사람들이 자유롭게 공급받을 수 있게 하옵소서.

모든 성도들의 신실한 섬김으로 당신님의 아들의 나라가 임하게 하시고 주님의 이름이 영광 받으시기를 기도합니다. 나라와 권세와 영광이 영원히 당신님께 있나이다. (우리 주 예수 그리스도의 이름으로 기도하옵나이다.) 아멘.

혼인 서약 예식서

FORM FOR THE SOLEMNIZATION OF MARRIAGE

공포

당회는 _____와(과) _____가 하나님의 규례에 따라 혼인하려는 의사를 밝혔음을 알렸습니다. 그들은 주님의 이름으로 이 거룩한 혼인 생활을 시작하여 주님의 영광에 이르도록 완성하기를 원합니다. 만일 합법적인 반대가 제기되지 않는다면, 이 혼인 예식은 거행될 것이고, 주님께서 기꺼이 인도해 주실 것입니다.

서언

_____와(과) _____, 당회가 정식으로 혼인하려는 그대들의 의사를 성도들에게 알리고, 이에 대한 합법적인 반대가 제기되지 않았기 때문에, 우리는 이제 주님의 이름으로 그대들의 혼인서약 예식을 시작하겠습니다.

혼인의 제정

먼저, 우리는 하나님의 말씀이 혼인에 대해 우리에게 가르쳐 주는 바를 요약한 말씀을 듣겠습니다. 우리는 혼인이 하나님을 기쁘시게 하는 하나님께서 제정하신 제도이므로, 모든 사람 가운데서 존중을 받아야 한다는 사실을 하나님의 말씀으로부터 압니다.히 13:4 우리 아버지 하나님께서는 하늘과 땅을 창조하신 후에 당신님의 형상대로 사람을 창조하셨습니다.창 1:27 그리고 여호와 하나님께서는 사람이 독처하는 것이 좋지 못하니 내가 그를 위하여 돕는 배필을 지으리라고 말씀하셨습니다. 남자가 하나님의 다른 창조물들 가운데서 자기에게 맞는 돕는 배필을 찾지 못했을 때, 여호와 하나님께서는 남자를 깊이 잠들게 하시고, 남자가 자는 동안 그 갈빗대를 취하고 살로 대신 채우시고, 여호와 하나님께서 남자에게 취하신 그 갈빗대로 여자를 만드시고 그 여자를 남자에게로 이끌어 오셨습니다. 그때 남자가 말하기를, 이는 내 **뼈** 중의 **뼈**요, 살 중의 살이라. 이것을 남자에게서 취하였은즉 여자라 칭하리라.라고 했습니다. 그러므로 남자가 부모를 떠나서 그 아내와 연합하여 둘이 한 몸을 이룰지로다고 합니다.창 2:18-24 그러므로 우리는 여호와께서 오늘도 또한 남편과 아내 각자에게 서로를 주셨음을 믿습니다. 남편과 아내는 여호와의 권능으로 하나가 되었기 때문에, 이 세상에서 그 어떤 것도 이 둘을 나누지 못할 것입니다.

또한 우리 주 예수 그리스도께서 가나의 혼인 잔치에서 당신님의 영광을 계시하셨을 때 혼인을 존중하셨습니다. 요 2:1-11 그리스도께서 그러므로 하나님이 짝지어 주신 것을 사람이 나누지 못할지니라마 19:6고 말씀하실 때 혼인이 깨뜨릴 수 없는 하나님께서 세우신 제도라고 우리에게 가르치십니다.

또한 하나님께서 혼인을 이런 강력한 결속으로 제정하셨기 때문에, 우리 주 예수 그리스도께서 누구든지 음행한 연고 외에 아내를 내어 버리고 다른 데 장가드는 자는 간음함이니라고 하는 말씀에서 보여주신 것처럼마 19:9, 하나님께서는 이혼을 미워하십니다. 말 2:16

주님께서는 음행을 금지하셨기 때문에, 남자마다 자기 아내를 두고 여자마다 자기 남편을 두어야 하고고전 7:2, 이렇게 하여 우리 몸이 성령의 전으로 보존될 수 있으며, 우리는 우리 몸으로 하나님께 영광을 돌릴 수 있습니다. 고전 6:19-20

심오한 신비

사도 바울은 혼인에서 남편과 아내의 연합이 그리스도와 교회의 관계를 반영하는 심오한 신비라고 우리에게 가르칩니다. 엡 5:22-33 그리스도께서 교회의 머리이신 것처럼, 남편은 자기 아내의 머리입니다. 그리스도께서는 당신님의 교회를 끝까지 사랑하시고요 13:1, 교회를 위하여 자신을 주시어 교회가 거룩하고 흠이 없게 하셨습니다. 이와 같이 남편도 자기 아내 사랑하기를 제 몸같이 하여 자기 아내를 돌보고 보호해야 합니다. 교회가 그리스도께 복종하듯이, 아내도 하나님을 신뢰하고 자기 남편에게 복종했던 거룩한 여인들의 본을 따라, 모든 일에 있어서 자기 남편에게 순복하고 남편을 존중하고 남편의 사랑의 돌봄에 자신을 맡겨야 합니다. 벧전 3:5

남편과 아내는 모든 선한 일에 있어서 서로 돕고 진심으로 서로의 죄와 단점들을 용서해야 합니다. 남편과 아내는 사랑으로 연합하였으므로 혼인에서 더욱 그리스도와 교회의 연합을 반영해야 할 것입니다.

사도가 말한 것처럼 비록 혼인한 사람들이 혼인생활에서 고난이 있고 고전 7:28, 죄 때문에 어려움과 고통을 경험하는 일이 있는 것이 사실일지라도, 심지어 그들이 하나님의 도우심과 보호하심을 거의 기대할 수 없을 때도, 또한 생명의 은혜를 유업으로 받은 자로서 그들이 항상 하나님의 도우심과 보호하심을 받을 것이라는 하나님의 약속을 그들은 믿을 수 있습니다.

혼인의 목적

하나님의 말씀은 또한 혼인의 목적을 우리에게 가르칩니다.

첫째, 남편과 아내는 진실한 사랑과 거룩함 가운데서 함께 살고 이 세상과 오는 세상에 속한 모든 일들에 있어서 서로 신실하게 도와야 합니다.

둘째, 인류가 계속되고 증대되게 하신 혼인에 의해서, 그리고 하나님의 축복 하에서, 남편과 아내는 생육하고 번성할 것입니다. 창 1:28 하나님께서 남편과 아내에게 자녀들을 주시기를 기뻐하신다면, 그들은 참지식과 주님을 경외함 가운데서 이 자녀들을 양육하여야 합니다. 엡 6:4

(목사는 신랑과 신부에게 일어날 것을 요구한다.)

혼인의 의무

신랑과 신부여, 그대들은 주님께서 혼인에서 그대들에게 요구하시는 바가 무엇인지를 하나님의 말씀에서 들으십시오.

신랑 _____, 하나님께서는 그대를 아내의 머리로 세우셨음을 알아야 합니다. 그대는 그리스도께서 교회를 위하여 자기를 주신 것처럼 그렇게 아내를 제 몸처럼 사랑해야 합니다. 아내를 인도하고 보호하고 위로하십시오. 벧전 3:7 지혜롭게 아내와 함께 살며 아내를 존중하십시오. 왜냐하면 아내는 그대와 함께 영원한 생명을 유업으로 받은 자이기 때문입니다. 그리하면 그대의 기도가 막히지 않을 것입니다. 그대는 가족을 부양하고 빈궁한 자들을 돕기 위해서 날마다의 소명에 따라 성실하게 일하십시오. 엡 4:28

신부 _____, 그대는 교회가 그리스도께 복종하듯이 남편을 사랑하고 남편에게 복종해야 합니다. 남편의 인도를 받아들이고 모든 선한 일에 있어서 남편을 도우십시오. 가족과 가정을 진정으로 돌보고 믿음과 사랑과 거룩함 가운데 겸손하게 사십시오.

항상 서로를 돕고 서로에게 신실하십시오. 주님께서 교회에서, 그리고 이 세상에서 그대들에게 주신 소명을 부지런히 감당하십시오. 주님의 확실한 약속, 여호와를 경외하며 그 도에 행하는 자마다 복이 있도다. 네가 네 손이 수고한 대로 먹을 것이라! 네가 복되고 형통하리로다시 128:1,2고 하신 약속을 믿으십시오.

_____와(과) _____, 그대들은 이제 주님께서 그대들에게 요구하시는 것과 주님께서 그대들에게 약속하신 것을 들었습니다. 우리 하나님께서 그대들에게 이와 같은 방식으로 남편과 아내로서 함께 살아가도록 힘과 신실함을 주시기를 바라며, 그대들의 도움이 하늘과 땅을 창조하신 주님의 이름에 있기를 원합니다.시 124:8

(목사: 그대들은 오른손을 맞잡으시겠습니까?)

혼인 서약

(신랑에게)

신랑 _____, 그대는 이 자리에서 여기에 서 있는 신부 _____, 를(을) 그대의 합법적인 아내로 받아들일 것을 주님과 증인들 앞에서 선언하십니까? 그대는 신실하게 아내를 사랑하고 지키며 부양하고 거룩한 복음에 따라 거룩하게 아내와 함께 살 것을 서약하십니까? 또한 그대는 기쁠 때나 슬플 때나 부유할 때나 가난할 때나 건강할 때나 병들 때에나 그대 두 사람이 살아갈 날 동안 결코 아내를 버리지 않고 항상 아내에게 진실하게 행할 것을 서약하십니까?

그대의 대답은 무엇입니까?
대답 예, 그렇게 서약합니다.

(신부에게)

신부 _____, 그대는 이 자리에서 여기에 서 있는 신랑 _____, 를(을) 그대의 합법적인 남편으로 받아들일 것을 주님과 증인들 앞에서 선언하십니까? 그대는 남편을 사랑하고 남편에게 순종하며 거룩한 복음에 따라 거룩하게 남편과 함께 살아갈 것을 서약하십니까? 또한 그대는 기쁠 때나 슬플 때나 부유할 때나 가난할 때나 건강할 때나 병들 때에나 그대 두 사람이 살아갈 날 동안 결코 남편을 버리지 않고 항상 남편에게 진실하게 행할 것을 서약하십니까?

그대의 대답은 무엇입니까?
대답 예, 그렇게 서약합니다.

선포

(목사) 나는 이제 그대들이 남편과 아내가 되었음을 선언합니다. 은혜로 말미암아 그대들을 이 거룩한 혼인생활로 부르신 모든 자비의 아버지께서는 그대들을 참된 사랑과 신실함으로 함께 맺어주셨고 당신님의 복을 그대들에게 허락해 주셨습니다. 아멘.

신랑, 신부여, 우리가 자신에게서 아무것도 기대할 수 없으므로, 그대들은 주님 앞에 무릎을 꿇고 주님께서 그대들이 서약을 지킬 수 있도록 해 주시고, 그대들에게 당신님의 복을 허락해 달라고 우리는 그대들과 함께, 또 그대들을 위하여 기도할 것입니다. 기도하겠습니다.

기도

전능하신 하늘의 아버지! 당신님께서는 처음부터 사람이 홀로 있는 것이 좋지 않다고 말씀하셨나이다. 저희들은 하나님께서 혼인 안에서 이 형제자매가 각각 서로에게 자신을 내어주어 그들이 하나 되게 하여 주심을 감사하며 찬양드립니다.

저희들은 이들이 참된 믿음 안에서 당신님의 뜻에 따라 함께 살아갈 수 있도록 성령님을 허락해 주실 것을 기도드리옵나이다. 이들이 죄의 권세에 저항하도록 도와주시옵소서. 하나님 앞에서 거룩하게 살아가게 하옵소서. 주님의 얼굴을 이들을 향하여 드시어 하나님의 아버지 같은 손길로 번영 가운데서나 역경 가운데서나 이들을 인도하여 주시옵소서.

거룩하신 아버지! 아브라함과 이삭과 야곱에게 하신 언약의 약속들에 따라 당신님의 복을 이들에게 허락하옵소서. 하나님께서 이들에게 자녀들을 주시기를 기뻐하신다면, 이들과 이들의 자녀들에게도 당신님의 언약을 확정하옵소서. 이들이 당신님을 경외하는 가운데 당신님의 이름의 영광을 위해서, 또 교회를 세우기 위해서 이 자녀들을 양육하도록 허락하여 주시옵소서.

이들이 당신님의 아들 예수 그리스도와 교제 가운데서, 참된 사랑의 조화 가운데서 이웃의 유익을 위하여 살게 하옵소서. 이들이 모든 교회와 함께 위대한 어린 양의 혼인 잔치의 날을 고대하게 하옵소서.

자비로우신 아버지! 당신님과 당신님의 성령님과 함께 계신 분이신 유일하신 참 하나님이시며 영원부터 사시고 다스리시는 당신님의 사랑하는 아들 예수 그리스도의 유익을 위하여 우리 기도를 들어 주시옵소서. (예수 그리스도의 이름으로 기도드리옵나이다.) 아멘.

(혹은)

하늘에 계신 우리 아버지여
이름이 거룩히 여김을 받으시오며
나라가 임하옵시며
뜻이 하늘에서 이루어진 것같이 땅에서도 이루어지이다

오늘날 우리에게 일용할 양식을 주옵시고

우리가 우리에게 죄 지은 자를 사하여 준 것같이

우리 죄를 사하여 주옵시고

우리를 시험에 들게 하지 마옵시고

다만 악에서 구하옵소서.

나라와 권세와 영광이 아버지께 영원히 있사옵나이다. 아멘.

축복의 선포

형제 자매 _____ _____, 우리 주 하나님께서 그대들에게 풍성하게 복 주시고 모든 경건과 사랑과 연합 가운데서 함께 오래 살며 거룩한 삶을 살 수 있도록 허락해 주시기를 원합니다. 아멘.

예전

2. 기도 모범서

1. 일반적인 죄의 고백과 설교 전과 금식과 기도의 날에 드리는 기도
2. 기독교의 모든 필요를 위한 기도
3. 공적인 죄의 고백과 설교 전 기도
4. 설교 후 기도
5. 교리문답의 설교 전 기도
6. 교리문답의 설교 후 기도
7. 식사 전에 드리는 기도
8. 식사 후에 드리는 감사기도
9. 환자와 영적으로 지친 자들을 위한 기도
10. 환자와 영적으로 지친 자들을 위한 기도
11. 아침 기도
12. 저녁 기도
13. 교회 회의들을 위한 개회기도
14. 교회 회의들을 위한 폐회기도
15. 집사회를 위한 개회기도

기도 모범서

1. 일반적인 죄의 고백과 설교 전과 금식과 기도의 날에 드리는 기도

영원하시고 자비로우신 하나님 아버지! 우리는 너무나 자주, 슬프게도 당신님께 죄를 범하므로 당신님의 크신 위엄 앞에서 어찌할 수 없는 죄인임을 고백하옵니다. 당신님께서 우리를 심판하실지라도 우리는 그 사실을 인정하옵나이다. 우리는 현세적이고 영원한 죽음을 당할 수밖에 없음을 인정하옵나이다. 우리가 죄 가운데 잉태되고 태어났으며, 주 하나님과 우리 이웃에 대하여 온갖 종류의 악한 욕망이 우리 마음에 가득 차 있음을 깊이 인정하옵나이다. 우리는 계속해서 당신님의 계명들을 어기고 당신님께서 우리에게 명하신 계명들을 지키지 못하며 당신님께서 명백하게 금하신 일만 행하나이다. 우리는 모두 길을 잃은 양처럼 되어 제각기 자기 길로 돌아섰나이다. 우리는 우리의 완고함을 인정하오며 우리의 모든 죄에 대해 진심으로 슬퍼하옵나이다. 우리는 우리의 죄악들이 엄청나며 우리가 그 죗값을 갚을 수 없음을 고백하옵나이다. 따라서 우리는 당신님의 자녀들이라고 불릴 자격이 없으며 하늘에 계신 당신님께로 향하여 눈을 들 수도 없습니다.

그럼에도 불구하고 주 하나님, 은혜로우신 아버지시여, 우리는 당신님께서 죄인들의 죽음을 바라지 않으시고 죄인들이 당신님께로 돌아와서 살기를 바라신다는 것을 압니다. 우리는 당신님께로 돌아온 죄인들을 향한 당신님의 자비가 무한하심을 인정하므로 우리 중보자 예수 그리스도, 세상 죄를 지신 하나님의 어린 양을 신뢰하며 우리 마음 깊은 곳으로부터 당신님을 부르도록 용기를 얻습니다. 당신님께서는 우리에게 긍휼하셔서 그리스도 때문에 우리 모든 죄를 용서해 주시고, 그리스도의 피의 순전한 샘에서 우리를 씻기시어 우리가 눈과 같이 희고 깨끗하게 될 수 있게 하셨나이다. 당신님의 이름의 영광을 위해 당신님의 의로 우리의 벌거벗음을 덮으셨나이다. 우리의 분별력이 모든 소경됨으로부터 벗어나며 우리의 마음이 모든 완악함과 반역으로부터 벗어나게 하셨나이다.

이제 주님의 종의 입을 열어 주셔서 당신님의 지혜와 지식으로 채우셔서, 당신님의 종이 모든 정결함으로 당신님의 말씀을 담대하게 선포할 수 있게 하옵소서. 그 말씀을 받고 그 말씀을 이해하며 그 말씀을 간직할 수 있도록 우리 마음을 준비하게 하옵소서. 당신님께서 찬양받으시며 영광을 받으시도록, 또 당신님의 교회가 강화되도록 당신님께서 약속하신 대로 당신님의 율법을 우리 마음의 판에 새겨주시고 우리가 당신님의 교훈의 길로 행하기를 바라는 마음과 용기를 주시옵소서. 은혜로우신 아버지, 이 모든 것을 예수 그리스도의 이름으로 기도하옵나이다. 아멘.

<small>(혹은 … 그분이 우리에게 기도를 가르쳐 주신 대로, 하늘에 계신 우리 아버지 …)</small>

2 기독교의 모든 필요를 위한 기도

전능하시고 자비로우신 하나님! 우리는 당신님 앞에서 기도할 자격이 없음을 고백합니다. 우리의 양심은 끊임없이 우리를 고소하고 우리의 죄는 우리에게 대항하여 증거하옵나이다. 또한 당신님께서는 당신님의 계명들을 범한 자들의 죄를 처벌하시는 의로운 심판자이심을 아옵나이다.

그러나 여호와여, 당신님께서는 우리의 모든 필요를 당신님께 구하라고 명하시고, 자비로 우리의 간구를 들으신다고 약속해 주셨습니다. 이렇게 간구할 수 있는 것이 우리가 가진 것이 아무것도 없으므로, 우리의 공로 때문이 아니라, 당신님께서 우리의 중보자와 변호자로 임명하신 우리 주 예수 그리스도의 공로 때문임을 깨닫습니다. 따라서 우리는 다른 모든 도움을 버리며 오직 당신님의 자비

이외에 모든 것 가운데서 우리의 위로를 얻기를 거부하나이다.

하늘의 아버지여! 당신님께서는 우리가 능히 이해할 수도 없고, 헤아릴 수도 없는 엄청난 복을 우리에게 부어주셨습니다. 우리는 특별히 당신님께서 우리를 당신님의 진리의 빛 가운데로 인도하시고 당신님의 거룩한 복음의 지식에 이르도록 이끌어 주심을 감사드립니다. 그러나 거듭거듭 우리는 배은망덕하게도 당신님의 은덕들을 잊어버리고 우리 자신의 욕망을 따라가나이다. 우리가 행해야 할 일로서 당신님께 영광을 돌리지 못했습니다. 우리는 슬프게도 당신님께 죄를 범했나이다. 당신님께서 우리를 심판하신다면, 우리는 정죄와 영원한 죽음 외에 아무것도 기대할 수 없나이다. 그러나 당신님께서는 주의 기름 부음 받으신 분의 얼굴을 바라보시나이다. 당신님의 눈앞에 우리의 죄를 드러내지 않으시고 당신님의 기름 부음 받으신 분의 중보를 통하여 당신님의 진노를 거두셨습니다. 당신님의 성령께서 강하게 우리 안에서 역사하사 우리의 죄악 된 본성을 날마다 죽이시고 날마다 우리의 삶을 새롭게 하시나이다.

당신님의 기쁘신 뜻대로 우리가 온 인류를 위해 기도하옵나이다. 부디 당신님의 거룩한 복음이 확장되도록 복 주셔서 그 복음이 선포될 수 있게 하여 널리 받아들이게 하시기를 기도하옵나이다. 온 세상이 주님을 아는 지식으로 넘쳐흐르게 하옵소서. 무지한 자들을 가르쳐 주시고, 약한 자들에게 힘을 주시옵소서. 말과 행동으로 말미암아 모든 사람들이 당신님의 거룩한 이름을 찬양하게 하옵소서.

이 때문에, 신실한 종들을 당신님의 추수를 위해 보내어 자기 직분을 부지런히 이행하도록 준비시켜 주시옵소서. 모든 거짓 교사들과 사나운 이리들과, 주님의 거룩한 이름의 영광과 사람들의 구원보다 자신의 영예와 유익만 구하고 돈만 아는 자들을 멸하여 주시기를 기도하옵나이다.

은혜롭게 참된 믿음의 일치 안에서, 그리고 생활의 경건함 가운데서 세상 모든 곳에 있는 당신님의 기독교회들을 보존하시고 다스려 주시어 날마다 당신님의 나라가 임하게 하옵소서. 당신님께서 모든 것 안에서 모든 것이 되실 때, 곧 당신님의 나라가 완성될 때까지 사탄의 나라를 멸하시옵소서.

우리는 오늘 이 세상에서 소망도 없이 당신님께서도 없이 사는 유대인들과 모슬렘들과 이교도들 가운데 선교를 위해 기도하옵나이다. 스스로 그리스도인이라고 하면서 교리와 생활에 있어서 당신님의 진리로부터 이탈한 자들 가운데 복음이 전파되도록 당신님께서 복 주시옵소서.

모든 기독교의 가르침과 여기에 종사하는 모든 자들을 기억하옵소서. 당신님의 거룩한 말씀에 따라 당신님의 이름이 거룩하게 여김을 받으시고, 당신님의 나라가 진전되며, 당신님의 뜻이 성취되기를 구하는 모든 모임들에게 복 주시옵소서. 모든 기독교 자선 기관들과 함께 하옵시고 그 단체에서 일하는 자들에게 사랑의 충만함을 허락하여 주시옵소서.

또한 당신님께서 우리 위에 두신 정부와 각 도와 각 시군의 권위자들을 위해 기도드립니다.[1] 이들이 만왕의 왕께서 그들과 그 백성들을 다스리시는 그런 방식으로 자기 사역을 이행하도록 허락하여 주시기를 바랍니다. 이들이 당신님의 종으로서 더욱 불법의 나라인 사탄의 나라를 저지하게 하옵소서. 이들 정부의 보호 아래 우리가 모든 면에서 경건하고 공손하게 조용하고 평화로운 삶으로 인도될 수 있도록 허락하여 주시기를 바라옵나이다.

당신님의 이름과 주 예수 그리스도의 복음을 위해 핍박을 받는 당신님의 모든 자녀들을 위해 기도하옵나이다. 그들을 당신님의 성령으로 위로하시고 악한 원수들의 손으로부터 구원하여 주시옵소서. 당신님의 이름의 평판이 이 땅에서 제거되는 것을 허용하지 마시옵소서. 당신님의 진리를 대적하는 원수들이 당신님의 이름을 폄하하고 모독할 기회를 얻지 못하게 하옵소서. 그러나 핍박받는 그리스도인들이 죽음으로 진리를 증거하고 당신님의 이름을 영화롭게 하는 것이 당신님의 뜻이라면 그들이 당하는 고난 가운데서 그들을 위로하여 주시옵소서. 그들이 자신의 시련이 하나님의 아버지 같은 손길로부터 온 것임을 인정하고 하나님의 이름을 영화롭게 하기 위해서, 또 교회를 세우며, 자신의 구원을 위하여 사나 죽으나 흔들림이 없게 하옵소서.

---

1 역주-캐나다의 정치 상황과 우리의 상황이 다르기 때문에 수정이 불가피하다. 원문에는 "또한 당신님께서 우리 위에 두신 시민 정부와 우리 여왕과 그 집과 모든 나라의, 지방의, 지역의 권위자들을 위해 기도하옵나이다"이다.

우리는 당신님 앞에서 당신님께서 가난으로, 투옥으로, 육체적인 질병으로, 영적인 침체로 단련시키는 모든 자들을 기억하옵나이다. 질병이 치료되고, 정신적인 질병에서 건전한 마음으로 회복되는 것이 주님을 기쁘시게 하는 것이기를 바라옵나이다. 육체와 정신적인 장애를 가진 자들에게 당신님의 돌보심으로 감싸주시고 그들을 돕기 위해서 시행되는 모든 일에 복 주시옵소서. 낙담한 자들에게 용기를 주시옵소서. 홀아비들에게 위로자가 되시고, 과부들에게 보호자가 되시며, 고아들의 아버지가 되어 주시옵소서. 외로운 자들에게 주의 사랑을 베풀어 주시고, 약한 자들에게 주의 힘을 주시고, 임종을 맞이하는 자들에게 주의 은혜를 베푸시며, 유가족들에게 견딜 수 있는 힘을 주시옵소서. 모든 시련이 평화로운 의의 열매를 맺게 해 주시옵소서. 당신님께서 그리스도 안에서 당신님의 영원한 영광으로 부르셨던 자들의 믿음과 사랑과 인내로 당신님께서 영광을 받으시옵소서.

여호와여, 우리와 우리의 사랑하는 자들을 당신님의 돌보심과 지키심에 맡기나이다. 우리 가족들을 돌보아 주시옵소서. 출산을 앞둔 어머니들에게 힘을 주시어 이들이 순산하게 하옵소서. 남편들과 아내들이 맺은 결속에, 부모들과 자녀들이 맺은 결속에 복 주시기를 바라옵나이다. 당신님께서 지혜로 자녀들을 주지 않으신 부부들과 함께해 주시기를 바라옵나이다. 이들을 복 주시고 이들이 주님의 권속 가운데서 복이 되게 하옵소서.

우리의 날마다의 일에서 우리를 도우시고 우리들이 여행할 때에 우리를 보호해 주시옵소서. 또한 당신님의 나라의 발전을 위한, 우리나라의 유익을 위한, 또한 고결한 개인적인 권익들의 진전을 위한 우리의 노력에 복을 주시옵소서. 또한 토양의 산물에도 복을 주시옵소서. 좋은 기후를 허락해 주시고 결실이 증대되게 하옵소서.

당신님의 뜻에 따라 살도록 우리 각자를 부르심 가운데서 우리가 행할 수 있게 하옵소서. 우리가 당신님의 손으로부터 받은 달란트들을 잘 사용하여 이 달란트들이 당신님의 나라에서 우리의 생활에 방해가 되지 않고 오히려 진보가 되게 하옵소서. 모든 유혹 가운데서 우리로 강건하게 하셔서 믿음의 선한 싸움을 싸우고 승리를 얻으며 장차 그리스도와 함께 영원한 생명을 상속하게 하옵소서.

우리는 이 모든 것을 우리의 신실하신 주님이시며 구주이신 예수 그리스도의 이름으로 기도하옵나이다. 아멘.

(혹은 …그분이 우리에게 기도를 가르쳐 주신 대로, 하늘에 계신 우리 아버지…)

3. 공적인 죄의 고백과 설교 이전의 기도

하늘에 계신 아버지, 영원하시고 자비로우신 하나님! 우리는 당신님의 위엄 앞에서 비참하고 가련한 죄인들임을 고백합니다. 우리는 죄와 부패함 가운데서 잉태되고 태어났으며, 모든 악한 방식으로 기울어져 있으며 본성상 어떤 선도 행할 수 없습니다. 또한 계속해서 당신님의 거룩한 계명들을 어겼습니다. 우리의 죄로 인하여 당신님을 슬프게 했으며, 그 죄 때문에 심판을 자초했습니다.

그러나 여호와여! 우리는 진실로 우리가 지은 죄로 인하여 슬퍼하오며, 그 죄로 인하여 당신님을 진노하게 했습니다. 우리는 자책하오며 우리가 지은 죄와 허물로 인하여 비난받아 마땅함을 인정합니다. 그러나 당신님의 사랑하는 아들 예수 그리스도의 고난에 근거하여 주님의 자비를 베풀어 주시기를 구합니다. 은혜로우신 하나님 아버지! 우리를 긍휼히 여겨 주시고 그리스도의 죽으심을 인하여 우리의 죄를 용서해 주시옵소서. 또한 우리에게 당신님의 성령의 은혜를 허락해 주셔서 우리의 죄를 진심으로 고백하고 우리의 비참함을 알도록 우리에게 가르쳐 주시옵소서. 우리를 인도하여 주셔서 우리가 죄 가운데서 죽었으나 새로운 생명으로 살아났으며, 예수 그리스도를 통하여 당신님께 받아들여질 수 있는 거룩과 의의 열매를 맺게 하옵소서.

우리가 당신님의 뜻과 일치되게 당신님의 거룩한 말씀을 이해하며 어떤 피조물이 아니라 오직 당신님께만 신뢰를 둘 수 있게 되어 당신님께 기쁨이 되게 하옵소서. 그 모든 악한 정욕과 함께 우리의 옛 본성이 날마다 죽게 하시고 당신님의 이름의 영예와 우리 이웃의 유익을 위해서 당신님께 우리 자신을 산 제물로 드리게 해 주시옵소서.

은혜로우신 하나님! 주의 진리로부터 떠난 모든 자들이 참된 회개를 하고 주께로 돌아오도록 간구합니다. 우리 모두가 한마음으로 우리 주 예수 그리스도를 통하여 당신님을 섬길 수 있게 하옵소서.
(주 예수 그리스도의 이름으로 기도하옵나이다.) 아멘.

(혹은: … 그분이 우리가 기도를 가르쳐 주신 대로, 하늘에 계신 우리 아버지…)

4. 설교 후에 드리는 기도

자비로우신 하나님 아버지시여! 당신님께서 당신님의 말씀과 당신님의 성령으로 말미암아 당신님과 예수 그리스도에 대한 지식을 우리에게 주시고 당신님의 말씀이 우리에게 선포되게 하심을 감사드립니다. 주 그리스도 예수를 받아들이는 우리가 그리스도 안에서 살고, 그 안에 뿌리를 박고 세워지며 믿음 안에서 굳게 설 수 있도록 허락하여 주시고, 우리가 가르침을 받으며 감사가 넘치게 하옵소서. 여호와여! 우리가 무지하고 감사치 않으며 불평함을 통하여 우리가 마땅히 행해야 할 바대로 당신님의 거룩한 말씀을 순종하지 않았기 때문에, 당신님의 크신 자비를 기억하여 우리에게 긍휼을 베풀어주시기를 간구하옵나이다. 우리가 참으로 우리의 죄를 알고 진정으로 회개하며 우리의 삶을 고치도록 가르쳐 주시옵소서. 당신님의 교회의 사역자들이 신실하고 확고하게 당신님의 거룩한 말씀을 설교하도록 그들에게 힘을 주시옵소서. 그리고 주님, 우리를 다스리는 모든 사람에게 힘을 주시어, 그들이 정의와 공평함을 위해 자신에게 맡겨진 칼을 사용할 수 있게 해 주십시오.

우리는 특별히 _____를 위해 기도합니다.

모든 외식과 불신실함으로부터 우리를 지켜주시고, 주의 말씀과 주님의 교회를 대항하는 모든 악하고 교활한 음모를 좌절시켜 주시옵소서. 주님, 당신님의 말씀과 성령을 우리에게서 거두지 마시고, 강한 믿음과 인내와 모든 고난과 역경 가운데서 확고부동함을 허락하여 주옵소서. 당신님의 교회를 도우시고 보전하여 주시고, 당신님의 백성을 반대와 조롱과 독재로부터 구원하여 주시옵소서. 약한 자들과 슬픔의 짐을 지고 괴로워하는 자들에게 위로부터 힘을 내려주시옵소서. 진실로 진실로 내가 너희에게 이르노니, 너희가 무엇이든지 아버지에게 구하는 것을 내 이름으로 주시리라라고 확실한 약속을 우리에게 주신 우리 주 예수 그리스도를 통하여 주님의 평강을 우리에게 허락하시옵소서! (우리 주 예수 그리스도의 이름으로 기도하옵나이다.) 아멘.

(혹은 그분이 우리에게 가르친 대로, 하늘에 계신 우리 아버지…)

5. 교리문답 설교를 하기 전에 드리는 기도

하늘에 계신 아버지! 당신님의 말씀은 완전하여 영혼을 소성하고 당신님의 증거는 확실하여 우둔한 자로 지혜롭게 합니다. 당신님의 복음은 믿는 모든 사람을 구원에 이르게 하는 능력이 있습니다. 그러나 저희들은 본성적으로 소경이고 어떤 선도 행할 수 없습니다. 그러므로 당신님의 성령으로 우리의 어두운 마음에 빛을 비추어 주시기를 기도하옵나이다. 겸손한 마음을 주셔서 당신님께 대한 적개심인 모든 자만과 세상적인 지혜로부터 벗어나서 당신님의 말씀을 청종하고 올바르게 당신님의 말씀을 이해하고 당신님의 말씀의 지배를 받게 하옵소서. 우리가 보편적이고 확실한 기독교 신앙 가운데 굳게 서게 하옵소서. 당신님의 진리에서 이탈한 자들을 당신님의 은혜로 돌이키시어, 우리 모두가 연합하여 참된 거룩과 의義로 일평생 당신님을 섬길 수 있게 하시기를 바라옵나이다. 오직 그리스도 때문에 당신님께 이 모든 것을 구하옵나이다. (우리 주 예수 그리스도의 이름으로 기도하옵나이다.) 아멘

(혹은 그분이 우리에게 가르친 대로, 하늘에 계신 우리 아버지…)

6. 교리문답 설교 후에 드리는 기도

은혜로우시고 자비로우신 하나님 아버지! 당신님께서 신자와 그 후손들과 언약을 맺으신 것을 감사드립니다. 당신님께서는 거룩한 세례로 이 언약을 인(印)치셨을 뿐 아니라 젖먹이와 어린아이들의 입에서 나올 당신님 자신을 향한 찬송을 준비하심으로 날마다 이 언약을 보이셨고, 이로 인해 이 세상의 지혜 있고 신중한 자들이 부끄러움을 당하게 하셨습니다. 또한 당신님께서는 우리 주 예수 그리스도 안에서 우리에게 당신님의 길과 뜻을 가르치심으로 이 언약을 계시하셨습니다. 당신님께서는 목사와 교사를 주시어 성도를 온전하게 하며 봉사의 일을 하게 하며 그리스도의 몸을 세우려 하셨습니다. 또한 당신님께 간구하오니 우리가 다 그리스도 안에서 완전한 성숙에 이르기까지 그리스도 안에서 당신님의 은혜를 아는 지식으로 자랄 수 있도록 늙은 자나 젊은 자나 모든 언약의 자녀들의 마음속에 계속하여 역사하여 주시옵소서. 우리가 당신님의 능력으로 모든 교훈의 풍조에 밀려 요동치 않게 하옵소서. 우리 가정들을 복 주시고 당신님의 성령으로 말미암아 위로부터 오는 지혜를 부모들에게 주시어 부모들이 자기 자녀들을 주의 훈계와 교양으로 양육할 수 있게 하옵소서. 우리가 교회의 신앙고백에 요약한 것처럼 당신님의 거룩한 말씀에 근거한 모든 가르침을 위해 기도드립니다. 이 일을 위해 수고하는 모든 자들과 함께하시며 그들에게 당신님의 이름을 경외함에 근거한 지식과 지혜를 주시옵소서. 그들 자신의 시각에서 세상의 판단으로 높고 강한 자들에게 당신님께서 수치를 당하게 하시고 당신님의 백성의 경건함으로 말미암아 사탄의 왕국이 파괴되고 우리 주 예수 그리스도의 나라가 이 교회에서, 그리고 이 세상에 있는 모든 주의 교회에서 강하게 되게 하시어 당신님의 거룩한 이름이 영광을 받으시오며 우리의 구원을 이루시옵소서. 이 모든 것을 당신님의 아들이신 예수 그리스도 이름으로 기도드리옵나이다. 아멘.

(혹은 그분이 우리에게 가르친 대로, 하늘에 계신 우리 아버지…)

7. 식사하기 전에 드리는 기도

전능하시고 신실하신 하나님 아버지! 당신님께서 세상을 만드셨고 주의 능력있는 말씀으로 그 세상을 붙드십니다. 당신님께서는 광야에서 이스라엘에게 하늘로부터 양식을 공급하셨습니다. 또한 당신님께서는 당신님의 겸손한 종들인 우리에게도 복을 주옵소서. 우리 주 예수 그리스도를 통하여 우리가 하나님의 풍성하신 아버지 같은 손으로부터 받은 이 선물로 말미암아 우리의 힘을 새롭게 하옵소서. 우리가 이 선물들을 적절하게 사용할 수 있게 하옵소서. 또 우리가 이 선물들을 당신님과 당신님을 섬기는 데 헌신하는 생활에 사용하도록 도우시옵소서. 그래서 우리가 당신님께서 우리의 아버지시며 모든 선한 것들의 원천이심을 인정하게 하옵소서. 항상 우리가 당신님의 영원한 말씀의 양식을 고대할 수 있게 하옵소서. 우리가 하나님께서 당신님의 아들이시고 우리의 구주이신 예수 그리스도의 보혈로서 우리를 위해 준비하신 영원한 생명으로 자라가게 하시옵소서. 예수 그리스도의 이름으로 기도드리옵나이다. 아멘.

8. 식사 후에 드리는 감사기도

하늘에 계신 우리 주 하나님 아버지! 이 식사에서 우리가 이 음식과 음료를 즐기게 하심을 감사드리오며 또한 우리가 계속해서 당신님의 손으로부터 받는 당신님의 모든 은혜로운 선물들에 대해서도 감사드립니다. 우리는 특별히 우리가 함께 읽도록 허락받은 하나님의 말씀을 인하여 감사드립니다. 이로 인해 당신님께서 우리가 이 거룩한 복음 안에 계시하신 살아있는 소망으로 새롭게 태어나도록 하셨습니다. 은혜로우신 하나님 아버지께 기도하오니 우리의 마음이 이 생의 염려들로 인하여 짓눌리지 않게 하시고 또 이 땅의 것이나 소멸될 것들에 깊이 집착하지 않게 하여 주옵소서. 당신님의 은혜를 우리에게 허락하셔서 날마다의 생활에서 우리가 위에 있는 것들을 구하고 우리의 구원을 위해 구름을 타고 오실 우리 주 예수 그리스도를 기다리게 하여 주시옵소서. 감사드리오며 예수 그리스도의 이름으로 기도 드립니다. 아멘.

9. 환자와 영적으로 지친 자들을 위한 기도

자비로우신 하나님 아버지! 당신님께서 살아 있는 자들에게 영원한 소망과 구원을 주셨고, 죽는 자들에게 영원한 생명을 주셨습니다. 오직 당신님만이 생명과 사망을 손에 쥐고 계시며, 오직 그리스도만이 사망과 무덤의 열쇠를 가지고 계십니다. 이 모든 것이 당신님의 능력 안에 있어 건강이나 질병이나, 좋은 일이나 나쁜 일이나, 생명이나 죽음이 당신님의 뜻이 없이는 우리에게 일어날 수 없습니다. 은혜로우신 아버지! 당신님께서 당신님의 성령의 은혜를 우리에게 허락하여 주셔서 우리가 참으로 우리의 비참을 알고 당신님의 징계를 참을성 있게 인내하도록 가르쳐 주시기를 간구하옵나이다. 우리의 공로에 근거했다면 그 징계가 훨씬 더 심각했을 것입니다. 우리는 그 징계들이 당신님의 진노의 증거가 아니라 당신님의 아버지 같은 사랑의 증거임을 믿사오며 이는 우리가 세상과 함께 정죄 받지 않도록 하기 위함인 줄 아옵나이다.

여호와여! 당신님의 성령으로 우리의 믿음을 굳게 해 주셔서 고난 가운데서든지 영광 가운데서든지 언제나 우리가 당신님을 따르는 것이 당신님의 기쁘신 뜻이므로 우리가 더욱 우리의 머리이신 그리스도께 연합하게 하옵소서. 우리가 하나님의 아버지 같은 지혜로 우리에게 일어나는 일들을 감당할 수 있게 해 주옵소서. 당신님께서 우리를 이 땅에 두시든지 우리의 본향인 당신님께로 데려가시든지 당신님의 뜻에 전적으로 복종하게 하옵소서. 우리는 사나 죽으나 몸과 영혼이 그리스도께 속했고, 그리스도의 부활이 우리의 복된 부활의 보증임을 믿습니다.

우리가 예수 그리스도를 통한 죄 용서의 위로를 경험할 수 있도록 허락하여 주옵소서. 당신님의 목전에서 그리스도의 무죄한 피가 우리 죄의 부정함을 씻고 그리스도의 의가 우리의 불의를 덮을 수 있게 하옵소서. 우리가 믿음과 소망으로 무장하여 사탄의 공격을 이기고 죽음의 어떤 두려움에 의해서 부끄러움을 당하지 않도록 하여 주옵소서. 우리의 눈이 점점 희미해져 갈 때 당신님의 눈이 우리를 향하여 열려 있게 하옵소서. 당신님께서 우리에게서 말할 기운을 빼앗아가실 때 우리 마음의 탄식을 들어주시옵소서. 우리의 손에 아무런 기운이 남아 있지 않을 때도 계속해서 우리를 붙잡아 주시고 영원하신 팔로 우리를 구원해 주시옵소서.

아버지여! 당신님의 손에 우리의 영혼을 맡깁니다. 우리를 당신님의 약속에 따라 대해 주십시오. 결코 우리를 버리지 마시고 심지어 죽는 그 시간에도 우리와 항상 함께해 주시옵소서.

그리스도, 우리의 귀하신 구주 때문에 우리의 기도를 들으시고 응답하옵소서. (예수 그리스도의 이름으로 기도드리옵나이다.) 아멘.

(혹은 그분이 우리에게 가르친 대로, 하늘에 계신 우리 아버지…)

10. 환자와 영적으로 지친 자들을 위한 기도

의로우시고 자비로우신 하나님 아버지! 당신님께서는 전능하시고, 당신님의 뜻이 없이는 하늘과 땅에서 아무런 일도 일어날 수 없습니다. 생명과 사망도 또한 당신님의 손안에 있습니다. 우리는 당신님의 이름을 부르기에 합당치 아니하고 당신님께서 우리의 허물과 죄를 보신다면 우리는 당신님께서 우리의 기도를 들으시고 응답해주시기를 바랄 수 없습니다. 따라서 우리의 슬픔을 담당하시고 우리의 허물로 인해 상하신 예수 그리스도 안에서 당신님께서 당신님의 자비에 따라 돌보아 주시기를 간구합니다. 우리는 스스로 어떤 선도 행할 수 없고 모든 악한 성향으로 기울어져 있음을 인정하옵니다. 이로 인해 우리가 당신님께 공의롭게 징계와 책망을 받았고 결코 가치 있는 것을 받지 아니하였나이다.

주여, 당신님께서는 우리를 당신님의 백성으로 만드시고 당신님께서 우리의 하나님이 되셨습니다. 결단코 당신님께로 돌이키는 자들을 막지 않으시는 당신님의 자비는 우리의 유일한 피난처입니다. 따라서 우리의 죄 때문에 우리를 나쁘게 생각하지 않으시고 오히려 그리스도의 만족하게 하심과 의와 거룩을 우리에게 전가하여 우리가 그리스도 안에서 당신님 앞에 설 수 있게 해 주시기를 간구합니다. 은혜롭게도 우리를 회복시켜 주시고 우리에게서 이 고난과 질병들이 제거되게 하시며 당신님께서 제공해 주신 방편들에 복 주시옵소서. 그러나 우리의 고통이 더 연장되는 것이 당신님의 뜻이라면 우리가 인내할 수 있고 당신님의 뜻에 따라 모든 어려움을 감당할 수 있는 힘을 주시옵소서. 당신님께서는 지혜로우시며 선하십니다. 당신님께서 결정하시는 것이 무엇이든지 간에 우리가 거룩하게 되는 데 기여하게 하여 주시옵소서.

주여, 우리가 여기 이 세상에서 멸망하게 하시기보다는 차라리 여기에서 우리를 징계해 주옵소서. 우리가 세상을 버리고 우리의 옛 본성을 십자가에 못 박을 수 있어서 더욱 우리 주 예수 그리스도의 형상을 따라 새롭게 될 수 있게 해 주옵소서. 우리가 결코 당신님의 사랑으로부터 분리되지 않고 날마다 당신님께 더욱 가까이 가게 하옵소서. 그래서 기쁨으로 우리가 그리스도와 함께 죽고 그리스도와 함께 개선하여 살아나고 그리스도와 함께 영원히 사는 우리의 부르심의 목적을 이루게 하옵소서. 우리는 또한 예수 그리스도 우리 주님을 통하여 우리 기도를 들어주실 것을 믿습니다. (예수 그리스도의 이름으로 기도드리옵나이다.) 아멘.

(혹은 그분이 우리에게 가르친 대로, 하늘에 계신 우리 아버지…)

11. 아침 기도

자비로우신 아버지! 당신님의 지극히 크신 신실하심으로 우리를 지난밤 동안도 지켜주심을 당신님께 감사드립니다. 우리를 더욱 강하게 하시고 당신님의 성령으로 인도하시어 우리가 거룩함과 의로움 안에서 우리 인생의 모든 날과 마찬가지로 이 새로운 날을 사용할 수 있도록 해 주시기를 바랍니다. 우리의 모든 일 가운데서 마음에서 먼저 주의 영광을 생각할 수 있도록 허락해 주시기를 구하옵나이다. 우리가 항상 당신님의 관대한 손으로만 우리의 일의 모든 결과와 열매들을 기대하는 그런 방식으로 행하게 해 주옵소서.

우리가 당신님께로부터 이 은혜를 받기 위해서 우리 주 예수 그리스도의 고난과 피의 유익으로 인해 당신님의 약속에 따라 우리의 모든 죄를 용서해 주시기를 간구하옵나이다. 당신님의 은혜를 통해서 우리가 우리의 모든 허물에 대해 진심으로 애통해하나이다. 우리 마음에 빛을 비추시어 우리가 모든 어두움의 일을 버리고 빛의 자녀들처럼 빛 가운데서 행하고 모든 경건함 가운데서 새로운 삶을 살 수 있도록 해 주시기를 간구하옵나이다.

또한 선교지에서 당신님의 신성한 말씀 선포에 복 주시고 사탄의 모든 궤계를 좌절시켜 주시옵소서. 당신님의 포도원에서 일하는 모든 신실한 사역자들을 강건하게 하여 주옵소서.

우리는 당신님께서 우리 위에 세우신 자들을 위해서 기도합니다. 그들이 만왕의 왕이시며 만주의 주이신 당신님의 종으로서 자신의 부르심에 합당하게 다스릴 수 있도록 해 주옵소서. 믿음 때문에 핍박받는 모든 자들에게 인내를 주시고 원수에게서 구원하여 주옵소서. 사탄의 모든 일을 파괴시켜 주옵소서. 곤궁에 처한 자들을 위로하시고 당신님의 자비를 보여주시고 질병 가운데서, 생활의 다른 시련들 가운데서 당신님의 거룩한 이름을 부르는 모든 자들을 도와주옵소서. 당신님의 이름으로 무엇을 구하든지 행하실 것임을 우리에게 확신하게 하신 우리 주 예수 그리스도 안에서 당신님께서 당신님의 은혜에 합당하게 우리와 당신님의 모든 사람들을 다스려 주시기 원하옵나이다. (예수 그리스도의 이름으로 기도드리옵나이다.) 아멘.

12. 저녁 기도

자비로우신 하나님! 당신님 안에는 어둠이 전혀 없습니다. 우리는 오늘이 끝날 때 당신님께 가까이 나아가나이다. 당신님께서 우리의 날마다의 일을 위해 우리에게 힘을 주시고 오늘 하루종일 우리를 안전하게 인도해 주심을 감사드립니다. 우리의 수고와 행위에 있는 선한 일로 인해 복 주시옵소서.

당신님께서 사람이 낮 동안에 일해야 하지만 밤이 되었을 때 쉬도록 정해 놓으셨기 때문에, 우리는 당신님께서 우리에게 쉼을 주시고 또 이 쉼이 평화롭고 방해받지 않게 하시어 우리가 다시 우리의 날마다의 일을 시작할 수 있도록 해 주시기를 기도하옵나이다. 당신님의 천사들에게 우리를 지키고 우리에게 당신님의 얼굴의 빛을 비추도록 명하옵소서. 당신님께서 우리를 돌보시기 때문에 우리의 모든 근심을 당신님께 맡기나이다.

우리가 어떤 식으로든지 불결하게 되지 않게 하시고 심지어 우리가 한밤중에 쉬는 가운데서도 영광을 돌릴 수 있게 하시고 당신님의 영예를 훼손하지 않도록 우리의 잠을 통제하시고 우리의 마음을 다스려 주옵소서. 마귀의 모든 공격에 대항하여 우리를 지키시고 보호하시며 당신님의 신적인 보호하심으로 돌보시옵소서.

우리가 당신님께 중대한 죄를 범하지 않고 오늘 하루를 보내지 못했음을 고백합니다. 당신님께서 밤의 어두움으로 땅을 덮으심 같이 우리의 죄를 당신님의 자비로 덮으시옵소서.

질병이 있거나 근심으로 낙심하여 있거나 혹은 영적인 곤란으로 고통당하는 모든 사람에게 위로와 안식을 주옵소서. 주여, 당신님의 변함없는 사랑을 영원토록 베풀어 주옵소서. 당신님의 손으로 행하시는 사역들을 포기하지 마옵소서.

이 모든 일을 우리 주 예수 그리스도의 이름으로 기도드립니다. 아멘.

13. 교회 회의들을 위한 개회기도

하늘에 계신 자비로우신 하나님 아버지! 당신님의 말씀과 성령을 통해서 이 땅의 사람들로부터 당신님께로 교회를 모으시고 사람들의 섬김을 통해 그 교회를 다스리시는 것은 당신님의 무한하신 지혜와 인자하심에 따라 당신님께 즐거움이 되셨습니다. 당신님께서는 은혜롭게도 우리를 불러 당신님의 교회의 직분자들이 되게 하시고 그리스도께서 당신님의 보혈로 사신 우리 자신과 모든 양 무리를 돌보도록 우리에게 책임을 맡기셨습니다.

당신님의 이름으로 우리가 이제 당신님의 교회를 세우고 복되게 하는 일들을 다루고 또 교회적인 방식으로 그렇게 하고자 이곳에 함께 모였습니다. 우리는 무가치하며 스스로 생각하고 말하며 어떤 선한 일을 이룰 능력이 없음을 깨닫습니다. 그러므로 우리는 당신님의 성령께서 우리가 토의하고 결정하는 가운데서 우리를 다스리시어 당신님의 진리 가운데로 인도하여 주시기를 구하옵나이다.

우리에게서 모든 불화를 막아주시고 우리 마음의 죄악된 성향에 대항하여 우리를 지켜주시기를 바라옵니다. 당신님의 말씀이 우리의 유일한 규칙과 규범이 되어 우리의 사역이 당신님의 교회들을 복되게 하는 데 기여하고 우리의 양심에 평강을 가져와서 당신님의 이름에 영광을 돌리게 하옵소서.

우리는 이 모든 간구를 양들의 위대하신 목자이신 우리 주 예수 그리스도의 이름으로 기도드립니다. 아멘.

14. 교회적인 회의들을 위한 폐회기도

하늘에 계신 주 하나님 아버지! 우리는 이 나라 안에 있는 당신님의 교회들을 모으시고 보전하심에 있어서 당신님께서 우리의 섬김을 사용하시기를 기뻐하셨음을 인하여 감사드립니다. 당신님의 복음이 방해받지 않고 설교될 수 있고 우리가 공적인 예배와 교회적인 회의들에 참여하도록 당신님께서 은혜롭게도 모든 일을 정하셨습니다. 현재 이 모임을 마치면서 우리는 당신님의 눈앞에서 감추지 않았던 허물과 죄에 대해 겸손히 용서를 구합니다. 우리가 당신님의 아버지 같은 손길로부터 받은 유익을 감사드립니다. 신실하신 하나님 아버지! 당신님께서 당신님의 거룩하신 말씀에 일치하여 정해진 모든 결정들에 복 주시고 당신님의 교회들을 위한 당신님의 목적을 이루어 주시옵소서. 당신님의 교회가 교리의 순수성을 지킴으로, 성례를 올바르게 집행하고 사용함으로, 교회의 권징을 신실하게 시행함으로 보존되게 하옵소서.

당신님의 말씀과 교회에 거슬러 생각하는 모든 악한 궤계를 멸하시고 당신님의 복음을 담대하고 확고부동하게 설교하도록 사역자들을 강건하게 하옵소서.

장로들과 집사들을 보존하여 주시어 그들이 자신의 직분을 신실하게 수행함을 통해 당신님의 백성에게 복이 되게 하옵소서.

정부를 다스려 주셔서 정의와 신중한 지혜로 다스리게 하옵소서.[2] 저들의 규범이 다스리는 자들과 또 다스림을 받는 자들의 왕이신 주님의 주권으로 향하게 하옵소서. 이렇게 하여 수치스럽고 악한 사탄의 통치가 점점 무너지고 우리가 조용하고 평화로운 삶으로 인도받고 모든 면에서 경건하고 정중할 수 있도록 허락하여 주시기를 바라옵니다.

하나님 아버지, 우리 주 예수 그리스도를 통하여 우리의 기도를 들어주시기를 바랍니다. (우리 주 예수 그리스도의 이름으로 기도드리옵나이다.) 아멘.

15. 집사회를 위한 개회기도

자비로우신 하나님 아버지! 당신님께서 우리 곁에 항상 가난한 자들이 있을 것이라고 선언하셨을 뿐만 아니라 그들이 필요한 것을 지지하라고 명령하셨습니다. 당신님께서 당신님의 교회를 위해 집사의 섬김을 제정하시어 가난한 회원들이 필요한 공급을 받을 수 있도록

---

[2] 역주: 원래 캐나다의 역본에는 이 문장 앞에 "우리 여왕과 그 집을 복 주셔서 여왕이 당신님의 지혜로 다스릴 수 있게 하소서"라는 문장이 있습니다. 그러나 여왕제도가 없는 우리나라에는 적실성이 없는 문장이므로 삭제했습니다.

하셨습니다. 당신님께서 우리를 이 교회 안에서 집사의 직분으로 부르셨고 우리는 이제 당신님의 이름으로 우리의 직분과 연관된 문제들을 다루려고 합니다. 당신님께서 분별의 영으로 우리 가운데 거하시기를 겸손하게 간구합니다. 우리에게 당신님의 도움을 허락하셔서 우리가 진실로 궁핍에 처해 있는 자들을 세울 수 있게 하옵소서. 당신님께서 우리를 궁핍한 자들에게 인도하셔서 기쁨과 신실함과 관대한 마음으로 각자의 필요가 반드시 채워지도록 모은 헌금을 분배할 수 있도록 도와주옵소서.

당신님의 백성들의 마음에 궁핍한 자에 대한 뜨거운 사랑을 불붙여 주시어 당신님의 청지기로서 그들에게 맡기신 소유를 너그러이 나눌 수 있게 하옵소서. 우리에게 가난한 자들을 구제할 수 있는 충분한 방편을 허락해 주옵소서. 우리가 그리스도의 자비 사역으로 우리 직분의 의무를 잘 감당하게 해 주옵소서.

물질의 선물들을 방편으로 부족을 채우게 하시고 당신님의 거룩한 말씀의 위로를 고통받는 자의 마음에 스며들게 하셔서 저들이 오직 당신님만 신뢰하도록 당신님의 은혜를 우리에게 베풀어 주시기를 바라옵나이다. 우리의 사역에 복 주시고 가난한 자의 양식을 풍성하게 하셔서 저들과 우리 모두가 당신님을 찬양하며 감사하게 하옵소서. 또한 우리를 영원한 보화로 부요하게 하시려고 우리를 위해 가난하게 되신 당신님의 아들 예수 그리스도의 복되신 나타나심을 고대하옵나이다. 예수 그리스도의 이름으로 기도 드립니다. 아멘.

Ⅲ 교회질서

교회 질서

THE Church Order

———— 개혁교회[1]

교회 질서에 대한 소개

1618-1619년의 도르트Dort 총회에서 채택된 도르트 교회 질서는 네덜란드 개혁교회들의 초기 조직에서 그 뿌리를 가집니다. 일찍이 1563년에, 이 교회들은 교회의 회의들에서 만나기 시작했고, 8년만에 교회 질서의 기초가 작성되고 실행되었습니다. 이 기간에 대부분 회의들의 결정들은 프랑스와 제네바에서 개혁교회들의 교회 질서에 무게 있게 작용했습니다.

이 기간에 교회들의 박해와 뒤이은 확장은 한 연대 안에서 형제애로 연합하려는 교회 지도자들의 바람을 자극했습니다. 박해 기간 중 가장 어두운 시기였던 1568년에, 네덜란드 개혁교회들의 지도자

---

1 이 교회 질서는 캐나다 개혁교회의 질서입니다. 개혁교회의 질서는 당회, 광회가 설립되면서 교회들 사이의 공동의 합의로 작성됩니다. 따라서 아직 정식 연대한 교회들, 혹은 노회 명칭이 없기에 공란으로 비웁니다. 정식으로 노회가 설립되면 그 노회의 교회들의 동의로 교회 질서가 채택될 것입니다.

들은 교회들 가운데 큰 조직의 필요를 선언하기 위해서 베젤Wesel에서 모였습니다. 1571년에 첫 번째 네덜란드 개혁교회들의 총회는 그 시대에 많은 핍박받는 개혁교회 신자들을 위한 피난처로 사용되던 엠덴Emden시에서 모였습니다.

엠덴에서 채택된 교회 질서는 1618-1619년에 도르트 총회에 의해 채택되기 전에 도르트 총회들(1574년과 1578년), 미델부르크 Middelburg 총회(1581년), 헤이그Hague(1586년) 총회에서 개정되었습니다. 이 도르트 총회 이래로 교회질서는 윌리엄 I William I 세가 교회 질서를 무시하고 교회들의 생활을 다스리는 새로운 규정을 도입했던 1816년까지 유효했습니다. 이 규정은 1834년의 탈퇴로 이끄는 네덜란드 개혁교회Nederlands Hervormde Kerk에서 논쟁에 부분적으로 기여했습니다. 1892년의 연합에서, 두 번째 개혁 운동the Doleantie에서 기인한 교회들과 탈퇴한 교회들의 연합에서, 도르트 교회 질서는 다시 네덜란드에서 개혁교회들De Gereformeerde Kerken in Nederland을 위한 정치 형태로서 인정되었습니다.

개혁교회들The Reformed Churches은 변화된 교회 환경을 반영하고 약간의 개정을 집어넣기 위해서 교회 질서를 개정하였습니다. 근본적으로, 개정된 교회 질서는 도르트 교회 질서의 원리와 구조를 따릅니다.

I. 서론

제 1조 목적과 구분

그리스도의 교회 안에서 선한 질서를 유지하기 위해서 직분과 교리의 감독, 회의들, 예배, 성례들, 의식들, 권징이 반드시 있어야 한다.

II. 직분과 교리의 감독

제 2조 직분

직분에는 말씀 사역자the minister of the Word, 장로, 집사가 있다.

제 3조 직분으로 부르심

어떤 직분에 합법적으로 부르심을 받음 없이 아무도 스스로 어떤 직분을 취할 수 없다.

신앙고백을 하고 성경(예를 들면, 디모데후서 3장과 디도서 1장)에 규정된 조건을 충족하는 사람으로 간주될 수 있는 남자 회원만이 직분을 받을 자격이 있다.

어느 직분자를 선택하는 선거는 회중congregation의 협력으로 행해지고 먼저 기도한 후에 확대당회[1]가 그 목적을 위해 택한 규정들

---

1 역주: 집사들이 함께 참여하는 당회를 말한다.

에 따라 이루어진다.

확대당회는 각각의 직분에 적합하다고 생각되는 형제들이 당회의 주의를 끌기 이전에 회중에게 기회를 제공하는 데 자유로워야 한다.

확대당회는 채워야 할 공석이 있는 수와 같은 수의 후보자 혹은 대개 배수의 후보자를 제시해야 하고 회중은 그 후보자 중에서 필요한 만큼의 수를 선택해야 한다.

선출된 사람들은 채택된 규정에 따라서 확대당회에 의해 임명되어야 한다.

임직 혹은 취임식 이전에 임명된 형제들의 이름이 그 승인을 얻기 위해서 적어도 두 주일 연속으로 회중에게 공적으로 공고되어야 한다.

임직 혹은 취임식은 적합한 예식서를 사용하여 행해야 한다.

제4조 목사의 자격

A. 자격

다음과 같은 사람들만 말씀 사역자의 직분으로 청빙을 받을 수 있다.

1. 교회들이 이 청빙에 적격하다고 선언한 사람
2. 이미 교회들 중 한 교회 안에서 그런 자격을 가지고 봉사하고 있는 사람
3. 캐나다 개혁교회들과 자매교회 관계를 유지하고 있는 교회

들 중에 한 교회에서 적격하다고 이미 선언하였거나 혹은 그런 자격으로 봉사하고 있는 사람

B. 적격하다고 선언할 수 있는 사람

다음과 같은 사람들만 교회들 안에서 적격하다고 선언할 수 있다.
1. 자신이 살고 있는 지역의 노회가 주관하는 예비 시험을 거친 사람, 그들이 교회들 중의 한 교회 안에서 선한 명성을 가진 회원이고 교회들이 요구하는 학업 과정을 성공적으로 마쳤음을 증명하는 데 필요한 문서들을 자진해서 제출함 없이 이 시험은 개최되지 않는다.
2. 캐나다 개혁교회들과 자매교회 관계를 유지하고 있지 않는 교회들 중 한 교회에서 봉사하고 있고 자신이 살고 있는 지역의 노회가 그 목적을 위하여 채택한 일반적인 교회에 관한 규정들을 준수하여 치루는 시험을 통과한 사람
3. 제 8조에서 기술된 규정에 따라 시험을 통과한 사람

C. 두 번의 청빙

동일한 공석에 동일한 목사에게 두 번째 청빙에 대하여 노회의 승인은 요구되어야 한다.

D. 조언자

공석이 있는 교회가 청빙을 제안할 때 조언자의 조언을 구해야 한다.

제 5조 말씀 사역자의 임직과 취임

A. 이전에 목사로 봉사하지 않았던 사람들은 다음 사항이 준수되어야 한다.

1. 노회Classis가 청빙을 승인한 후에만 그들은 임직을 받아야 한다. 노회는 다음과 같은 사람에게 그 청빙을 승인해야 한다.
    a. 후보자의 교리의 건전함과 행위에 관한 충분한 증거에 대해 그 후보자가 속한 교회의 당회가 보증해야 한다.
    b. 만족스러운 결과를 가진 노회가 치룬 후보자의 최종적인 시험에 대해 이 시험은 지역총회the regional synod의 대리인들의 협력과 일치된 조언으로 이루어진다.
2. 임직을 위하여 그들은 또한 예비 시험을 치른 이후에 속해 있는 교회(들)에서 자신의 교리와 생활에 관한 선한 증거들을 당회에게 보여주어야 한다.

B. 목사로 봉사하고 있는 사람들에 관하여는 다음 사항이 준수되어야 한다.

1. 이 사람들은 노회가 청빙을 승인한 후 취임을 해야 한다.
    목사는 취임을 위해서뿐만 아니라 이 인정을 위해서 확대당회로부터, 그리고 자신이 교회와 노회에서 봉사로부터 명예롭게 떠나온 그 노회로부터, 또 동일한 노회 안에 남아있는 경우에는 오직 그 교회로부터 선언과 함께 자기의 교리와 행위에 관한 선한 증거를 보여야 한다.

2. 캐나다 개혁교회들과 자매교회 관계를 맺고 있는 교회들 가운데 한 교회에서 봉사하고 있는 사람의 청빙에 대해 노회가 승인하는 일에 대한 공동토의는 특별히 캐나다 개혁교회들의 교리와 정치와 함께 다루도록 요청되어야 한다.

C. 또한 청빙에 대한 노회의 승인을 위해서 청빙하는 교회는 합당한 공고가 이루어졌고 교중이 그 청빙에 대해 승인을 했다는 신청서를 제출해야 한다.

제 6조 교회에 매임

특정 교회에 매이거나 특정 장소에 배치되거나 이방인 가운데서 혹은 복음으로부터 멀어져 있는 사람들 가운데서 교회를 모으는 일을 위해 파송 받거나 다른 어떤 특별한 목회 사역을 맡지 않고서 아무도 목사로 섬기지 않아야 한다.

제 7조 최근의 회심자들

최근에 개혁신앙의 신앙고백으로 나아온 자들은 누구나 합당한 시간 동안 시험을 받고 조심스럽게 지역총회의 대표단의 협력과 함께 노회에 의한 시험을 치지 않고서는 교회들 안에서 청빙에 적합하다고 선언되지 않아야 한다.

제 8조 예외적인 은사들

정규적인 학업 과정을 이수하지 않은 사람들은 공적 연설의 은사뿐만 아니라 경건, 겸손, 정숙, 선한 지성, 분별력과 같은 예외적인 은사들에 대한 보증 없이는 목사로 인정하지 않아야 한다.

이런 사람들이 스스로 목사로 사역을 하려고 할 때, 그 지역총회의 승인 후에 노회는 그들을 예비 시험으로 시험하고 그들에게 그 노회의 교회들에서 교훈적인 말을 하도록 허락해야 한다. 또한 이 목적을 위하여 채택된 일반적인 교회조직의 규칙들을 준수함으로 교화하는 일을 하도록 그들을 대우해야 한다.

제 9조 한 교회에서 다른 교회로

이전에 합법적으로 청빙받은 목사는 확대당회의 동의와 노회의 인정 없이 다른 곳에서 목사로 섬기는 데 매이기 위해서 그 교회를 떠나지 않아야 한다.

반면에 그 목사가 동일한 노회 안에 남아있다면, 그가 봉사하던 교회와 노회로부터 혹은 그 교회로부터만 자유롭게 되었다는 합당한 증명서를 제출함 없이는 교회도 그 목사를 받지 않아야 한다.

제 10조 합당한 지지

성도들의 대표로서 확대당회는 목사에게 합당한 지지를 해야 할 의무가 있다.

제 11조 면직

말씀 사역자가 회중을 효과적으로 섬기고 교훈하는 일에 있어서 부적당하고 무능력하다고 판단되어도, 확대당회는 권징할 만한 어떤 이유도 없이, 노회의 승인과 총회의 대표자들의 일치하는 조언도 없이, 합당한 기간동안 그 목사와 그의 가족들의 지지에 관한 적당한 협의도 없이는 회중 가운데서 그의 봉사로부터 그를 면직시키지 않아야 한다.

앞으로 3년 안에 청빙이 없다면 그 목사는 자신이 마지막에 봉사했던 노회에 의해서 목사의 신분으로부터 해방되었다고 선언되어야 한다.

제 12조 생활의 매임

일단 합법적으로 청빙받은 말씀 사역자가 생활을 위하여 교회의 봉사에 매여 있는 한, 그는 특별하고 실질적인 이유가 아니면 다른 직업을 갖는 것이 허용되지 않는다. 확대당회는 이에 대해 판단해야 하고 지역총회의 대표자들의 일치하는 조언과 더불어 노회의 승인을 받아야 한다.

제 13조 목사의 은퇴

말씀 사역자가 나이 때문에 혹은 질병이나 육체적이거나 정신적인 무능력으로 인해 자기 직분을 수행할 수 없게 되었기 때문에 은퇴한다면, 그는 말씀 사역자의 영예와 직함을 보유해야 한다. 그는 또한 자신이 마지막으로 봉사했던 교회와 결속하여 자기의 직분을 보유하고 이 교회는 그에게 훌륭히 지원을 해 주어야 한다. 목사의 홀로 된 아내나 딸린 식구들에게도 이런 동일한 의무가 실행되어야 한다.

목사의 은퇴는 확대당회의 승인과 노회와 지역총회의 대표들의 일치된 조언으로 이루어져야 한다.

제 14조 임시 휴직

목사가 질병이나 다른 실질적인 이유로 회중에게 행하는 자기 봉사에서 일시적으로 휴직하기를 요청한다면, 그는 확대당회의 승인만으로 이런 일시적인 휴직을 할 수 있고 항상 회중의 청빙에 복종해야 하며 또 그렇게 하기 위해 준비하고 있어야 한다.

제 15조 다른 곳에서 설교

그 교회 당회의 동의 없이 다른 교회에서 말씀을 선포하거나 성례를 시행하는 것이 누구에게도 허용되지 않아야 한다.

제 16조 말씀 사역자의 직분

말씀 사역자의 직분이 갖는 특별한 의무들은 철저하고도 진지하게 주의 말씀을 회중에게 선포하고 성례를 시행하며 공적으로 전체 회중을 대신하여 하나님의 이름을 부르고 또 구원의 교리를 자녀들에게 가르치며 회중의 집으로 가서 그 회원들을 방문하고 하나님의 말씀으로 병자를 위로하며 또한 장로들과 함께 선한 질서로 하나님의 교회를 지키고 권징을 시행하며 주께서 제정하신 것과 같은 방식으로 교회를 다스리는 것이다.

제 17조 말씀 사역자들 사이의 동등성

말씀 사역자들 사이의 동등성은 당회의 판단에 따라, 그리고 만일 필요하다면 노회의 판단에 따라 그들의 직분과 가능한 다른 문제들과 연관하여 유지해야 한다.

제 18조 선교사

말씀 사역자들이 선교사로 파송될 때, 그들은 교회 질서에 복종해야 하고 또 그러기 위해서 준비하고 있어야 한다. 그들은 자신의 일을 자신을 보낸 교회에게 보고하고 설명해야 하며 항상 교회의 부름에 복종해야 한다.

그들을 파송한 교회와 협의로 그들에게 할당된 혹은 그들이 선택한 지역에서 하나님의 말씀을 선포하고 자신의 신앙을 고백하러나온 자들에게 성례를 시행하며 그리스도께서 당신님의 교회에게 명령하신 모든 것을 지키도록 그들을 가르치고 하나님의 말씀에서 주신 규칙에 따라 이 일이 가능할 때 장로들과 집사들을 임직하는 일은 선교사들이 할 일이다.

제 19조 목사 양성을 위한 훈련

교회들은 목사 양성을 위한 훈련기관을 후원해야 한다. 신학 교수들의 과업은 교회들이 위에서 기술한 것과 같은 목사직의 의무들을 다 할 수 있는 말씀 사역자들을 제공받을 수 있게 하기 위해서 교수 자신에게 맡겨진 학과목을 신학생들에게 가르치는 것이다.

제 20조 신학생

교회들은 신학생들이 있도록 노력해야 하고 필요로 하는 자들에게 재정적인 도움을 주는 일까지 해야 한다.

제 21조 교훈적인 말씀

제 8조에 따라 교훈적인 말씀을 하도록 허락을 받은 사람들 이외에 다른 사람들은 자신의 훈련을 위해서, 그리고 자신이 회중에게 알려지도록 일반적인 교회조직의 규정들에 따라 동의를 받아야 한다.

제 22조 장로의 직분

장로 직분의 특별한 의무는 말씀 사역자와 함께 그리스도의 교회를 감독하는 일, 곧 모든 회원들이 교리와 생활에 있어서 복음에 따라 합당하게 처신하도록 하며 하나님의 말씀으로 회중을 위로하고 교훈하고 권고하며 합당하지 않은 행동을 하는 자들을 꾸짖기 위하여 회중의 회원들의 집에 찾아가서 성실하게 방문하는 것이다. 장로들은 불신앙과 불경건을 보이고 회개하기를 거절하는 자들에게 그리스도의 명령에 따라 기독교 권징을 실행해야 하고 성례가 더럽혀지지 않는지를 살펴야 한다. 또한 하나님의 집의 청지기로서 장로들은 회중 안에서 모든 일들이 품위 있게 행해지고 선한 질서 가운데서 행해지도록 돌보아야 하고 자신들이 맡은 그리스도의 양무리를 돌보아야 한다. 마지막으로 선한 조언과 권고로 말씀 사역자를 돕고 말씀 사역자의 교리와 행위를 감독하는 것이 장로들의 의무이다.

제 23조 집사의 직분

집사 직분의 특별한 의무는 회중 안에서 자비의 봉사의 선한 진보를 확인하고 필요와 어려움을 알아내어 그리스도의 몸의 지체들이 자비를 보이도록 권고하고 또한 헌금을 모으고 관리하여 필요에 따라 그리스도의 이름으로 분배하는 것이다. 집사들은 그리스도의 사랑의 은사들을 받은 자들을 하나님의 말씀으로 격려하고 위로하고 회중이 주의 식탁에서 즐기는 성령 안에서 일치와 교제를 말과 행위로 증진시켜야 한다.

제 24조 직분의 임기

장로와 집사는 2년 혹은 그 이상의 기간을 지역 교회의 규정에 따라 봉사해야 하고 매년 적당한 숫자가 은퇴해야 한다. 확대당회가 교회의 상황과 유익이 그들을 또 다음 임기에서 봉사하도록 하거나 혹은 그들의 임기를 연기하는 것이 타당하다고 생각되거나 또는 즉시로 그들을 재선하는 것이 합당하다고 선언하지 아니하면 은퇴하는 직분자들의 자리는 다른 사람들이 맡아야 한다.

제 25조 유지되어야 하는 동등성

집사들 사이에서뿐만 아니라 장로들 사이에서도 동등성은 그 직분의 의무들과 가능한 한, 다른 문제들과 연관하여서도 유지되어야 하고 당회가 이에 대해 판단해야 한다.

제 26조 신앙고백에 대한 동의

모든 목사들, 장로들, 집사들, 신학 교수들은 이 목적을 위하여 채택한 문서(들)에 서명함으로 개혁교회의 신앙고백서들에 동의해야 한다.

　이런 방식으로 동의하기를 거절하는 자들은 누구든지 직분자로 임직하거나 취임하지 않게 해야 한다. 직분을 수행하고 있는 자

중에 누구든지 이렇게 동의하기를 거부하면 바로 그 사실 때문에 즉시로 확대당회가 그 직분을 정직시켜야 하고 노회는 그 사람을 받지 않아야 한다. 만일 그런 사람이 거부함에 있어서 계속해서 완고하게 저항한다면 그를 면직시켜야 한다.

제 27조 거짓 교리

회중 안에 들어올 수 있는 거짓 교리와 잘못들과 그 교리와 행위의 순수성을 위협하는 요소를 제거하기 위해서 목사들과 장로들은 기독교적 가르침과 가정 방문뿐만 아니라 말씀 사역에서 교훈과 책망과 경고와 훈계의 수단을 사용해야 한다.

제 28조 행정 당국자

모든 방법으로 거룩한 사역을 증진시키는 일은 행정 당국자의 직책인 것처럼, 모든 직분자들은 본분에 있어서 행정 당국자에게 돌려야 할 순종과 사랑과 존경을 전체 회중이 부지런히, 그리고 진정으로 마음속에 새기게 할 의무가 있다. 그리스도의 교회가 모든 면에서 조용하고 평화로운 생활을 하며 경건하고 공손하게 될 수 있게 하기 위해서 직분자들은 이런 방식에 있어서 전체 회중에게 선한 모범을 보여야 하고 교회를 향한 행정 당국자의 호의를 보증하고 유지하도록 하기 위해서 마땅히 존중하고 교제하도록 노력해야 한다.

Ⅲ. 회의들

제 29조 교회적인 회의들

다음과 같은 네 종류의 교회적인 회의, 곧 당회, 노회, 지역총회, 일반총회가 유지되어야 한다.

제 30조 교회적인 문제들

이 회의들에서는 다름 아닌 교회에 관한 문제들을 다루어야 하고 교회적인 태도로 다루어야 한다.

광회廣會에서는 소회小會에서 끝낼 수 없었거나 그 교회들에게 공동으로 속한 문제들만 다루어야 한다.

광회에 미리 제시되지 않은 새로운 문제는 소회가 그 문제를 다루었을 때만 의제議題로 삼을 수 있다.

제 31조 항소

어떤 사람이 소회의 결정이 잘못되었다고 불평한다면, 그는 광회에 항소할 권리가 있다. 그리고 다수의 표로 동의된 결정은 하나님의 말씀이나 교회 질서와 충돌된다고 증명되지 아니하는 한 무엇이든지 확정되고 구속력이 있는 것으로 생각해야 한다.

제 32조 자격 증명서

광회의 대표들은 그들을 파송한 자들이 서명한 자격 증명서를 가지고 와야 한다. 그들은 자기 자신과 자기가 속한 교회들이 특별히 포함되는 문제들만 제외하고 모든 문제들에 있어서 투표해야 한다.

제 33조 신청

일단 결정이 된 문제들은 새로운 근거에 의해서 입증됨 없이 다시 제안하지 않아야 한다.

제 34조 진행

모든 회의들의 진행은 주의 이름을 부름으로 시작하고 끝내야 한다.

광회의 폐회 때에 회의에서 책망받을 만한 무슨 일을 행한 사람이나 소회의 훈계를 멸시한 사람에게 견책이 실행되어야 한다.

또한 각 노회, 지역총회, 일반총회는 다음 노회, 지역총회, 일반총회의 시간과 장소를 각각 결정해야 하고 그 회의를 개최할 회집 교회를 정해야 한다.

제 35조 의장

모든 회의에서 다루어야 할 의제들을 분명히 제시하고 설명하며 발언에 있어서 합당한 순서를 준수하도록 지키고 사소한 일들을 논하는 사람이나 흥분하여 자기의 강한 감정을 자제하지 못하는 사람에게 발언권을 주지 않으며 듣기를 거부하는 사람을 징계하는 일을 하는 의장이 있어야 한다.

광회에서 의장의 직무는 회의가 폐회할 때 끝나야 한다.

제 36조 서기
또한 서기는 기록될 만한 가치가 있는 모든 것들에 대한 정확한 기록을 보존하는 일을 위하여 임명되어야 한다.

제 37조 관할권
지역총회가 노회를 관할하고 일반총회가 지역총회를 관할하는 것처럼 노회는 당회에 대한 동일한 관할권이 있다.

제 38조 당회
모든 교회들에는 원칙적으로 말씀 사역자(들)과 장로들로 구성된 당회가 있어야 하고 이 당회는 적어도 한 달에 한 번은 모여야 한다. 원칙적으로 말씀 사역자(들)가 의장이 되어야 한다. 한 교회에 말씀 사역자가 한 사람 이상이라면 말씀 사역자들은 순서대로 의장이 되어야 한다.

제 39조 당회와 집사들
장로의 숫자가 적은 곳에서는 집사들도 지역 교회의 협의에 의해서 당회에 포함시킬 수 있다. 이런 일은 반드시 장로의 숫자나 집사의 숫자가 3인 이하인 교회에서만 행해져야 한다.

제 40조 당회의 구성
당회가 첫 번째 혹은 새롭게 구성되는 곳에서 당회의 구성은 오직 노회의 조언과 함께 행해져야 한다.

제 41조 당회가 없는 곳들
아직 당회가 구성될 수 없는 곳들은 이웃 당회의 보호를 받도록 노회가 정해주어야 한다.

제 42조 집사회
집사들이 원칙적으로 한 달에 한 번 따로 자신의 직분과 관계된 문제들을 처리하기 위해서 모일 때 집사들은 하나님의 이름을 부름으로 모여야 한다. 집사들은 당회에게 자신들의 일들을 설명해 주어야 한다.

　　말씀 사역자들은 자비의 사역의 일들을 잘 알고 있어야 하고 필요하다면 이 집사회를 방문할 수도 있다.

제 43조 기록 보관
당회들과 광회들은 기록 보관에 특별한 주의를 기울여 지켜야 한다.

제 44조 노회의 모임

인접한 교회들은 목사 한 사람과 장로 한 사람 혹은 만일 목사가 없으면 장로 두 사람으로 구성된 합당한 자격을 가진 대표로 파견된 자들로 노회에서 함께 모여야 한다. 회집교회가 이웃 교회들과 협의하여 교회들이 제기한 노회의 회집을 해야 할 정당성 있는 문제들이 없다고 결론을 내리지 않는 한, 그런 노회의 모임은 적어도 석 달에 한 번씩 개최해야 한다. 하지만 노회의 취소는 2회 연속으로 허용되지 않아야 한다.

이 모임들에서 말씀 사역자들은 차례대로 의장이 되거나 혹은 한 사람이 의장으로 선출될 수도 있다. 그러나 동일한 말씀 사역자가 2회 연속으로 선출될 수 없다.

의장은 직분자의 사역이 계속되고 있는지, 광회들의 결정이 존중되고 있는지, 당회들이 어떤 문제에 있어서 자기 교회의 합당한 치리를 위하여 노회의 판단과 도움을 필요로 하는지를 물어야 한다.

지역총회 전에 마지막 노회는 그 총회에 참석할 대표자들을 선출해야 한다.

두 명 혹은 그 이상의 말씀 사역자들이 한 교회를 봉사하고 있다면 대표가 되지 못한 목사들도 자문의 자격으로 노회에 참석할 권리를 가질 수 있다.

제 45조 자문들

공석인 각 교회는 선한 질서를 유지하는 데 있어서 당회를 돕고 특별히 목사의 청빙의 문제에 도움을 받으며 또한 청빙의 문서에 서명하도록 하기 위해서 교회가 원하는 목사를 자문으로 지정해 달라고 노회에 요청해야 한다.

제 46조 교회 방문자들

매년 노회는 적어도 두 명 이상의 경험 있고 능력 있는 목사들에게 그 해의 교회를 방문할 권한을 부여해야 한다.

모든 일들이 하나님의 말씀과 충분히 일치하여 조절되고 행해지고 있는지, 직분자들은 자신이 약속한 대로 신실하게 자신의 직분의 의무를 이행하고 있는지, 채택된 교회 질서가 모든 면에서 준수되고 유지되고 있는지를 조사하는 것이 방문자들의 일이며, 방문자들이 어떤 일에 있어 게으름이 발견되는 사람에게 형제의 훈계를 적절한 때에 하며, 선한 권면과 조언으로 말미암아 모든 일이 그리스도의 교회를 세우고 보존하는 방향으로 진행되도록 하기 위함이다.

교회 방문자들은 노회에 그 방문에 대한 기록된 보고서를 제출해야 한다.

제 47조 지역 총회

매년 일부의 인접한 노회들은 지역총회에서 만남을 위하여 대표자들을 파송해야 한다. 만일 두 노회가 있다면 각 노회는 네 명의 말씀 사역자와 네 명의 장로를 파송해야 한다. 만일 세 노회가 있다면 그 숫자는 세 명의 말씀 사역자와 세 명의 장로들이 되어야 한다. 만일 넷 혹은 그 이상의 노회가 있다면 그 숫자는 두 명의 말씀 사역자와 두 명의 장로가 되어야 한다.

정해진 시간 전에 지역총회 회집이 필요하다면 회집 교회는 노회의 조언에 따라 회집 시간과 장소를 결정해야 한다.

일반총회 전 마지막 지역총회는 일반총회에 파송할 대표들을 선출해야 한다.

제 48조 지역총회의 대표들

각 지역총회는 교회 질서에서 제시된 모든 경우에 노회를 돕는 대표들을 임명해야 하며 특별한 어려움이 있는 경우에 노회의 요청대로 대표들을 임명해야 한다.

이 대표들은 자신의 활동의 고유한 기록을 남겨두었다가 지역총회에 그 기록된 보고서를 제출해야 한다. 그들이 그렇게 하라는 요청을 받으면 그들은 자신의 활동에 대해 설명해야 한다.

그들은 지역총회가 자신의 직무를 취소하여 주기 전까지는 자기 일에서 벗어날 수 없다.

제 49조 일반총회

일반총회는 3년마다 한 번씩 개최되어야 한다. 각 지역총회는 일반총회에 네 명의 말씀 사역자와 네 명의 장로를 파송해야 한다.

정해진 시간 전에 일반총회 회집의 필요성이 생기면 회집 교회는 일반총회의 조언으로 시간과 장소를 정해야 한다.

제 50조 해외 교회들

해외 교회들과의 관계는 일반총회에서 규정되어야 한다. 할 수 있는 대로 외국의 개혁신앙을 고백하는 교회들과 자매교회 관계는 유지되어야 한다. 교회 질서와 교회적인 관습의 작은 논점에 근거하여 해외 교회들은 거부되지 않아야 한다.

제 51조 선교

교회들은 선교 사역을 수행하기 위해서 노력해야 한다.

교회들이 이 선교 사역을 위해 협력할 때 가능한 한 노회와 지역총회로 나눈 것을 준수해야 한다.

Ⅳ. 예배, 성례, 기념일

제 52조 예배
당회는 주의 날에 두 번의 예배를 위하여 회중을 소집해야 한다.

당회는 매 주일 한번 하이델베르크 교리문답에 요약된 하나님의 말씀의 교리를 선포하는 것을 원칙적으로 지켜야 한다.

제 53조 기념일
매년 교회는 당회가 결정하는 대로 성령 강림뿐만 아니라 주 예수 그리스도의 탄생, 죽음, 부활, 승천도 기념해야 한다.

제 54조 기도의 날
전쟁 때나 총체적인 재난의 때 혹은 전체 교회들이 느끼는 다른 큰 고통의 때에 일반총회가 그 목적을 위하여 정해 둔 교회들은 기도의 날을 선포할 수 있다.

제 55조 시편과 찬송
일반총회가 공인한 찬송뿐만 아니라 일반총회가 채택한 운율 시편도 예배에서 불러야 한다.

제 56조 성례의 집행

성례는 당회의 권위 아래에서만, 말씀 사역자에 의해서, 공적 예배에서, 채택된 예식서를 사용하여 시행해야 한다.

제 57조 세례

당회는 가능한 신속하게 신자의 자녀들에게 하나님의 언약을 세례로 인치는 일을 지켜야 한다.

제 58조 학교

당회는 교회가 교회의 신앙고백서들에서 요약한 하나님의 말씀과 조화를 이루는 교육을 하는 그런 학교에 부모들이 최선을 다하여 자기 자녀들을 출석하게 하는 일을 지켜야 한다.

제 59조 성인成人 세례

 세례받지 않은 성인成人들은 자신의 신앙을 공적으로 고백하여 세례에 의해 기독교회에 접붙임을 받아야 한다.

제 60조 주의 만찬

성찬은 적어도 석 달에 한 번씩은 기념되어야 한다.

제 61조 주의 만찬의 허용

당회는 개혁교회의 신앙을 공적으로 고백하고 경건한 생활을 하는 사람들에게만 성찬을 허용해야 한다.

자매교회들의 회원들은 그의 교리와 행위에 관한 합당한 증명서에 근거하여 허용되어야 한다.

제 62조 증명서

자매교회에서 이사 온 수찬 회원들은 회중에게 사전 공고 이후에 그 당회의 두 회원에 의해 당회를 대표하여 서명된 자신의 교리와 행위에 관한 증명서를 제시해야 한다.

비수찬 회원들의 경우에 그런 증명서는 직접적으로 관계된 교회의 당회에 보내져야 한다.

제 63조 혼인

당회는 회중의 회원들이 오직 주 안에서만 혼인하는 것을 지켜야 하고 당회에 의해 권한을 받은 목사가 그 혼인이 하나님의 말씀에 따른 것일 때만 혼인서약예식을 거행하는 것을 지켜야 한다.

혼인서약예식은 사적 의식으로나 혹은 공적 예배로 거행될 수 있다. 채택된 혼인서약예식서가 사용되어야 한다.

제 64조 교회 교적부

당회는 회원들의 이름, 생일, 세례, 공적신앙고백, 혼인, 탈퇴, 사망의 날짜가 합당하게 기록된 교회 교적부를 보존해야 한다.

제 65조 장례식

장례식은 교회에 관한 일이 아니라 가족의 일이므로 적절히 행해야 한다.

V. 교회의 권징

제 66조 성격과 목적

교회의 권징은 영적 성격이고 하늘 왕국의 열쇠들 중 하나로서 하늘 왕국을 열고 닫도록 교회에게 주어진 것이기 때문에, 당회는 죄인이 교회와 이웃과 화해하도록 교회의 권징이 교리의 순수성과 경건한 생활을 대항하는 죄를 심판하며, 그리스도의 교회로부터 모든 죄를 제거하는 데 사용되도록 지켜야 한다. 이 권징은 마태복음 18장 15-17절에서 우리 주님이 주신 규칙에 순종하여 따를 때만 행해질 수 있다.

제 67조 당회의 연루[2]

당회는 교인이 범죄하였을 때 개인적인 권면을 해도 듣지 않아서 다시 한두 명의 증인이 함께 권면하였어도 아무런 열매가 없음을 확인한 경우, 혹은 범한 죄가 공적인 특성이 있는 것인지를 먼저 확인한 후에 그 교인에 대해 보고된 교리의 순수성이나 생활의 경건과 연관된 문제들을 다루어야 한다 마 18:15-20.

제 68조 출교

당회의 훈계를 완고하게 거절하는 사람이나 공적인 죄를 범한 사람은 누구나 주의 만찬에 참석시키지 않아야 한다. 만일 그 사람이 계속해서 죄를 고집한다면 당회는 회중이 기도와 훈계에 참여하도록 하기 위해서 공적 공고를 함으로 회중에게 알려야 한다. 그리고 출교는 회중의 협력 없이 이루어지지 않아야 한다.

첫 번째 공적 공고에서는 죄인의 이름이 언급되지 않아야 한다.

노회의 조언이 주어진 후에만 할 수 있는 두 번째 공적 공고에서는 죄인의 이름과 주소가 언급되어야 한다.

세 번째 공적 공고에서 죄인의 출교가 시행될 날짜가 정해져야 한다.

비수찬자가 죄에 빠져서 강퍅하게 되었을 경우에 당회는 동일한 방식으로 공적 공고를 함으로 회중들에게 알려야 한다.

---

2 본문의 이해를 돕기위해 긍정문으로 수정하였음.(편집자 주)

첫 번째 공적 공고에서 죄인의 이름이 언급되지 않아야 한다.

노회의 조언이 주어진 후에만 할 수 있는 두 번째 공적 공고에서 죄인의 이름과 주소가 언급되어야 하고 죄인의 출교가 시행될 날짜가 정해져야 한다.

여러 번의 공고 사이의 기간은 당회가 결정해야 한다.

제 69조 회개

어떤 사람이 공적인 죄 혹은 당회에 보고되었던 죄를 회개한 후에 당회는 그 사람이 참된 회심을 보이지 않으면 그 사람의 죄의 고백을 받아들이지 않아야 한다.

당회는 회중의 유익이 이 죄의 고백이 공적으로 행해지는 것을 요구하는지 아닌지를 결정해야 한다. 그리고 만일 죄의 고백이 당회 앞 혹은 두세 사람의 직분자 앞에서 이루어진다면 회중이 나중에 알아야 할지를 당회가 결정해야 한다.

제 70조 재영입

출교를 당한 어떤 사람이 회개하고 다시 교회의 교제로 받아들여지기를 바랄 때 어떤 합법적인 반대가 있는지 없는지를 알기 위해서 그 사람의 바람desire을 회중에게 알려야 한다.

공적 공고와 죄인의 재영입 사이의 기간은 적어도 한 달 이상은 되어야 한다.

합법적인 반대가 제기되지 않으면 재영입은 그 목적을 위해 작성된 예식서를 사용하여 행해져야 한다.

제 71조 직분자의 정직과 면직

목사, 장로, 집사가 공적으로 혹은 다른 천박한 죄를 범하거나 혹은 확대당회에 의한 훈계를 지키기를 거부할 때 그들은 확대당회의 판단과 이웃 교회의 확대당회의 판단에 의해서 직분에서 정직당해야 한다. 그들이 죄로 강퍅하게 되었을 때 혹은 그 범한 죄가 그들이 직분을 계속할 수 없는 그런 성격일 때 장로들 혹은 집사들은 위에서 언급한 확대당회들의 판단에 의해서 면직되어야 한다. 지역총회의 대표들의 일치하는 조언과 함께 노회는 목사들이 면직되어야 하는지를 판단해야 한다.

제 72조 직분자의 심각하고 천박한 죄

직분자의 정직 혹은 면직의 근거가 되는 심각하고 천박한 죄로서 다음과 같은 것들이 특별히 언급되어야 한다. 거짓 교리 혹은 이단, 공적 분열, 신성모독, 성직매매, 직분에 대한 부정한 유기, 다른 사람의 직분의 침범, 위증, 간음, 우상숭배, 도적질, 폭력행위, 습관적인 술취함, 말다툼, 부당한 부의 증식, 그리고 또한 모든 죄들과 교회의 다른 회원들과 연관하여 출교에 해당된다고 판단되는 심각한 비행들.

제 73조 그리스도인의 견책

목사, 장로, 집사들은 서로 그리스도인의 견책을 실행해야 하고 그들의 직분의 실행과 관계된 일들을 서로 훈계하고 친절하게 책선해야 한다.

제 74조 아무도 다른 이를 주관할 수 없다

교회는 어떤 방식으로든 다른 교회들을 주관하지 않아야 하고, 직분자도 다른 직분자들을 주관하지 않아야 한다.

제 75조 교회들의 재산

각 노회, 지역총회, 일반총회에 각각 공동으로 구성된 교회들에 속하는 모든 부동산 및 동산은 그 목적을 위해 때때로 임명된 대리인 또는 관리인들이 동등한 지분으로 그러한 교회들을 위해 신탁해야 한다. 그런 대리인 혹은 관리인들은 임명과 지시조건에 구속되며 다음 노회, 지역총회, 일반총회에 의해 해임될 수 있다.

제 76조 교회 질서의 준수와 개정

교회의 합당한 질서로 생각되는 이 조항들은 공동의 일치로 채택되었다. 만일 교회들의 관심사가 있어서 교회들이 요구한다면, 이 조항들은 수정하거나 보완되어야 한다. 그러나 당회나 노회나 지역총회가 그렇게 하는 것은 허용되지 않고, 교회들은 이 조항들이 일반총회에 의해서 바뀌지 않는 한, 열심히 이 교회 질서의 조항들을 준수해야 한다.